名师名校名校长

凝聚名师共识
回应名师关怀
打造名师品牌
培育名师群体

重构"教"与"学"

支持问题解决的小学科学单元学历案

司徒敏 著

西南大学出版社

图书在版编目（CIP）数据

重构"教"与"学"：支持问题解决的小学科学单元学历案 / 司徒敏著. -- 重庆：西南大学出版社，2023.12
　　ISBN 978-7-5697-2168-3

Ⅰ. ①重… Ⅱ. ①司… Ⅲ. ①科学知识—教学研究—小学 Ⅳ. ①G623.62

中国国家版本馆CIP数据核字（2024）第025495号

重构"教"与"学"：支持问题解决的小学科学单元学历案
CHONGGOU "JIAO" YU "XUE": ZHICHI WENTI JIEJUE DE XIAOXUE KEXUE DANYUAN XUELI AN

司徒敏　著

责任编辑：	胡君梅
责任校对：	刘江华
装帧设计：	言之凿
出版发行：	西南大学出版社（原西南师范大学出版社）
印　　刷：	北京政采印刷服务有限公司
成品尺寸：	170mm×240mm
印　　张：	15.75
字　　数：	300千字
版　　次：	2023年12月　第1版
印　　次：	2023年12月　第1次印刷
书　　号：	ISBN 978-7-5697-2168-3
定　　价：	58.00元

序　言

本书的内容是我和工作室老师们近年来的研究成果，是我们教学理念和教学行为转变的见证。开篇想和大家一起回顾这个转变的历程。

2018年，我有幸参加了在上海举办的"第二届STEM教育&创客教育学术论坛暨以项目式学习推进跨学科课程设计与教学研讨会"，研讨会的主题是"以项目式学习推进跨学科课程设计与教学"，做主旨报告的有美国马萨诸塞大学的教授Joan Arches，上海教科院课程与教学研究室主任夏雪梅博士，北京教育学院项目式学习专家胡佳怡博士，中国香港耀中教育课程和教学总监徐涛博士，台南大学教授、项目式学习专家林奇贤博士等人。在这个高端研讨会中很多前沿的理论和教学思想带给我不少冲击，尤其是对"do to learn还是learn to do""问题是question还是problem""project based learning与problem based learning的区别是什么？"等问题有了清晰的认识。项目式学习的理念与我追求的教学模样是相契合的，我认为项目式学习是课堂教学转型的一条路径。

从上海回来后，我们阅读了《学习素养·项目化学习的中国建构丛书》，按照书本介绍的项目式学习的设计模式进行了行动研究，基于教材单元内容设计了五个项目式学习活动，分别是"磁铁玩具""我为校运会选日子""这是水吗""设计与制作发光电子贺卡""计时器"。我们通过研讨课和讲座等方式在区内推广研究成果，获得了老师们的一致好评，这也给予了我们继续研究项目式学习模式的信心。

随着研究的逐渐深入，我们开始思考项目式学习对学生关键能力培养的落脚点应该在哪里。因为学生核心素养的发展是一个上位的目标，那具体到下位的项目式学习目标应该是什么呢？我们认为应该是问题解决能力的培养。于是，我们的研究就聚焦在用项目式学习方式来对教材单元进行重构，以培养学生的问题解决能力。

2022年，《义务教育课程方案（2022年版）》和《义务教育科学课程标准（2022年版）》出版，其中《义务教育课程方案（2022年版）》指出"注重培养学生在真实情境中综合运用知识解决问题的能力"，"探索大单元教学，积极开展主题化、项目式学习等综合性教学活动，促进学生举一反三、融会贯通，加强知识间的内在关联，促进知识结构化"。《义务教育科学课程标准（2022年版）》在科学核心素养的培养要求中提到"提出科学问题，并针对科学问题进行合理猜想与假设"，"从不同角度分析、思考问题，提出新颖而有价值的观点和解决问题的方法"，"科学观念在解释自然现象、解决实际问题中的应用"。上述这些都与我们正在探索的项目式学习、大单元教学、问题解决能力培养是一致的，这说明我们的研究方向也是国家所倡导的。

2021年3月，华东师范大学课程与教学研究所与广州市天河区教育局合作开展"基础教育课程与教学质量提升项目"，以此来助推天河区构建新课程方案、新课标理念的教育新生态。作为天河区的老师，我们相继接触了学历案、单元学历案、课程纲要等新鲜事物。崔允漷教授提出学历案体现学生的主体性，并为学生提供深度学习的机会，学历案具有促进深度学习的作用。课堂教学要解决虚假学习、疑似学习、游离学习的问题，强调学生"在学习""真学习"的重要性，在学习过程中，实现学习的增值：想学、会学，学得更多更好，学得有意义。

我们在对教材单元进行项目化重构时是设计了配套的项目学习手册的，但相比学历案，我们之前的学习任务单更多是从教的逻辑去设计，是为了得出知识结论而设计的。而学历案是从期望"学生学会什么"出发，设计并展示"学生何以学会"的过程，以便学生自主建构或社会建构起经验、知识的专业方案。我们认为基于"学历案"的教学能实现课时内部和课时之间的学习进阶，提高教和学对问题解决能力形成的持续影响力，有效地连通核心素养与教学实施之间的断层，所以我们把研究再进一步聚焦于支持问题解决的单元学历案设计与实施。

2021年上半年我们选择了"弹珠过山车""发光礼物""我的养蚕秘籍""快递船"四个单元项目来设计并实施单元学历案，下半年我们同样选择了四个单元项目"水宝宝的奇妙之旅""运送午餐的小车""我的便当我做主""我为广东地质景点做代言"来设计并实施单元学历案。由于受本书的篇幅所限，所以只介绍了这其中的五个案例。

对单元学历案进行设计研讨是老师们最煎熬的过程，因为要从教师立场转变为学生立场，这其实也是教学理念的转变过程。老师们利用寒暑假的时间多次对单元学历案的设计进行研讨，每次基本都是长达3~4小时。老师们感叹每次讨论后感觉又推翻了之前的设计，重新再来。完成设计后，感觉自己像生了个娃：经历十月怀胎、分娩前的阵痛，终于顺利生产而感到喜悦。在这个过程中能看得见老师们的转变，由"教中心"向"学中心"的转变，由以知识传授为主向以能力培养为主的转变，由表层学习向深层学习的转变。

对学生问题解决能力的培养是有价值、有意义的研究，同时研究也充满挑战，所幸一路上有工作室的老师们并肩同行，在此感谢参与研究的老师们：彭华叶、陈锦璇、潘津珍、曹畅、魏翠娇、潘利莉、黄俊达、黄嘉荣、徐小丽、黄丽莎。

渴求更好的教学，是教学改革不竭进步的动力。在这个意义上，教学改进没有终点，教学研究永无止境。我们的研究还有进步的空间，但我们一直在追求美好教育的路上，对教学的初心不变。

目 录

第一章 "问题"与"问题解决能力"
第一节 "问题"的分类 …………………………………… 2
第二节 问题解决能力及其过程 …………………………… 4

第二章 大单元与学历案
第一节 大单元设计 ………………………………………… 18
第二节 单元学历案 ………………………………………… 29

第三章 支持问题解决的单元学历案设计与实施
第一节 支持问题解决的单元学历案设计原则 …………… 38
第二节 支持问题解决的单元学历案框架构建 …………… 44
第三节 支持问题解决的单元学历案的实施 ……………… 64

第四章 支持问题解决的单元学历案示例
第一节 "水宝宝的奇妙之旅"单元学历案设计 ………… 72
第二节 "运送午餐的小车"单元学历案设计 …………… 104
第三节 "发光礼物"单元学历案设计 …………………… 142
第四节 "我的养蚕秘籍"单元学历案设计 ……………… 173
第五节 "我为广东地质景点做代言"单元学历案设计 … 204

参考文献 ………………………………………………………… 242

第一章
"问题"与"问题解决能力"

问题解决能力是人的一项重要能力。进入21世纪以来，学生问题解决能力的培养成为世界各国教育改革关注的重点。2016年，我国相关研究机构发布了"中国学生发展核心素养"总体框架。中国学生发展核心素养，以"全面发展的人"为核心，具体分为人文底蕴、学会学习、科学精神、健康生活、责任担当、实践创新六大素养。问题解决是实践创新素养中的一个基本要点，具体要求是：要善于发现和提出问题，有解决问题的兴趣和热情；能依据特定情境和具体条件，选择指定合理的解决方案等。

2022年颁布的《义务教育科学课程标准（2022年版）》对问题解决能力也提出相关的要求，如"提出科学问题，并针对科学问题进行合理的猜想与假设""从不同角度分析、思考问题，提出新颖而有价值的观点和解决问题的方法""科学观念在解释自然现象、解决实际问题中的应用"。

可见，在教学实践中探索促进问题解决的教学模式，提升学生的问题解决能力，发展学生的核心素养，是课程改革的新风向。尤其是在"双减"的背景下，学习能力的培养尤为重要，所以培养学生的问题解决能力是教育教学关注的重点。

第一节 "问题"的分类

关于"问题"一词，有学者将其定义为从现状到目标之间遇到的认知困境，或障碍，或不确定性。根据Davidson、Denser和Sternberg等人的观点，"问题"是由初始状态条件、目标（理想的解决方案）和阻力障碍（从初始状态向目标状态转化的问题情境）组成的。根据不同的标准，"问题"可以分为不同的类型。

根据问题情境呈现方式的不同，学生的问题可以分为符号性问题和操作性问题。符号性问题的情境通过符号（文字、表格、图片等）的形式呈现出来，学生通过思维活动将符号转换成具体的情境，进而处理疑难、解决问题；操作性问题的情境是真实的，学生借助一定的工具来直接解决现实的问题。

根据问题情境对学生思维活动的需求，学生的问题可以分为决策、系统分析与设计、疑难排解。决策，是指根据设置的问题情境，学生在有限制条件的情况下从众多个备选解决方案中做出选择；系统分析与设计，是指学生通过认真分析，找出一个系统中不同部分之间的相互关系，或者通过设计一个系统来表述不同部分间的关系；疑难排解，是指学生纠正错误的或是有故障的系统或机制。

根据问题的难易程度，学生的问题可以分为常规问题和非常规问题。常规问题是学生通过较少的心理步骤就能够轻易解决的；非常规问题，其问题情境较为模糊，学生需要花费大量的时间，并进行大量复杂的思维活动才能解决。另外，根据学生对问题情境的熟悉程度，学生的问题还可以分为熟悉情境的问题和陌生情境的问题。

根据问题本身结构性的不同，学生的问题可以分为良构问题和劣构问题。良构问题，问题的全部要素都已经典型地呈现出来，拥有正确、收敛的答案；

劣构问题，问题的描述比较含糊，给定的信息也不完全，主要是指学生在日常生活中遇到的问题。劣构问题的解决需要对各种解决方案进行评估和反复论证，从而得到诸多解决方案中的最优方案。

《义务教育科学课程标准（2022年版）》在教学建议中提出组织学生运用所学的知识和方法来解决真实情境中的问题，实现应用与迁移，做到融会贯通。而真实情境中的问题往往都是劣构问题。当然，劣构问题具有相对性，有些问题对于教师来说是良构的，对于小学生来说是劣构的。在本书的问题解决中的"问题"是指已知条件模糊、解决问题的方法不固定、没有明确的答案的劣构问题。

第二节 问题解决能力及其过程

一、问题解决能力

问题解决能力作为一种基本能力，广义上，人们在一切有意识的活动中的表现性特征都可以称为问题解决能力。在教育评价领域最具代表性的无疑是经济合作与发展组织（OECD）的国际学生评估项目（PISA）中的学生问题解决能力评估。

近些年，PISA密切关注问题解决能力的研究，并随着时代发展的需求，不断地对其内涵进行更新和解读。2003年，PISA将问题解决能力界定为：在实际生活情境中，个体应用跨学科知识来识别问题，并找到解决方法，顺利解决问题的能力；2012年进一步解读为：当解决方案不明确时，个体通过参与意愿，去处理和表征问题的认知加工能力，突出建设和反思的一般性问题解决能力；2015年强调协作学习与问题解决能力的结合，即个人有效参与，与同伴沟通理解，共享知识技能，共同解决问题的能力。从整体上来看，PISA对问题解决能力的解读经历了从认知到综合发展的过程，从涵盖语文、科学、数理化等学科能力发展到一般的问题解决能力。

本书依据《中国学生发展核心素养》的具体要求、小学生的认知特点及小学科学的学科特点，将"问题解决能力"界定为善于发现和提出问题，拥有解决问题的兴趣和热情，能依据特定情境和具体条件，制订合理的解决方案，具备在真实情境中行动的能力。

二、问题解决的过程

问题解决能力体现在问题解决的过程中，根据学生在解决问题过程中的表现来评价其问题解决能力。

从认知心理学的角度出发，问题解决是指消除目前状态与想要达成目标状态之间差异的过程，是"在问题的已知状态和目标状态之间寻找一条路径"。为了寻找到解决问题的路径，思维的参与是必不可少的，因此，学生问题解决的过程是多种心理活动共同参与的过程，有着一系列的思维活动。

自20世纪50年代开始，计算机专家和认知心理学家聚焦问题解决能力开展了一系列研究，他们设计了如图1-2-1所示的通用问题解决流程图。

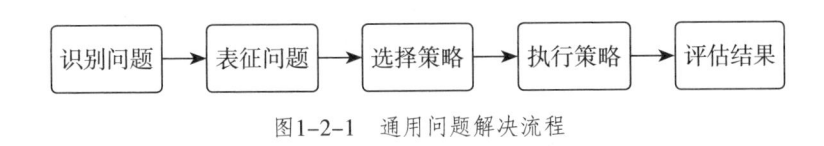

识别问题 → 表征问题 → 选择策略 → 执行策略 → 评估结果

图1-2-1　通用问题解决流程

其中识别问题被认为是问题解决过程中难度最大的环节，它需要耐心和主动性来避免错误。影响问题识别有效性的因素主要有：缺乏特定领域的知识；缺乏定义问题的经验；在问题被定义前急于寻找解决方法的倾向；倾向于使用单一策略来解决问题；有着聚合思维的倾向。

表征问题的方式主要包括三种：一是通过更有意义的话语来重新表述问题；二是将问题与先前出现的问题相联系；三是用视觉形式来呈现问题。认知心理学家认为将视觉呈现作为脚手架是较优的表征问题的方式，能够减轻工作记忆负担。

问题被识别和表征后，就需要选择解决策略。较为常见的解决策略有算法法、启发法、手段—目的分析法和类比分析法。其中，手段—目的分析法是解决定义模糊问题最有效的策略之一，是指问题解决者把问题分解为一个个次级目标，然后成功解决每一个次级目标的策略。

执行策略在清楚地定义和表征问题之后，是对解决策略的执行。如果执行策略不能有效开展，说明需要思考问题的识别和表征与所选的策略并不妥当。

评估结果是通用问题解决流程的最后环节。在很多情况下，学生并不能对自己通用问题解决的结果进行有效的评估，他们往往在得到结果时就会感到满意。因此，要求学生对预计结果进行评估很有必要，可以帮助学生理解问题和答案之间的距离。

PISA2012提出的问题解决过程主要包括"探究与理解""表达与构思""计划与执行""监控与反思"四部分。具体释义如下：

（1）"探究与理解"指通过观察、与问题情境互动等方式，来了解已知信息，寻找未知信息，找出制约或阻碍问题解决的因素。

（2）"表达与构思"指对问题进行"转述"，以形成一个情境模型或问题模型。具体来说，即用语言、符号或图标等方式来表达问题，并通过识别、筛选和组织相关信息，整合与利用已有的相关知识，形成解决问题的方案。

（3）"计划与执行"是指学生按既定方案付诸行动。这里的"计划"包括设立总目标与分目标和实现目标的策略。

（4）"监控与反思"是指监测目标实现过程中的各个阶段，包括检查中期和最终结果、发现突发事件、从不同角度来审视问题的步骤和解决办法，以及不断修改方案。

心理学从理论建构层面给出了问题解决的过程模式和基本策略。为了实现培养学生问题解决能力的实践目标，还需要进一步在教育学层面明晰学生问题解决的过程。科学探究和实践是科学学科的主要学习方式。科学探究包括提出问题、作出假设、制订计划、搜集证据、处理信息、得出结论、表达交流和反思评价。技术与工程实践包括明确问题、设计方案、实施计划、检验作品、改进完善、发布成果等要素。可见，科学探究和实践过程都有涉及问题解决的认知过程。笔者将问题解决的认知过程与科学实践过程有机地融合在一起，提出了如图1-2-2所示的小学科学问题解决四阶段。

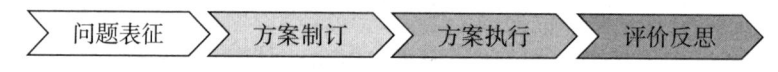

> 问题表征 → 方案制订 → 方案执行 → 评价反思

图1-2-2 小学科学问题解决四阶段

第一阶段，问题表征。识别问题情境中的关键信息（如文字、图片、数据、视频等），从关键信息中发现问题，并认识到情境中的约束条件，初步提出要解决的问题，再根据自身理解对问题进行筛选，提炼出关键问题。问题表征是解决问题的起点，这个阶段是对问题信息进行发现、辨认、提取、表征的过程。

第二阶段，方案制订。先把复杂问题拆解为若干子问题，再采用形象思维、逻辑推理、直觉判断等方式，调动大脑中的已有认知结构，探索解决子问题的方法和途径。若有多种方案则要对方案进行分析、比较，判断方案的可行性，选取最优方案。这个阶段是解决问题的关键。

第三阶段，方案执行。将解决问题的方案实践化，从假设思路变为实际执行。在方案执行过程中收集数据、记录现象，并根据执行情况不断地修正方案，最终解决问题。方案执行的过程也是试错的过程，学生会遇到不少挫折，所以需要在方案执行过程中保持积极态度。这个阶段是解决问题的核心。

第四阶段，评价反思。对解决问题的成果恰当地做出评价，对解决问题的方案进行重新评价，找出成功与不足，以便选取更优的方案。对问题解决的过程进行反思，总结问题解决过程中使用的方法和关键要素，这个阶段是解决问题的总结。

三、问题解决的学习评价

在开展问题解决的学习活动过程中，需要实施学生评价，发挥评价的导向功能和调控作用。课堂评价同时也为教师的教和学生的学提供了反馈信息，学生通过评价反馈把握自己的学习程度，明确学习目标；教师通过评价反馈审视教学设计，完善后续方案。

构建问题解决的学习评价框架的基本观点是，制订提升问题解决能力的教—学—评联动机制。所谓"教—学—评联动"，也称为"教—学—评一体"，其核心思想是评价与教学、学习进行统整的设计和实施。也就是说，评价不是教学结束之后的独立、附加、后置环节，而是镶嵌于教学过程之中的环节，最终形成评价与教学"你中有我、我中有你"的融合关系。对这一基本观点进行分解，可概括为三点：一是评价目标相当于学习目标；二是评价过程相当于学习过程；三是评价结果相当于学习效果。也就是说，学什么就评什么，希望学生达到什么样的学习目标就等同于对学生的评价目标。评价必须融入学生的问题解决过程之中，因此评价是整合在整个学习过程中的进行时状态，一边学、一边评，通过对学的观察，完成对评的实施。这也是"教—学—评联动"的核心主旨。只有当课堂评价与课程标准、教材内容、教学实施整合成一体时，课堂评价才能提供有效信息，真正实现学生从当前的学习状态向着目标达成状态的转变。因此，课堂评价应融入课堂教学全过程中，与教学组织和学习进程成为一个有机整体，评价既是教学又是学习。课堂评价的作用在于改进教与学。问题解决的学习评价分为表现性评价和总结性评价。

（一）问题解决的表现性评价

问题解决的表现性评价的主要目的不是诊断学生群体的问题解决能力，也不是建立学生问题解决能力的模型，而是在日常教育教学环境下，关注如何通过评价来改进和提升学生的问题解决能力，表现性评价是问题解决能力形成性评价的一种典型方式。许多教育理论研究支持表现性评价在日常教学环境中的运用，明确提出表现性评价对问题解决能力等高阶能力的发展具有促进作用。

笔者采用评价量规来进行问题解决的表现性评价。评价量规是一种目标指引，明确问题解决能力应该达到的预期目标。对照评价量规，学生既能够判断自己当前所处的发展水平，又能够明确自己与目标之间的差距所在。

借鉴国内外问题解决能力的评价指标，按照小学科学问题解决四阶段，笔者建立了问题解决表现的评价框架（见表1-2-1）。问题解决表现的评价分为4个一级维度：问题表征、方案制订、方案执行、评价反思。每个一级维度又进一步分解为2个二级维度。"问题表征"包括发现问题和澄清问题，"方案制订"包括拆解问题和制订方案，"方案执行"包括方案试验和优化方案，"评价反思"包括成果评价和反思过程。每个维度都分为三级水平，每级水平都有具体的文字表现描述。

表1-2-1 问题解决表现的评价框架

一级维度	二级维度	水平Ⅲ	水平Ⅱ	水平Ⅰ
问题表征	发现问题	能够识别情境中的有用信息，提出关键问题	能在情境中发现并提出问题	不能或很难在情境中发现问题
	澄清问题	能全面地提出问题解决成果的标准，认识到情境中的约束条件	能提出问题解决成果的部分标准，认识到情境中的约束条件	无法或很难提出问题解决成果的标准
方案制订	拆解问题	能把复杂问题拆解为若干子问题，并能具体表述问题	能把复杂问题拆解为若干子问题	不能或很难把复杂问题拆解为子问题
	制订方案	能够根据限制条件制订解决方案，并能够对不同的方案进行评价，选取最优方案	能够根据限制条件制订解决方案	不能或很难根据问题制订解决方案
方案执行	方案试验	能够执行制订好的方案，并在方案执行中收集数据、记录现象	能够执行制订好的方案	不能或很难执行制订好的解决方案

续表

一级维度	二级维度	水平Ⅲ	水平Ⅱ	水平Ⅰ
方案执行	优化方案	能够根据执行情况修改原方案，提出更优的解决方案，对方案优化保持积极态度	能根据执行情况修改原方案	不能或不愿对原方案进行修改
评价反思	成果评价	能够按照标准对自己和他人的解决问题的成果进行全面、合理的评价，并能对解决问题的方案进行重新评价，找出成功与不足	能够按照标准对自己或他人解决问题的成果恰当地做出评价	不能或很难对自己或他人解决问题的成果做出评价
	反思过程	能说明自己解决问题的整体思路，且能说出问题解决中使用的方法和关键要素	能说明自己解决问题的整体思路	不能或很难说明自己解决问题的整体思路

我们以五年级"快递船"单元为例，谈谈如何利用表1-2-1对学生问题解决表现进行评价。"快递船"单元向学生呈现的问题情境是：随着网络平台的普及，越来越多的人喜欢网购，但过多的快递运输造成了道路的拥堵。在水乡城市，水流环绕城市，要减轻道路上快递运输的压力，你能提出什么问题？在问题表征阶段，学生首先要识别情境中的有用信息是"水流环绕城市""减轻道路上快递运输的压力"，然后根据这些有用信息提出关键问题，例如如何利用这样的环境设计和制作一艘快递船来运输货物。接着学生要能根据情境中的约束条件，提出快递船的评价标准，例如船能浮在水面上、船能装载一定重量的货物、船装有动力、船能稳定地行驶一段距离。在问题表征中，学生经历了发现问题、提出问题、筛选问题、聚焦问题的过程。

在方案制订阶段，学生需要把单元大问题拆解为若干个小问题，具体的行为表现是根据快递船的评价标准，分别写出要解决的问题以及解决问题的方法。例如快递船的一个评价标准是装载货物后能稳定地浮在水面上，那对应的小问题就是"如何让船在装载货物后能稳定地浮在水面上"，学生对这个问题提出的解决方案有：1.用体积比较大的泡沫板做船身来增加稳定性；2.在船身的两侧各加一个矿泉水瓶使船身稳定；3.在船身设计分隔仓，放置货物时均匀地放在分隔仓内，这样就不会让船身倾侧。接下来教师要引导学生对三种方案进行评价：学生认为方案1对于会滚动的货物就不适用，如果货物滚动到船身一侧那船就不能保持稳定。而方案2存在同样的问题，虽然两侧的矿泉水瓶能增加稳定性，但也不能解决倾侧的问题。方案3虽然能解决倾侧的问题，但分隔仓会占用船舱面积，从而减少了装载货物的量。在综合分析后，学生想出的最优方案是把方案2和方案3合并在一起，既把矿泉水瓶装在船身的两侧，又在船身上做可移动的分隔仓，这样就可以根据实际运载货物的情况来使用分隔仓，从而解决了几种方案的问题。

在方案执行阶段，学生按照设计图制作快递船，并根据快递船的评价标准对快递船进行测试，记录快递船测试过程中的现象和数据，例如能装载多少克的货物、能不能装载相同重量的弹珠、载重后在水中能不能保持稳定、有没有左右倾侧、载重后行驶多少米、能不能控制航行方向。测试后把测试结果与快递船要求进行对照，找出不达标的地方，分析存在的问题，再提出改进的方案，对船进行完善。例如，学生在测试中发现船在水中不停打转，不能向前行驶，在观察了其他同学的船和查找资料后，学生找到了解决方案，就是在船尾增加一个船舵，按照改进方案完善的船在水中就能向前行驶。

在评价反思阶段，学生对照快递船的评价标准对自己和同学的快递船进行自评和他评，然后对整个单元学习从以下几方面进行反思：（1）在设计与制作快递船的过程中，我们的整体思路是怎样的？（2）在解决问题的过程中，我们使用到的方法是什么？（3）对照最后的方案和最初的方案，最初的方案的优点和不足是什么？（4）在本单元学习中最大的进步是什么？有待提高的地方是哪里？怎样改进？通过反思，及时总结问题解决的思路、方法和经验，使问题解决能力得到提升。

（二）问题解决的总结性评价

问题解决的总结性评价包括考查学生掌握科学概念的情况与问题解决成果的评价。学生解决问题的过程就是运用学科知识的过程，在这个过程中，学生通过理解、分析、推理等思维活动，将学到的知识运用于具体的问题情境中，运用所学知识来解决问题。所以从学生掌握科学概念的情况可以反映问题解决的情况。了解学生科学概念的建构情况，即通过编制测试卷，将项目学习中要求学生掌握的科学概念以纸笔考试的形式来考查学生。

问题解决的情况还可以通过学生的问题解决成果来进行评价。问题解决成果可以是有形的，也可以是无形的，如一个模型、一张海报、一篇研究报告等。问题解决成果的评价则从科学性、价值性、创新性、艺术性等方面进行。"快递船"单元的问题解决成果就是一艘符合要求的快递船模型。快递船模型的评价标准包括有设计图纸、快递船具有的功能性（载重量、稳定性、行驶距离、控制方向）和经济性。

四、问题解决的学习活动模型

课堂是培养学生问题解决能力的基本途径。在我国中小学以课堂为主要途径的教学环境下，需要重点研究如何在课时教学中设计旨在提升中小学生问题解决能力的学习活动。基于"教、学、评一致性"的理念，并依据小学科学问题解决四阶段和问题解决表现的评价框架，笔者构建了问题解决的小学科学"四问"学习活动模型，如图1-2-3所示。

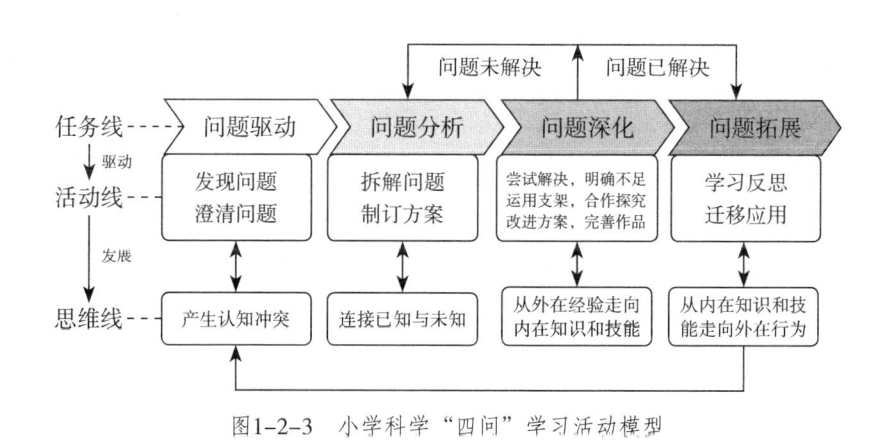

图1-2-3 小学科学"四问"学习活动模型

"四问"学习活动模型包括任务线、活动线、思维线，三线紧密结合、螺旋上升。任务线包括问题驱动、问题分析、问题深化、问题拓展，通过学习任务的进阶来推动学生解决问题，让学生的思维不断深入，让素养真正落地。学生以活动为载体完成学习任务，活动线对应的学习活动分别是：（1）发现问题，澄清问题；（2）拆解问题，制订方案；（3）尝试解决，明确不足；运用支架，合作探究；改进方案，完善作品；（4）学习反思，迁移应用。思维线贯穿学生的学习活动全过程。首先是在真实情境中产生认知冲突，从而提出问题；再运用已有知识、经验分析问题，连接已知与未知制订方案；接着在探究实践中，从外在经验走向内在知识和技能，深入解决问题；最后通过学习反思，总结问题解决的策略，并运用到新情境中，从内在知识和技能走向外在行为，继而发现新问题，进入新一轮的循环中。

（一）问题驱动

问题是学习的起点，也是学习的支撑点，通过问题来驱动学生不断学习。问题驱动作为问题解决的第一阶段，在这个阶段中需要让学生发现问题和澄清问题。教师可以从学生已有经验出发，选择合适的情境素材，开展观察、实验、调查、制作等活动来创设问题情境。当学生运用已有知识、经验解决不了问题时，就会产生认知冲突，认知冲突能激发学生对未知的好奇心，让学生发现问题并意识到自己需要更多地尝试和学习。

在学生发现问题后，教师需要引导学生澄清问题。澄清问题指的是洞察情境中问题的本质，即根据自身的理解对问题进行重新定义。这就需要以终为始，让学生思考怎样才是解决了问题、提出问题解决的标准以及认识到问题解决的约束条件，在这个过程中学生就已经明确学习任务和学习评价。如果学生都还没有弄清楚这些问题就匆忙地开始寻求解决办法，往往会徒劳无益。学习任务和学习评价的前置使学生的学习目标更明确，对知识和技能的学习意义更清晰，同时也让学生做好了运用理解、知识和技能来完成学习任务的准备。

例如在"运送作业本的小车"单元导学课中，教师就呈现了早上交作业的情境以及学校对疫情防控的要求，在这个情境中学生就会发现在疫情防控期间我们要减少接触，而每天交作业同学间的走动增加了接触，从而提出了"怎样用小车来帮助我们运送作业"的问题，这样就确定了单元的学习任务：设计与制作运送作业本的小车，实现无接触交作业。在教师的引导下，学生对运送作业本的小车提出了具体的标准，如小车用环保动力至少能运送5本作业本，行驶距离超过1米等。

（二）问题分析

在实际教学中笔者发现，学生就算明确了学习任务和学习评价，但他们解决问题的思路是模糊的，他们不清楚要做什么、怎样做、做的过程中要收集什么信息才能最终解决问题。那后面的活动仅仅就是为了做而做，而不是为了解决问题而做。所以在解决问题之前就需要对问题进行分析，这个阶段包括拆解问题和制订方案。

问题驱动中的"问题"是一个大问题，如果不把大问题进行拆解，学生是难以找出解决问题的头绪的。教师需要引导学生把大问题拆解为若干子问题，再来确定子问题的解决方案，通过解决子问题进而解决大问题。例如，"运送作业本的小车"单元学习中的大问题可以拆解为以下小问题：（1）小车要运送作业本，要达到哪些要求？怎样设计小车？（2）怎样让静止的小车动起来？（3）可以给小车提供哪些动力？（4）是什么阻碍了小车的运动？（5）怎样让小车运动得更远？（6）小车测试的结果如何？能否达到评价标准？这些小问题都很具体且入口小，便于学生去解决。

在拆解问题之后，教师要引导学生对子问题进行分析，制订子问题解决的方法和程序，让学生用文字、符号、图形、语言等方式将解决问题的方案表述出来，主要围绕以下问题进行思考：通过什么方法来解决问题？需要什么资源来帮助解决问题？怎样做？要收集什么信息？这些问题包括了方法选择、资源需求、过程设计、证据收集。学生在制订了问题解决方案后就很清楚完成任务需要用到哪些知识和技能，并梳理出哪些知识和技能是自己已经掌握的，哪些是需要学习的，把已知与未知连接起来，在学生头脑中就会形成一张学习地图，指引他们朝向学习目标前进。

（三）问题深化

"问题深化"是学生从外部经验走向内部知识和技能的阶段，该阶段要注重激活学生的认知、情感和行为，激发学生自主参与、动手动脑，经历探究的过程，既要考虑学生自主独立的学习，又要考虑学生之间的合作学习。在这个阶段中先是学生个体尝试解决问题，再是同伴合作进行探究，最后是学生个体改进方案和完善作品。

1. 尝试解决，明确不足

对于问题的解决，学生并不是一片空白的，每位学生都有自己学习和解决问题的路径。为了尊重学生的个性化学习，先让学生尝试独立解决问题。在先行尝试的过程中，学生会根据已有的经验和知识概念尝试去内化新信息。根据建构理论，为了使新信息有意义，学生必须以有意义的方式把它同化到已有图式中，或者把它顺应到与已有图式有紧密联系的新图式中。"同化"和"顺应"都能使学生获得认知平衡。但先行尝试往往会引起学生认知的不平衡，这就意味着新信息与已有经验联系不起来。认知不平衡是学习的一个必要前提，只有去寻找对认知不平衡的解释，学习才有可能发生。所以说先行尝试能让学生明确自己的不足，产生探究的动力。同时先行尝试也使得学生的已有经验显露出来，从而使教师知道学生的知识和技能的起点，在后面的教学中就能采用有针对性的策略来帮助学生达到认知平衡。

由于每位学生的学习起点、能力与生活经历都不一样，他们对事物的认知也会产生个体差异，所以在先行尝试中大家遇到的困难也不一样。例如制作运送作业本的小车，有些学生不知道如何让车轮滚动起来，有些学生不知道如何用橡皮筋来驱动小车，有些学生不知道如何能让小车行驶得更远。教师需要提前收集学生遇到的问题，并对问题进行分类，为后面的活动设计做准备。

2. 运用支架，合作探究

在上面的学习中，教师已经清楚了学生的知识和技能的起点，以及学生遇到的几类问题。这时教师就可以搭建学习支架，使学生在学习支架和同伴的协助下解决问题。学习支架包括问题链、现象或数据记录表、结论分析推理图。例如在探究"橡皮筋的圈数与小车行驶距离的关系"的实验中，问题链是这样设计的：要探究的问题是什么？需要什么实验材料？要做几组实验？每次实验要改变什么条件？怎样改变？学生通过问题链就会去思考实验的目的、材料与方法。在探究的过程中再提供实验记录表格，引导学生去测量并记录实验数据。结论分析推理图，则是帮助学生透过现象分析本质。同样以"橡皮筋的圈数与小车行驶距离的关系"的实验为例，结论分析推理图是这样的：橡皮筋圈数增加→橡皮筋的弹力（　　　）→弹力作用在小车的时间（　　　）→小车行驶的距离（　　　）。通过这样的分析，学生就清楚了弹力的大小与运动距离的关系。

在问题解决的过程中，学生的合作探究是很重要的。在这种协同的问题解决过程中，个人与个人连接，形成学习共同体，在这种共同体中相互启发、彼此共鸣。

在先行尝试阶段有一些同学率先解决了问题，我们可以把这些同学组成"专家"组，再把"专家"分到全班各个小组中，形成若干个学习共同体。"专家"前期探索的经验以及解决问题的思路是值得借鉴的，可以帮助其他同学解决问题。所以说问题解决能力的提升，除了依靠个人的努力外，还需要合作小组在问题解决策略、情感与动机等方面的带动。

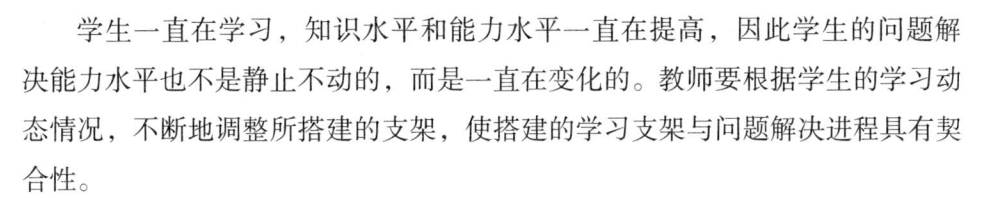

学生一直在学习，知识水平和能力水平一直在提高，因此学生的问题解决能力水平也不是静止不动的，而是一直在变化的。教师要根据学生的学习动态情况，不断地调整所搭建的支架，使搭建的学习支架与问题解决进程具有契合性。

3. 改进方案，完善作品

学生一开始制订的问题解决方案是根据已有的知识、经验去制订的，随着学习的推进，学生的认知会得到发展，他们对问题解决方案也会产生新的想法。在学生探究实践后，教师要引导学生根据探究结果对问题解决方案进行改进。如果在方案改进后仍然无法解决问题，那就需要重新返回到拆解问题的环节，拆解未解决的问题，重新制订方案，再次试验，直至最终解决问题。

问题解决的最终结果是体现在作品的产出上，例如"运送作业本的小车"单元作品就是一辆小车，通过小车来解决问题。在方案试验和改进的过程中，学生在同步制作和完善作品。作品的制作并不是放在单元学习的最后，也不是学完以后再加上应用的"尾巴"。学生是在做中学，边做边学，边学边做。在这个过程中，教师要关注学生对作品的制作和完善的过程，通过学生对作品每次的改进，教师可以了解到学生对知识与能力的建构情况，对学生理解有困难的地方进行及时指导，同时也要根据学生的学习反馈对学习的进度与任务进行适时的调整，让"教"真正为"学"服务。

（四）问题拓展

在上一阶段学生从外部经验走向内部知识和技能，在问题解决的最后阶段学生就要从内在知识和技能走向外在行为。"问题拓展"阶段包括学习反思和迁移应用。

在解决问题后，需要学生对作品进行评价、对学习过程进行反思，目的是引导学生对问题解决的过程、方法和结果进行反思，这是发展学生问题解决能力的重要途径。在学习开始前师生共同制订问题解决的评价标准，在学习结束后就应该根据这个评价标准对自己的作品进行评价，评价后学生就能清楚地知道自己对问题解决得如何。此外，教师还要引导学生对同学的作品提出建议或改进的方法，激励学生继续改进自己的作品。

对学习过程进行反思，教师可以用问题支架来引导学生回忆自己解决问题的全过程：用了什么方法来解决问题？在解决问题的过程中遇到了哪些困难？

如何解决？对方案有没有进行改进？在以后的问题解决过程中应该注意哪些问题？对相似问题可以做出哪些归纳？学生通过反思将他人教授的思维技能内化为自己的思维技能，提取有用的策略、经验和模式，纳入自身的认知结构中，形成问题解决的策略，从而提升问题解决的能力。

问题解决要从情境中来并回到情境中去，不仅要在"问题驱动"阶段创设情境，在"问题拓展"阶段也要创设情境，让学生把问题解决的思路、方法、策略迁移应用到新情境中，这样学生才能从内在知识和技能走向外在行为，进一步发展问题解决的能力。

支持问题解决的小学科学"四问"学习活动模型是以素养为导向的，引导学生在探究实践中，经历"问题驱动""问题分析""问题深化""问题拓展"，培养他们问题解决的能力。同时也要落实因材施教，凸显学生的学习主体地位，满足学生多样化的学习需求，让问题解决能力不同水平的学生都能在原有水平上得到提高。

第二章
大单元与学历案

　　核心素养的发展和能力的提升具有整体性，不能仅仅依靠单一的知识点或某一节课来实现。支持问题解决的小学科学"四问"学习活动（问题驱动、问题分析、问题深化、问题拓展）是镶嵌在问题解决四阶段里的。学生在"四问"学习活动中经历问题表征、方案制订、方案执行、评价反思四阶段，这在一节课中是难以完成的，学生需要充足的时间和空间去解决问题，所以问题解决能力的培养，需要与单元教学相融合，将问题解决的四个阶段和"四问"学习活动分散于单元教学的各个课时中。

第一节 大单元设计

早期的"单元"就是教学内容的单位，主要涉及教什么，即教育的前端。100年前课程诞生之后，特别是受实用主义教育哲学的影响，"单元"一词尽管依然沿用，但其含义有所变化，即从有组织的内容单位走向了经过设计的活动单位，也叫经验单位，可以称之为教育的中端。后来的几十年间，"单元"一词一直处于不温不火的状态，直至21世纪核心素养时代的来临，人们从"课程视角""学习立场"上重新激活了单元的概念，让单元成为一个学习单位，对接素养目标。此时的单元是一个学习单位，一个单元就是一个学习事件、一个完整的学习故事，因此，一个单元就是一个微课程。

现有教科书中的单元，如果没有一个完整的"大任务"驱动，也没能组织成一个围绕目标、内容实施与评价的"完整"的学习事件，那它就不是我们所讲的单元概念。确切地说，那只是内容单位，而不是学习单位。这里所说的"单元"，也许用建筑单元来类比更易理解，原有教材中的单元好比一个个独立的钢筋、水泥等建材单位，而学习单元则好比我们的住房"单元"，一幢由几个单元组成的建筑，就好比一个由几个单元组成的学期课程（也可叫模块）。一个建筑单元由屋顶、户型、楼层、楼梯、钢筋、水泥、门窗等要素组成，依此可以类比，一个学习单元由素养目标、课时、情境、任务、知识点等要素组成，单元就是将这些要素按某种需求和规范组织起来，形成一个有结构的整体。

华东师范大学课程与教学研究所崔允漷教授倡导的"大"单元，"大"的用意有三：一是指向学科核心素养的教学倡导大观念、大项目、大任务与大问题的设计，其出发点不是一个知识点、技能点或一篇课文，而是起统率作用的"大"的观念、项目、任务、问题，以此来提升教师的站位，改变教师的格局。"问题解决"是核心素养中的一个基本要点，因此支持问题解决的教学要进行大单元设计。二是针对现实中有许多教师只关注知识、技能、习题、分数等，而忽视了学生能力、品格与观念的培养，导致出现"高分低能、有分无德、唯分是图"的问题，大单元设计有利于教师改变着眼点过小、过细以致"见书不见人"的习惯做法，明白"大处着眼易见人"的道理。三是从时间维度来看，大单元设计与实施有利于教师正确地理解时间与学习的关系，树立"以学习者为中心"的观念。

总的来说，大单元设计规避了以往"教为中心"的教学所暴露的师生主体立场错位、教学逻辑不匹配、学习内容与生活实践相分离以及学生发展不平衡等弊端。大单元设计体现出"学习中心"的特质，回应了核心素养目标对良性教学关系的期待。

大单元并非内容单位，而是课程单位或学习单位。大单元除了要具备结构化的知识以外，还需要以素养目标为方向，介入真实的生活情境中，用任务或问题链来组织知识的进阶，在学习中嵌入多主体、多阶段的评价，从而达到落实学科核心素养的目的，让学习与未来的生活能力、社会实践、必备品格相关联，提升学生的学习力，培养高素质人才。想要确定大单元，需要做好以下三方面准备：一是根据教材的逻辑与内容结构、课程标准的相关要求、学生的认知准备与心理准备、可得到的课程资源等来确定本学期、本学科的大单元数及相应的课时数；二是依据学科核心素养的相关要求，厘清本学期的大单元内部的逻辑以及单元名称，设定各个大单元是由大任务、大项目、大观念还是大问题来统率的；三是一个单元至少要对接一个学科核心素养，依据某个核心素养的要求，并结合具体的教材，按某种大概念的逻辑，将相关内容结构化。

一、支持问题解决的大单元设计理论依据

1. 建构主义理论

建构主义理论假设任何一个年龄阶段的学生都会积极地获取知识和建构自己的知识。然而知识并不是静态的、一成不变的，当学习者面临新的经历时，这个经历会迫使学习者对先前经验和已有知识做出调整。因此，为了使学生的知识能够不断地发展，就必须让学生接受更多新的经历。建构主义的奠基人皮亚杰说过：好的教学必须不断为学生提供实验的情境。此处的实验含义非常广泛：亲手试一下，看会发生什么事情；处理具体的事情；利用理论知识；提出问题，自己寻找答案。皮亚杰的教育思想强调了知识的建构性和学生学习的主动性。

问题解决的过程是学生主动建构自己的知识、经验的过程。建构主义的学习设计强调的不是制订教师"讲授"的内容，而是思考"学习"的设计。建构主义学习理论表示在学习活动中教师扮演着学习的促进者的角色，教师采用多元的生活素材和教学活动让学生在具体的情境中构建问题，引导学生学习；学生为了解决问题，自己搜集所需资料，再经过独立思考，将想法在小组中进行讨论，最终解决问题。要想扮演好促进者角色，教师必须走出过往桎梏，引入新的教学设计类型，依据本学科的知识结构和学生学情规划设置大单元整体，紧跟学生的自我成长以灵活地匹配相应的授课素材，并进行一定程度的拓展与延伸，帮助学生主动构建知识，发展学生问题解决的能力。

2."理解为先模式"理论

由威金斯和麦克泰从1998年开始创立的"通过设计促进理解"（understanding by design，UbD），是近年美国课程改革中涌现出来的一种新理论、新实践。UbD理论采用逆向设计来促进深度学习。逆向设计主要包括"目标、评价、活动"三个阶段：第一阶段是要识别期望的学习结果；第二阶段是要确定可接受的证据；第三阶段是要设计学习经验及教学活动，要求给予学生大量的机会去自己推理、概括、建构意义，并将所学迁移、运用到新情境中；同时，也要给予及时的反馈，从而帮助其改进行为。

对单元进行整体设计也要遵循"以终为始"的原则，教师要提前告知学生单元学习的评价标准，并从学习开始就鼓励学生明确目标，朝着单元的终点去努力。

3."最近发展区"理论

苏联教育家维果茨基提出的"最近发展区"理论认为，学生的发展有两种水平：一是学生现有水平，是指独立活动时学生自身解决问题的能力水平；二是学生所能达到的可能的发展水平，即通过教学所获得的能力。两者之间的差异就是"最近发展区"。从"最近发展区"理论来看，大单元教学设计作为一类新兴的教学设计模式，能较好地处理在教学过程中的阶段性和连续性、循环性之间的关系。在教学过程中，教师必须准备一些具有一定挑战性和思考性的授课素材，需要联系时政热点来设置课堂的学科问题，选用图片、音频、视频等学习材料，来激发学生探索的欲望，激活、带动学生对学科学习的主动性和积极性，进而促进学生发挥其潜能，超越当前实际达到的知识水平，由此踏入下一阶段的学习。每一课时的教学设计也必须遵循由表及里、逐层推动的规则，针对学生的学习能力水平和掌握程度因材施教。

二、支持问题解决的大单元设计"奖杯"模型

大单元设计体现了学生立场，体现出学生学会的历程而非教师教的过程，强调引领学生的自主学习。支持问题解决的大单元设计有其独特性，也具有上文提到的大单元教学的特征。因此，笔者以学生为核心、以学生的知识背景为基础、以问题解决能力和核心素养的发展为目标，依据课程标准，对教材单元采用项目式学习的方式进行整体设计，形成了大单元设计的"奖杯"模型。

"奖杯"模型的主要组成要素包括单元目标、单元评价、单元主题和任务、单元驱动问题和学习活动。由图2-1-1可知，学习活动是"奖杯"的基座，也是培养学生核心素养的载体。单元主题和任务及单元驱动问题是"奖杯"的腰身，起承上启下的作用：向上对接单元目标和单元评价，向下连接学习活动。单元目标和单元评价分别是"奖杯"的左耳和右耳，其寓意是只有当教、学、评形成合力时，才能举起"奖杯"——实现学生核心素养的发展。核心素养和课程标准、学情分析在"奖杯"的顶端，是大单元设计的方向与依据。"奖杯"模型是按照逆向设计的思路，从一段学习历程的终点（学习目标）出发，以"证明学会"的思维倒推制订单元评价，以终为始，即评价设计先于活动设计、框架设计先于细节设计，以此来确保"教—学—评"的一致性。下面以小学科学四年级"发光礼物"单元设计为例，来阐述这一模型的运用策略。

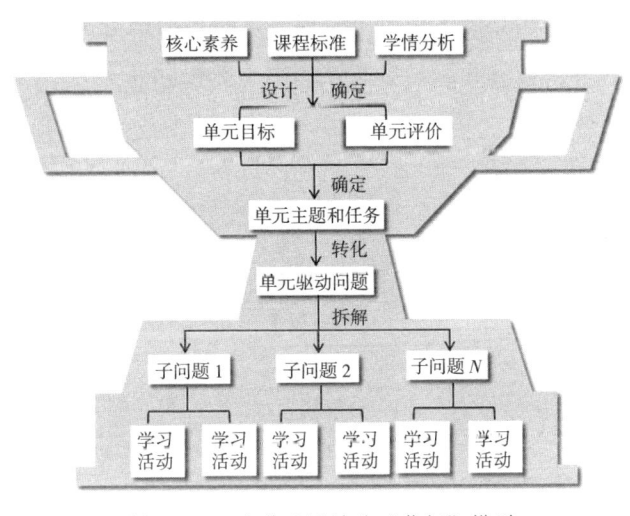

图2-1-1 大单元设计的"奖杯"模型

1. 前端分析，设计单元目标

单元目标是教学设计的灵魂，处于"奖杯"模型的上端，具有总领全局的作用。在宏观层面，单元目标要对接核心素养发展目标，突出其对学生的发展性价值和对知识系统的整合性作用；在微观层面，单元目标要能够落实到具体的学习过程中，转化成可观察、可测量、可评价的学习结果。教师在设计单元目标时需要依据课程标准，把单元目标与核心素养、课程标准关联起来。同样，在设计课时目标的时候，也要建立其与单元目标的联系。

具体而言，教师要先对课程标准和教材进行解读，重点梳理四大关系：一是单元与核心素养的关系，即厘清本单元要发展的核心素养；二是同一内容单元在不同学段之间的学业要求关系，即了解学生已经学了什么，这一单元的学习是为后续的哪些内容学习打基础的，做到"上挂下联"；三是课时之间的关系，即明确教材编写的逻辑及设计意图；四是知识点之间的关系，即梳理概念与概念之间的关系，绘制出单元知识结构图。

在对课程标准和教材的设计思路有整体把握后，教师可根据教材的单元内容，在课程标准中找到对应的学科核心概念，然后分成两条路径：一条路径是先依据学科核心概念找到对应的跨学科概念，接着依据年段找到对应的核心素养；另一条路径是依据年段找到学科核心概念对应的内容要求，同时也要了解学习内容在不同学段的学业要求。通过这样的方式可以有效地搭建起从课时目标到核心素养目标的学习目标"金字塔"：顶层是核心素养，次顶层是跨学科概念，下一层是学科核心概念，再下一层是学科核心概念的分解概念（课程标准中的"学习内容"），底层是事实性知识（课程标准中的"内容要求"）。见图2-1-2。

图2-1-2 学习目标"金字塔"

"发光礼物"单元学习目标"金字塔",自上而下分别是:

(1)核心素养:

科学观念:认识常见材料的某些性能。

科学思维:比较事物的某些本质特征,根据不同的目的进行分类。

探究实践:选择恰当的工具观察并描述现象,具备分析、处理信息并得出结论的能力。

态度责任:能如实地记录和报告观察与实验的信息,具有基于事实表达观点的意识。

(2)跨学科概念:物质与能量科学。

(3)学科核心概念:物质的运动与相互作用。

(4)分解概念:电磁相互作用。

(5)事实性知识:

① 知道电源、导线、用电器和开关是构成电路的必要元件;说明形成电路的条件,切断闭合回路是控制电流的一种方法。

② 知道有些材料是导体,容易导电;有些材料是绝缘体,不容易导电。

③ 列举电的重要用途,知道雷电、高压电、家庭电路中的交流电会对人体造成伤害,知道安全用电的常识。

在设计单元目标时,除了要依据学科课程标准,还需要结合学情分析。如果单元目标与学生的发展水平不匹配,就会出现学生难以达成学习目标或者没有在原有水平得到发展的现象。因此,在设计单元目标之前,还需要对学生的认知水平、能力水平和学习中存在的困难进行分析,这样单元目标才能与学生的发展水平适配,才有助于学生跨越"最近发展区",达成单元目标。

2. 逆向设计,制订单元评价

具体而言,教师在确定单元目标后,需要进一步思考如何证明学生达成了单元目标。为了保证单元目标、学习活动和学习评价的一致性,学习评价的设计应先于学习活动的设计。因此,在设计了单元目标后,就要根据单元目标来制订单元评价。

支持问题解决的单元学习评价应强调评价主体的多元化、评价内容的综合性与全面性、评价标准的合理性,以及评价方法、手段的多样性。同时学习评价也能够充分地记录学生参与单元学习的程度,并且能够给予个人以及小组单元作品完成情况肯定与建议，通过单元学习评价有助于肯定学生的成果，学生的兴趣、积极性、成就感、自信感都有所提高。支持问题解决的单元学习评价分为表现性评价和总结性评价（见图2-1-3），在本书的第一章第二节已进行介绍，这里不再赘述。

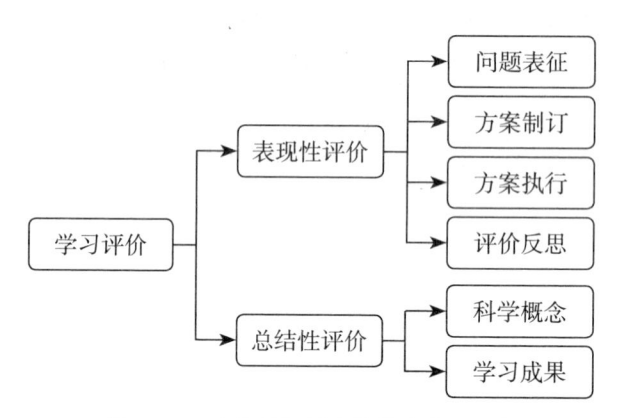

```
                    ┌─ 问题表征
        ┌─ 表现性评价 ┼─ 方案制订
        │            ├─ 方案执行
学习评价 ┤            └─ 评价反思
        │
        └─ 总结性评价 ┬─ 科学概念
                     └─ 学习成果
```

图2-1-3　支持问题解决的单元学习评价

3. 统整内容，确定单元任务

在设计单元目标和制订单元评价后，就需要确定单元主题和单元任务。单元主题和单元任务起着承上启下的连接作用。单元主题是单元教学的线索，可将看似相对独立的单元内容串联起来，形成一个有机整体，增强单元内部的统整性。单元任务来源于单元主题，具有以下特点（见图2-1-4）：

（1）整合性。单元任务指向核心素养，满足课程标准要求，涵盖单元目标，体现评价任务。

（2）挑战性。有挑战性的单元任务能激发学生的学习内驱力，让其持续地探索问题解决的方式。

（3）价值性。单元任务要能让学生感到有意义和有价值，如此学生才会产生认同感，更愿意投入学习。

（4）发挥性。单元任务要能给予学生较大的发挥空间，让学生有机会用多种方式来进行学习并解决问题，并允许学生采用多样化的方式来呈现学习成果。

（5）生活性。单元任务要贴近学生的生活，对实际问题进行解决，从而让学生建立起生活与知识的联系。

（6）趣味性。"兴趣是最好的老师"，学生只有对单元任务感兴趣，才能调动自身积极性和参与热情。

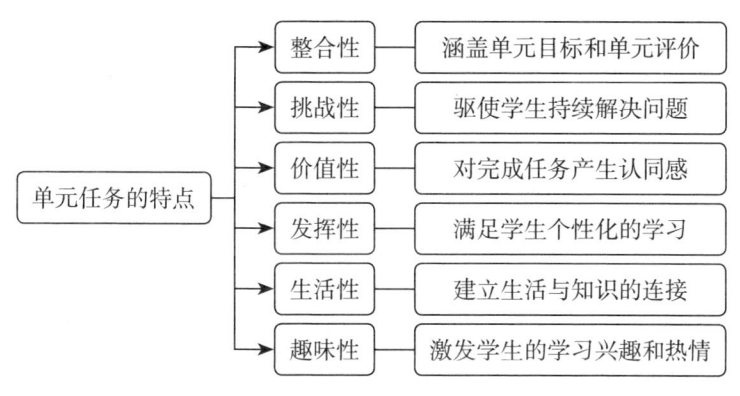

```
单元任务的特点 → 整合性 —— 涵盖单元目标和单元评价
              → 挑战性 —— 驱使学生持续解决问题
              → 价值性 —— 对完成任务产生认同感
              → 发挥性 —— 满足学生个性化的学习
              → 生活性 —— 建立生活与知识的连接
              → 趣味性 —— 激发学生的学习兴趣和热情
```

图2-1-4 单元任务的特点

"发光礼物"单元的任务是"为贵州山区的同学设计并制作一份会发光的礼物"。这是一个很有意义的任务，把自己亲手制作的礼物送给山区同学这件事能让学生获得极大的效能感。完成该任务所需要的学科知识、能力和素养，涉及小学科学所要培养的核心素养的四个方面、相应的学科核心概念及其所指向的具体内容要求。发光礼物在生活中是常见的，因此该单元任务贴近学生的生活。而学生日常看到的发光礼物都是陈列在货架上的商品，要自己动手制作发光礼物对于学生来说有一定的挑战性。该单元任务还具有趣味性并能给予学生较大的发挥空间，学生能根据自己的设计做出个性化的作品。

4. 激发动机，转化单元问题

在确定了单元任务之后，需要把单元任务转化为单元驱动问题，以问题的方式来驱动学生探究实践，激发学生的学习动机。学生通过解决单元驱动问题，来促使他们完成单元任务。单元驱动性问题要凸显四性（见图2-1-5）：

（1）情境性。

问题是学习活动开展的核心，一切学习活动都由问题驱动。问题的情境性让学生能更容易发现问题并提出问题。情境可以是真实生活中的，也可以是类真实或简化的，还可以是虚拟的或抽象的。不管是真实的情境还是虚拟的情境，都要让学生看到知识与世界的联系，能把解决问题的思路迁移到现实生活中。问题的情境性要符合学生的认知感受，贯穿整个单元学习，通过问题情境来引领学生进入沉浸式的思考和学习中。

"发光礼物"单元驱动问题情境是这样的：笔者所在学校和贵州的学校进行结对帮扶，想让同学们在六一儿童节时给贵州学校的同学们准备一份创意礼物，点亮他们心中的梦，给他们惊喜。学生在这个情境中就会围绕主题提出怎样设计并制作一件发光礼物的问题。

（2）复杂性。

驱动性问题的复杂性体现在解决问题的过程能引发高阶思维。高阶思维是指发生在较高认知水平层次上的心智活动或认知能力。布卢姆教育目标分类学的框架中将学习的认知过程维度分为六个层级：记忆、理解、应用、分析、评价、创造。其中，分析、评价、创造这三种认知方式属于高层次的心智活动。

驱动性问题本身就包含了多个知识和信息之间的连接，要解决驱动性问题首先要对问题进行分析，才能清楚知道自己要获取什么知识和技能，同时在探究过程中也需要分析现象、分析数据等。而驱动性问题指向的是成果的产出，在成果的制作过程中包括自我的评价与修正，在成果的展示中包括对他人的评价与借鉴。在整个学习过程中学生将知识、技能迁移，应用到真实情境中来解决驱动性问题，这就是运用了创造性思维。因此，驱动性问题具有的复杂性始终牵引着学生发挥主动性，让思维处于高层次，不断地进行着实践创新。

（3）逻辑性。

要想解决单元的驱动性问题，就要对问题进行分析、拆解，所以驱动性问题应该可以拆解成若干子问题群。这些问题群是具有逻辑性的，上一个问题紧扣下一个问题，层层递进，推动着学生的学习。

"发光礼物"单元的驱动性问题是"怎样设计并制作一件发光礼物"。我们可以把驱动性问题拆解成下面的小问题，形成问题链：礼物为什么能发光？怎样让礼物亮起来？怎样控制发光礼物的亮灭？如何解决发光物品的故障？怎样让发光礼物有更多的灯亮起来？拆解后的问题具有连贯性与逻辑性，解决了上一个问题就会产生下一个问题。通过问题驱动，学生可以不断深入探究。

（4）开放性。

学生在面对开放度较高的问题时，往往会发挥令人意想不到的创造性。为了更好地培养学生的发现力和创造力，驱动性问题的设置一般采用开放式，即问题的结构往往是不良的。良构问题的结构会禁锢学生的思路，使其无法创新。而劣构问题不但能给予学生更多的探究空间，还能让学生产生不同的解决问题思路和方法，更能让不同水平的学生都能得到发展，充分发挥每位学生的潜能，从而使学生获得最大的学习效益。

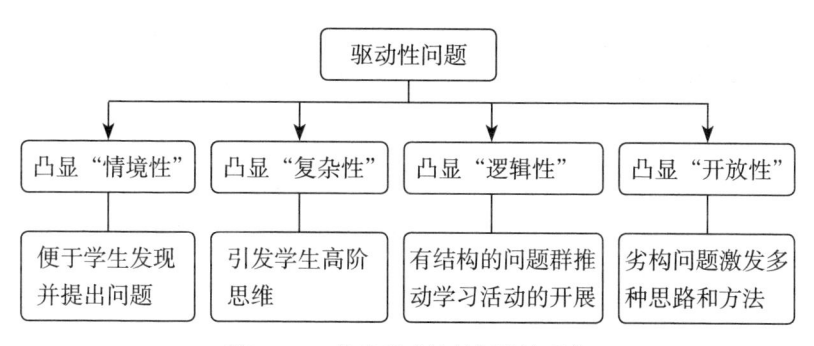

```
                    驱动性问题
         ┌──────────┬──────────┬──────────┐
     凸显"情境性"  凸显"复杂性"  凸显"逻辑性"  凸显"开放性"
         │          │          │          │
     便于学生发现   引发学生高阶   有结构的问题群推   劣构问题激发多
     并提出问题    思维        动学习活动的开展  种思路和方法
```

图2-1-5 单元驱动性问题设计要点

5. 问题拆解，搭建单元框架

在建立了单元学习目标"金字塔"、确定了学习任务和转化了驱动性问题后，我们就需要依据这三方面来搭建单元框架，设计学习活动（见图2-1-6）。搭建单元框架分三个步骤：

（1）拆解单元驱动问题，确定学习内容。我们的单元教学是以问题解决为导向的，所以我们就要依据学生解决问题的思路把单元驱动问题拆解成若干子问题，再根据子问题的难度以及子问题之间的逻辑关系，安排课时顺序，初步搭建起单元的内容框架。

（2）分析问题群对应的知识点，设计课时学习目标。接下来我们在单元学习目标"金字塔"中把事实性知识一一对应子问题群，设计课时学习目标。

（3）根据学习目标，设计学习活动。最后根据课时学习目标设计课时学习活动，这样学习活动就指向了子问题的解决，解决了子问题就能解决单元驱动性问题，完成单元任务。

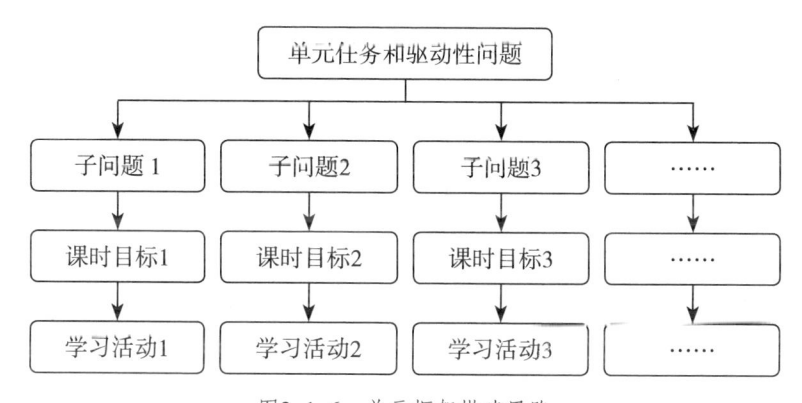

```
            单元任务和驱动性问题
         ┌──────┬──────┬──────┐
       子问题1  子问题2  子问题3  ……
         │      │      │      │
       课时目标1 课时目标2 课时目标3 ……
         │      │      │      │
       学习活动1 学习活动2 学习活动3 ……
```

图2-1-6 单元框架搭建思路

大单元设计要求教师从学科领域的课程标准出发，以其指向的学科核心素养或高阶思维为导向，根据学科内容和学习目标的要求开发包含真实问题和真实任务的单元课程；并依据学科素养或思维发展进阶、教材内容和学生现状，将"教材单元"转化为"学习单元"，形成若干课时。基于当代教学理论，厘清教学目标，制订教学任务，探讨教学方式及策略，系统考虑各项教学因素。

第二节　单元学历案

教师作为教学的专业人员，要指导学生完成学习任务，帮助学生在新、旧知识之间发生顺应与同化，培养学生能够适应终身发展和社会发展需求的必备品格和关键能力，培养学生的核心素养。因此，教师要将理论层面的教学理念转化为切实可行的行动，处理好"教"与"学"之间的关系，重视学生的学习过程与感受，关注学生是否学会，更多地培养学生必备的学习能力和品格素养。

在当前的小学科学课堂教学中教师大多采用以落实知识点和技能点为教学目的的课程式教学模式，追求琐碎知识点的掌握，忽视了问题解决能力的培养；教师缺乏整体教学观念，忽视了课时之间的联系，以致小学科学教学陷入"浅、碎、杂"的怪圈，导致学生难以在新的情境中进行知识的迁移、运用、转换，也难以运用知识来解决实际问题。为解决此类问题，我们需要优化教学方案。华东师范大学课程与教学研究所的崔允漷教授从教学专业方案的角度提出了学历案这一全新概念。崔允漷教授认为，教案作为教师专业实践的预设方案，未能处理好从教到学和从学习到学会的两次信息转换。他倡导教师通过以学生为立场、以学习为中心的学历案来提高教学的有效性，培养学生的学习力。这样学生可以自己去经历、体会完整的学习过程。使用学历案可以完成第一次从教到学的信息转换，并帮助学生自我构建信息，从而完成第二次从学习到学会的信息转换。从2014年秋开始，研究者在浙江、江苏、河南的多所学校进行了学历案实践研究。研究发现，学历案对学生学习方式转变、教师专业发展和学校办学品质的提高都产生了积极的影响。

一、学历案的特点

学历案是指教师在班级教学背景下,围绕一个具体的学习单位(主题、课文或单元),从期望"学会什么"出发,设计并展示"学生何以学会"的过程,以便于学生自主建构或社会建构经验与知识的专业方案。学历案顾名思义是关于学习经历或过程的方案,其本质就是教学方案。与教案不同的是,学历案是教师教学的指南,更是呈现给学生的教学方案,它能规范并引导学生开展学习活动,记录学生的行为表现,尤其注重形成性评价和表现性评价,引导学生由被动学习转向主动学习,所以学历案的立场是学生的立场。学历案为课堂教学活动提供了具体的文本,帮助学生建构经验与知识,是学生学习的脚手架,更是学生学习的认知地图。学历案可以重复使用,课前可以带领学生提前了解学习重点,提高预习效率,课后能有效地帮助学生复习巩固,查漏补缺。学历案是师生、生生、师师互动的载体,教师可以通过学历案来开展师生、生生之间的课堂活动,依据学历案来评价学生学习,了解个体学习的差异,在课堂上开展有针对性的教学;学历案的编制还是教师的智慧成果,为了更好地达成学习目标,呈现更好的教学效果,教师对学历案不断进行修改和完善,体现教师智慧和教育理念。

(一)学历案的构成

一份完整的学历案包含六个要素,分别是主题与课时、学习目标、评价任务、学习过程、作业与检测和学后反思。每个要素涉及的关键问题和技术要点详见表2-2-1。

表2-2-1 "课时学历案"六要素

序号	要素与关键问题	回答提示
1	**主题与课时** 在多少时间内学什么?	1.1内容:课文、主题或单元;来自何处?知识地位? 1.2时间:依据目标、教材、学情来确定该内容的学习时间,如1~6课时。
2	**学习目标** 我清楚要学会什么?	2.1依据:课程标准、教材、学情、资源等。 2.2目标:3~5条;可观察、可测评;指向学科核心素养;相互之间有联系;三维叙写;可分解成具体任务或指标;至少三分之二的学生能达成。

续 表

序号	要素与关键问题	回答提示
3	**评价任务** 我何以知道是否学会？	3.1 依据：视目标的数量、难度、关联、种类以及学情来确定评价任务的数量与安排。 3.2 要求：包括情境、知识点、任务；能引出学生目标达成的表现证据。
4	**学习过程** 我如何分小步子学会？	4.1 资源与建议：达成目标的资源、路径、前备知识提示。 4.2 课前预习：定时间、有任务。 4.3 课中学习：呈现学习进阶（递进或拓展）；嵌入评价任务；体现学生构建或社会构建的真实学习过程。
5	**作业与检测** 我如何检测或巩固我已学会的东西？	5.1 要求：包括课前、课中与课后作业；整体设计作业；数量适中；功能指向明确；体现知识的情境化（学以致用）。 5.2 功能：检测，巩固，提高。
6	**学后反思** 我可以反思与分享什么？	6.1 要求：引导学生梳理已学知识，梳理学习策略，管理与分享自己的知识。 6.2 求助：诊断自身问题，报告求助信息，以便得到支持。

从表2-2-1中可以发现，学历案的设计以主题为单位，依据课程标准、教材、学情和可获取的资源来开展教学，是对课程标准、教材、学生的再建构。"学习目标"明确学生要到哪里去，即学会什么，学习目标要可观察、可分解、可测评，且符合学生的认知习惯与认知能力，让绝大部分学生能够达到目标。"评价任务"用以判断学生是否到达了那里，即学会了没有、掌握到什么程度，在教学中通过一个或多个情境构成的评价任务来观察学生的表现。"学习过程"设计学生怎样学习，即如何让学生在学习、真学习、有深度地学习。"作业与检测"全面、系统地考查学生的目标达成情况，一方面用于评价学生的学习效果，另一方面帮助学生巩固、提高。"学会反思"是提供给学生一个支架来管理学习，梳理知识，形成知识图谱，感悟思想方法，最终通向素养的培养目标。

（二）学历案的类型

学历案在课堂中的形态根据课堂活动的不同至少可以分为以下四种，详见表2-2-2。

表2-2-2 学历案的类型

类型	课堂教学活动
对话型	自学学历案+提出问题+课堂对话与协商
合作型	小组分工合作完成任务+交流与分享+教师点评或提炼
指导型	教师依据学历案导学+个体或小组联系+教师过程指导
自主型	教师呈现结果标准+学生自我指导学习+学生自评或互评

虽然学历案可以根据课堂教学活动的不同分为以上四种类型，但这只是一种理论形态，为初学者或新教师提供参考。教师在课堂中可以根据学生学情、学习目标、自身特长等因素进行灵活应用，最大限度地实现课堂中的"真学习"。例如，在新授课上，教师先提出问题或公布任务，让小组进行分工合作来解决问题或完成任务，在小组合作的过程中，教师到各个组内进行指导，再让各个小组展示交流成果，生生之间、师生之间相互进行评价，这样的组合方式是合作型和指导型的混合，也能较好地组织学生开展学习活动，体验学习过程，因此，教师完全可以根据教学内容、学生学情等因素对学历案的课堂教学活动进行创新或重新组织，以达到更好的教学效果。

二、从"课时学历案"到"单元学历案"

课时学历案以课时为单位的设计会导致课时之间的关联度相对较弱，不利于持续性建构和素养的形成。如何突破呢？就需要从"课时学历案"转化为"单元学历案"。

课时学历案与单元学历案的区别，就像"烧一碗菜"与"烧一桌菜"的差异一样。教师首先要学会"烧一碗菜"，然后再学习"烧一桌菜"。前者是后者的基础，但前者与后者的关注点不一样：前者关注的重点可能是如何烧，即技能；后者关注的重点是烧那么多菜给谁吃，如何搭配才能使他吃得更好，即关注到了人。"单元学历案"指向的是经验，关注的是"学会"，即学什么、怎么学、学到什么程度、如何判断是否学会，用户是学生；注重做中学、说中学、悟中学、教中学，贯彻"教—学—评"一致性。

1. 单元学历案的构成

单元学历案继承并发展了"课时学历案"的六大要素，即单元主题与课时、单元目标、单元评价任务、学习过程、作业与检测、学后反思。详见表2-2-3。

表2-2-3 "单元学历案"六要素

要素	内涵	
	关键问题	回答提示
单元主题与课时	学习什么？学多长时间？	①单元来自何处？单元如何组织？ ②根据内容、学情来确定课时。
单元目标	学会什么？	①依据课标、教材、学情等。 ②3~5条；指向学科核心素养；三维叙写；相互之间有关联；可观察、可测评；至少三分之二的学生能达成。 ③可根据实际，分解为若干条课时目标。
单元评价任务	如何判断是否学会？	①体现情境、知识点、任务。 ②依据目标的数量、难度、种类以及学情。 ③能引出学生目标达成的表现证据。
学习过程	如何分步学会？	①资源与建议：达成目标的资源、路径、前备知识提示。 ②体现真实学习经历的学习进阶（递进或拓展）过程；嵌入评价任务。
作业与检测	如何检测、巩固已学内容？	①整体设计；数量适中；功能指向（检测、巩固、提高）明确。 ②体现知识的情境化（学以致用）。
学后反思	可以反思与分享什么？	①引导学生思考；梳理已学知识、学习策略；管理与分享自己的知识。 ②诊断自身问题；报告求助信息。

2. 单元学历案的设计流程

浙江省特级教师卢明的研究团队以"课时学历案"设计的六步流程为基础并结合单元特性进行迭代升级。一是增加了单元的组织步骤；二是将学习过程从单课时设计扩展到整个单元的多课时设计。由此，形成了"单元学历案"设计的七步流程，见图2-2-1。第一步，研读教材，对标学科核心素养，从大观念、大任务、大问题、大项目中选择一种合适的方式来组织单元。第二步，确定单元主题，规划单元课时安排。第三步，依据学科核心素养、教材内容、学情，来确定单元目标。第四步，依据单元目标，设计单元评价任务，重点设计真实情境下的综合性评价任务。第五步，将单元目标细化为课时目标，进而分课时来设计评价任务并体现学习进阶的过程。第六步，单元整体设计作业与检测。第七步，设计学后反思，搭建支持性的反思支架。

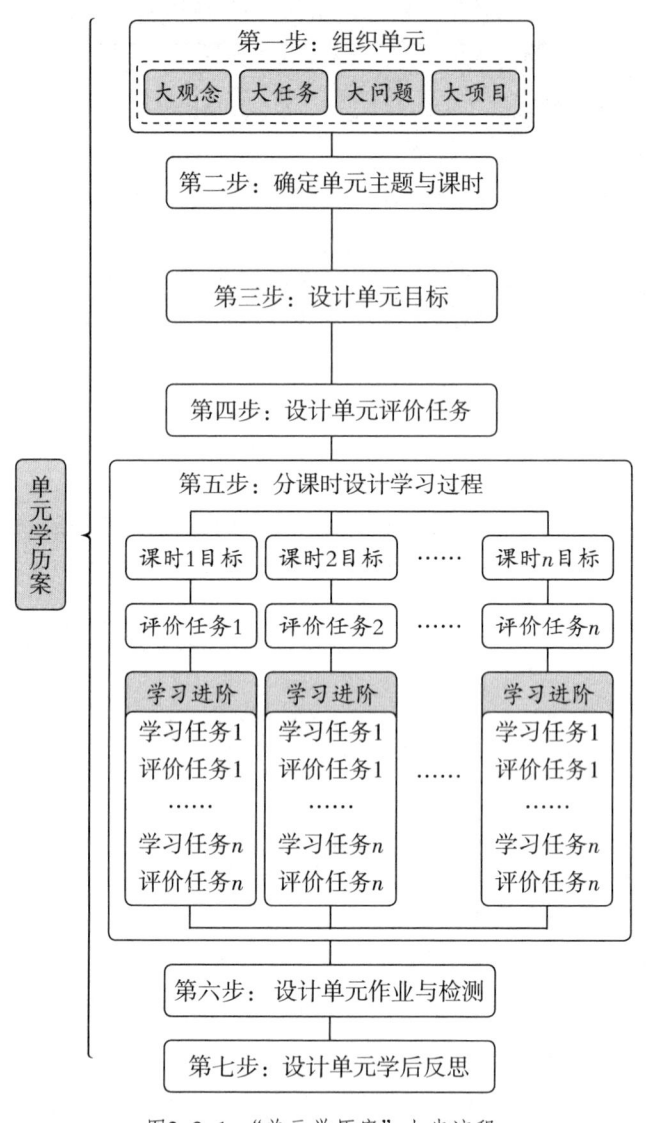

```
                    ┌─────────────────────────────┐
                    │    第一步：组织单元           │
                    │  大观念  大任务  大问题  大项目 │
                    └─────────────────────────────┘
                                  │
                    ┌─────────────────────────────┐
                    │   第二步：确定单元主题与课时    │
                    └─────────────────────────────┘
                                  │
                    ┌─────────────────────────────┐
                    │      第三步：设计单元目标      │
                    └─────────────────────────────┘
                                  │
                    ┌─────────────────────────────┐
                    │    第四步：设计单元评价任务     │
                    └─────────────────────────────┘
                                  │
              第五步：分课时设计学习过程
          ┌──────────┬──────────┬──────────┐
          │ 课时1目标 │ 课时2目标 │ 课时n目标 │
          │ 评价任务1 │ 评价任务2 │ 评价任务n │
          │  学习进阶 │  学习进阶 │  学习进阶 │
          │  学习任务1│  学习任务1│  学习任务1│
          │  评价任务1│  评价任务1│  评价任务1│
          │  学习任务n│  学习任务n│  学习任务n│
          │  评价任务n│  评价任务n│  评价任务n│
          └──────────┴──────────┴──────────┘
                                  │
                    ┌─────────────────────────────┐
                    │   第六步：设计单元作业与检测    │
                    └─────────────────────────────┘
                                  │
                    ┌─────────────────────────────┐
                    │    第七步：设计单元学后反思    │
                    └─────────────────────────────┘
```

图2-2-1 "单元学历案"七步流程

3. 单元学历案的实施策略

观整体、观互动、观经验是单元学历案教学课前、课中、课后三个不同阶段的观察重点。课前观整体、知任务：教师一次性将整个单元的学历案分发给学生，使其通过浏览初步建立单元学习的整体印象；同时，也要让学生知道何时做什么、做成什么样，而不要把学历案当作自学材料提前自学。课中观互动、行进阶：按照学历案设计的学习任务和学习进阶来开展教学，指导学生与学历案充分互动,记录学习痕迹,积极地完成学历案预设的各项学习任务。课后观经验、做管理:写好、用好"学后反思",引导学生养成整理学历案的习惯;将学历案变成个人的学习档案,将教材的要点、教师的提示、作业与检测的典型错例、学习的困惑等所有单元学习信息,全部保存于学历案中,做好知识管理。

4. 单元学历案的教学课型

"单元学历案"的教法根据不同的课程内容可以呈现出不同的样貌,浙江省特级教师卢明的研究团队在大量课堂实证研究的基础上,开发了五种"单元学历案"教学课型。详见表2-2-4。

表2-2-4 "单元学历案"教学课型

课型	学习方式
自学指导型	个人或小组自主学习学历案+教师提炼、总结
独立学习型	自主学习学历案+对照评价任务开展自评
合作学习型	小组合作完成学习任务+教师介入指导
对话互动型	围绕学历案+师生对话
评价驱动型	明确评价标准+自我检测学习

第三章
支持问题解决的单元学历案设计与实施

  学历案是各个学科都可以使用的教学方案,有其共性的特点。支持问题解决的单元学历案虽然具有单元学历案的共性特点,但其主要作用是让学生在科学学习中发展解决问题的能力,所以其具有科学学科的特质和特定的作用。

第一节　支持问题解决的单元学历案设计原则

支持问题解决的单元学历案是提供给学生在科学课上使用的单元教学方案，因此，支持问题解决的单元学历案的设计要从学生的角度出发，考虑学生已有的知识、经验及其目前的认知水平，并符合学生的"最近发展区"。同时也要基于情境，以问题为主线设计具有进阶性的学习活动，让学生在解决问题的过程中自我建构信息，实现从"学"到"学会"的信息转换，并在个体思考与群体协作中发展自身问题解决能力。

一、站在学生立场

学生是信息加工的主体、意义的主动建构者，而不是外部刺激的被动接受者和被灌输的对象。学历案是学生立场的学习方案，也是记录学生学习经历的文本，因此需要突出学生的主体性，以学生为本，促进学生发展，从学生学习需求的角度出发，为学生提供探究学习的机会，关注学生学情，在学生认知的基础上设计符合学生认知特点、心理特点的学习方案。

如果学历案的设计是站在教师的立场，那就会只关注如何教，主要目标是完成教学任务；如果是站在学生的立场，则会关注学生在解决问题的过程中需要学习什么、如何学和如何学会，主要目标是拓展学生解决问题需要的知识，提升学生解决问题的能力和使其树立正确的情感、态度、价值观。因为教师很清楚一个单元中学生要掌握什么知识和技能，所以在设计单元学历案时就会不自觉地按照"教"的逻辑来设计，把一个个知识点割裂进行呈现，而对于为什么要学这些知识，学习这些知识对问题的解决有什么帮助，学生是感到困惑的。例如在"我的养蚕秘籍"单元中，其中一个教学目标是"知道蚕蛾是蚕的成虫，是由蚕蛹发育来的，并能基于观察、记录到的信息，描述蚕蛾的主要生命活动现象"。以"教"的逻辑来设计的单元学历案就会类似图3-1-1这样呈现，没有交代观察的目的和学习内容前后关联，只是列出了要完成的观察任务，那学生使用单元学历案的目的就只能是完成教师布置的任务。

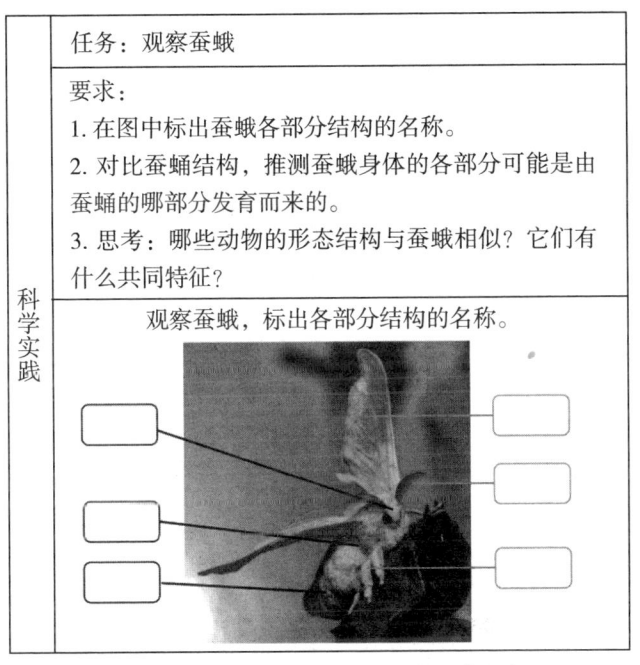

科学实践	任务：观察蚕蛾 要求： 1. 在图中标出蚕蛾各部分结构的名称。 2. 对比蚕蛹结构，推测蚕蛾身体的各部分可能是由蚕蛹的哪部分发育而来的。 3. 思考：哪些动物的形态结构与蚕蛾相似？它们有什么共同特征？
	观察蚕蛾，标出各部分结构的名称。

图3-1-1 以"教"的逻辑设计的学历案

从"教"的逻辑转为"学"的逻辑，就要站在学生的立场去思考学习内容的呈现。在设计单元学历案时，首先要思考学生完成单元任务可能会遇到什么问题，怎样把问题的逻辑呈现出来，这包括了要解决什么问题、怎样去解决、探究实践得出的结果对问题解决有什么帮助。以"学"的逻辑来设计的单元学历案就会类似图3-1-2这样呈现，首先明确要解决的问题：从蚕茧里钻出来的是什么？是蛹吗？这个问题就把前后所学关联在一起了，然后学历案指引学生在观察蚕蛾的身体后，通过把蚕蛾和蚕蛹相同的部分连起来并比较、分析从而解决问题，最后还让学生清晰知道了解蚕蛾的结构对单元要完成的成果——养蚕秘籍有什么帮助。这样的单元学历案才是站在学生立场，真正实现为学生的"学"而服务。

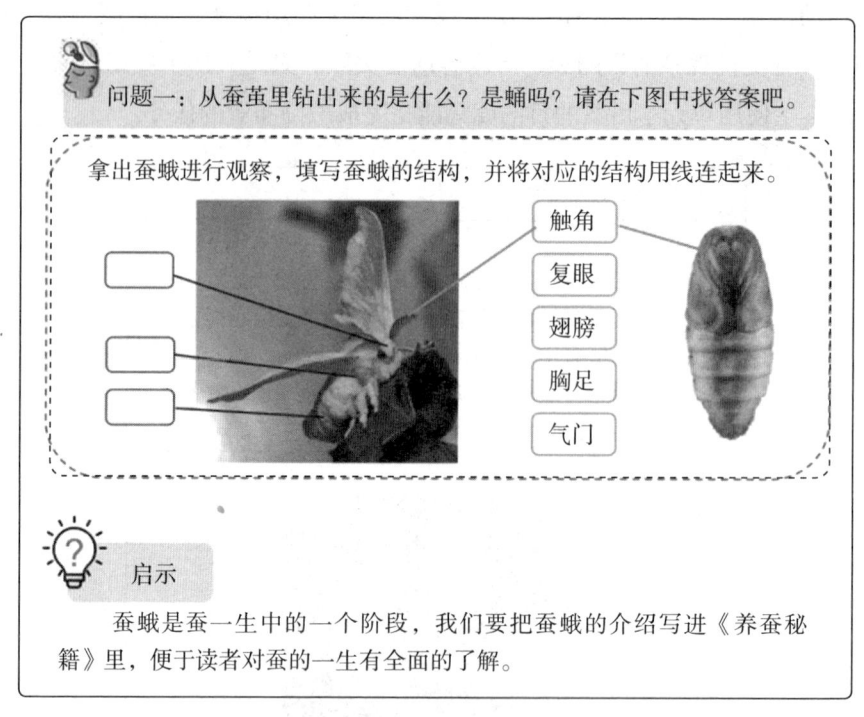

> 问题一：从蚕茧里钻出来的是什么？是蛹吗？请在下图中找答案吧。
>
> 拿出蚕蛾进行观察，填写蚕蛾的结构，并将对应的结构用线连起来。
>
> 触角　复眼　翅膀　胸足　气门
>
> **启示**
>
> 蚕蛾是蚕一生中的一个阶段，我们要把蚕蛾的介绍写进《养蚕秘籍》里，便于读者对蚕的一生有全面的了解。

图3-1-2 以"学"的逻辑设计的学历案

二、基于情境学习

在支持问题解决的单元学历案中，情境是学生学习的桥梁，情境不仅能激发问题的提出，而且还能为问题解决提供相应的信息和依据。学习情境提供给学生思考的空间，使得学生产生情感体验，进而诱发学生提出问题。情境应该贯穿单元学习的始终。在单元学习的开始，情境呈现给学生刺激性信息，激发学生学习的兴趣，启迪思维，激起学生的好奇心、发现欲，产生认知冲突，诱发质疑、猜想，唤醒强烈的问题意识，从而使学生发现和提出问题、解决问题。在单元学习的中段，学生围绕情境的制约条件制订解决问题的方案，并在情境中执行方案、调整方案。在单元学习的最后，学生的问题解决成果要置于情境中进行评价，而学生对学习的反思也离不开情境。可见，单元学历案需要围绕情境进行设计。

如"运送作业本的小车"单元的情境是"在教室里，老师设置了一个无接触交作业点，要求同学们无接触交作业。但是同学们每天来回走动就增加了接触。作为班级小主人的我们,可以用什么方法解决这个问题?"这个问题来源于生活,让学生有足够的代入感,同时也是开放的、不确定的,一下子就吸引了学生的注意力,驱动学生主动投入思考。学生通过头脑风暴,并根据他们的认知提出了解决问题的方法:无人机运送、接力传递、机器人收取、小车运送等。在众多的解决方法中,学生选择了小车运送这种环保、经济且容易实现的方案。此时学生会发现现实生活中并没有一辆可以运送作业本的小车,这又引发他们自主提出驱动性任务:怎样做一辆运送作业本的小车?它要达到哪些要求?

三、以问题为主线

探究实践是科学核心素养的一个方面。探究实践主要是指在了解和探索自然、获得科学知识、解决科学问题,以及在技术与工程实践过程中形成的科学探究能力、技术与工程实践能力和自主学习能力。探究实践活动的推进需要依靠"问题",只有存在问题解决的需求才会开展探究实践活动。在设计单元学历案时,需要把单元的若干活动转化为问题链,以问题为主线串联并驱动单元的学习。

问题应该是帮助学生达到"最近发展区"的脚手架,激发学生的探究欲望,引导学生展开探究与讨论,培养学生的科学思维,提升学生解决问题的能力。单元学历案中的问题需要贴合学生的"最近发展区",问题不应过大、过难,但又要有一定的思维难度,可以在学习过程中设计层层递进、环环相扣的问题链,从易到难、从简到繁、从具体到抽象,帮助学生循序渐进地掌握知识,降低学习难度,促进对知识的理解与应用。

例如,"发光礼物"单元指向的是"电可以在特定物质中流动,电是日常生活中不可缺少的一种能源""工程的关键是技术,工程是运用科学和技术进行设计、解决实际问题和制造产品的活动"这两个主要概念,教材是按照"生活中的电→闭合回路→检测故障→电路内部连接→导体和绝缘体→开关→照明电路"这样的思路来组织活动的,我们则把这些活动转化为以下的问题链:

问题1:发光礼物有什么要求?

问题2:怎样设计并制作一份符合要求的发光礼物?

问题3:让礼物发光需要哪些电器元件?电器元件怎样连接才能让礼物

发光？

问题4：怎样控制发光礼物的亮与灭？

问题5：怎样解决发光礼物出现的故障？

问题6：怎样让发光礼物亮起多盏灯？

问题7：发光礼物还可以怎样改进？

"发光礼物"单元的学习围绕这7个问题依次展开，这7个问题之间存在着递进的关系，后一个问题的学习需要建立在前一个问题的解决结果上。最后解决完这7个问题，也就建构起了本单元的两个主要概念。

四、体现学习进阶

不同阶段学习的思维有不同的发展，因此需要对单元的学习有一个进阶的设计。通过学习进阶，可以加深学生对科学概念的理解，帮助学生形成良好的知识结构，深度理解科学概念，提升问题解决的能力。夏雪梅博士在《项目化学习的实施：学习素养视角下的中国建构》一书中提到，教师习惯的教学顺序是先集中讲解关键知识，然后再采用变式的方式或布置课外题的方法让学生进行练习、应用。现行不少小学科学教材就是按照这样的思路编写的，但这种方式不利于学生开展持久而灵活的深度学习活动，也不利于思维的发展，难以体现学习的进阶。我们把夏博士在书中提到的"低结构探索—高结构指导"项目化学习实施结构应用到单元学历案中，通过低、高结构的设计来促进学习的进阶。

在单元学历案中，"低结构探索"是指学生明确要解决的问题，但解决问题的路径是模糊的，需要学生先进行自由探索。"高结构指导"是指目标是鲜明的，有针对性地引导学生解决问题，也就是说学生在参与了低结构的探索活动后，探索失败，不能解决问题时再提供高结构的指导，让学生对问题形成新的认识和理解。在低结构探索时，学生调动已有经验来思考并尝试解决问题，但受认知水平的限制，思维处在低阶水平，这时就需要搭建支架，帮助学生对问题进行深入的分析，让思维走向高阶水平。但如果一开始就让学生进行高结构的探索，在学习目标不清晰的情况下，学生只是按部就班地完成探索，他们的思维难以调动起来，学习也难以发生。而在低结构探索后，如果采用低结构的指导，学生的问题难以得到有针对性的指导，思维也难以向前发展，只能一直停留在低阶水平。

例如,"弹珠过山车"单元我们把设计并制作弹珠过山车的任务拆解成了四个小任务:(1)做一条直线轨道和一条曲线轨道,并尝试让小球在轨道上运动;(2)把直线和曲线轨道连接起来,并让小球能自动地在轨道上运动起来;(3)让过山车的长度达到2米,并能让小球滚完全部轨道;(4)测量小球在轨道上的运动速度,想办法让小球运动得更快。这四个小任务的难度由低到高,内容相互衔接,总体构成了一个具有梯度的大任务。每个小任务都让学生在课前先行尝试,教师则要提前收集学生在尝试中遇到的问题,把解决问题的支架设计好,并在单元学历案中呈现出来,这样就能实现高结构的指导。在课堂上学生先交流他们对问题解决的情况,接着全班重点讨论未解决的问题,最后利用单元学历案中的支架进行小组探究实践,逐步解决问题。

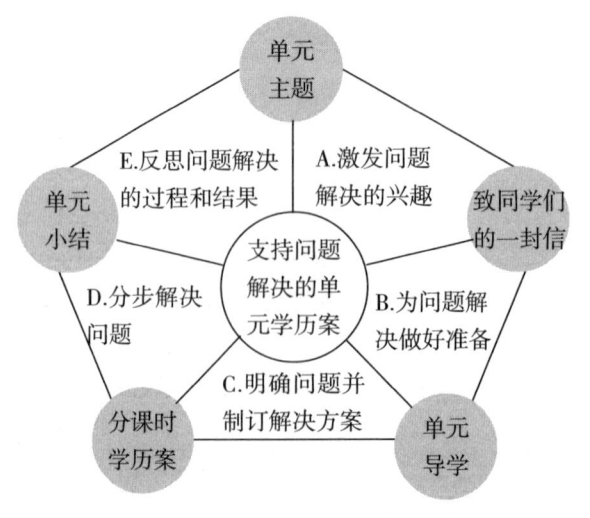

第二节　支持问题解决的单元学历案框架构建

支持问题解决的单元学历案既是"认知地图",指引学生对问题进行解决;又是"学习档案",记录并展示问题解决的过程,供学生进行学习复盘和经验总结之用。

支持问题解决的单元学历案按照学生解决问题的思路,以项目来组织活动,框架采用"总—分—总"的结构,先让学生明确为什么要解决问题、要解决什么问题、怎样解决问题;然后再把大问题拆解为若干子问题,并与分课时内容相对应,分步解决子问题;最后反思问题解决得如何,总结问题解决的思路、方法。

依据单元学历案的构成、设计原则以及学生问题解决的认知过程,构建了支持问题解决的单元学历案框架,如图3-2-1所示。支持问题解决的单元学历案框架包括单元主题、致同学们的一封信、单元导学、分课时学历案和单元小结五个部分。

图3-2-1　支持问题解决的单元学历案框架

一、单元主题

单元主题是对单元学习过程中所涉及的关键问题或主要内容的概括。一个清晰而明确的主题蕴藏着单元内容统整的内在逻辑，有助于确保知识系统能够统整。单元主题既能作为连接不同知识内容的线索，发挥聚合作用，又能为建立关联的知识系统赋予意义，提高学习过程的完整性与一致性。

确定单元主题，需要遵循以下三个步骤：第一，对教材单元内容进行整体分析；第二，对标课程标准中的学业质量，以把握一个单元的"魂"；第三，明确单元的组织者是大观念、大问题还是大任务、大项目，并依据组织者来确定单元主题。单元主题要体现出生活化和趣味性特点，并且通过单元主题，学生能了解本单元要解决的问题。现行教材单元大多数把科学词汇或短语作为单元主题，这样很难激发学生的好奇心和兴趣。如教科版《科学》三年级下册的"物体的运动"单元，单元主题就不够生活化，在进行单元整体设计后，我们从大项目中提取单元主题，把单元主题改为"弹珠过山车"，学生对这个主题比较熟悉，容易产生学习的共鸣和问题解决的兴趣。

二、致同学们的一封信

"致同学们的一封信"的内容相当于单元概览，但用"信"的方式符合小学生的年龄特点。"致同学们的一封信"旨在让学生对单元学习有整体认识，并对单元问题的解决有所准备。

"致同学们的一封信"由四部分组成。第一部分是对单元要解决的问题（单元学习任务）和最终解决的结果（单元学习目标）进行整体介绍，让学生知道起点和终点在哪里。要想设计出合理的单元学习目标，教师必须以课程标准、教材、学情、资源等为依据，尤其要重视对课程标准的研究，将课程标准转化为单元学习目标，再把单元学习目标转化为问题解决的任务。

第二部分是为学生提供单元学习导航图，让学生知道从起点到终点的路线图。单元学习导航图包括子任务、课时数、涉及的核心素养和学习成果。这样学生就能清楚单元的整体与局部、学习任务和目标的综合与分解，如图3-2-2所示。

发光礼物单元学习导航图

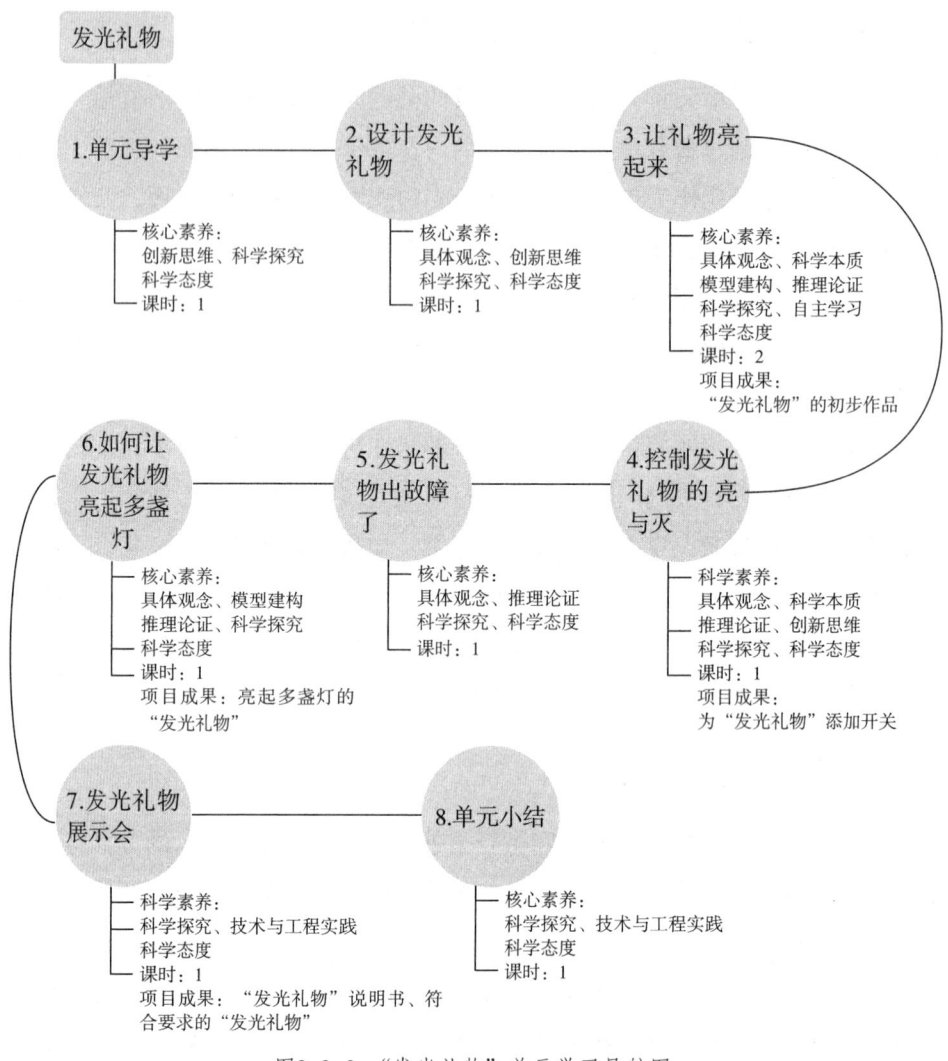

1.单元导学
- 核心素养：创新思维、科学探究、科学态度
- 课时：1

2.设计发光礼物
- 核心素养：具体观念、创新思维、科学探究、科学态度
- 课时：1

3.让礼物亮起来
- 核心素养：具体观念、科学本质、模型建构、推理论证、科学探究、自主学习、科学态度
- 课时：2
- 项目成果："发光礼物"的初步作品

4.控制发光礼物的亮与灭
- 科学素养：具体观念、科学本质、推理论证、创新思维、科学探究、科学态度
- 课时：1
- 项目成果：为"发光礼物"添加开关

5.发光礼物出故障了
- 核心素养：具体观念、推理论证、科学探究、科学态度
- 课时：1

6.如何让发光礼物亮起多盏灯
- 核心素养：具体观念、模型建构、推理论证、科学探究、科学态度
- 课时：1
- 项目成果：亮起多盏灯的"发光礼物"

7.发光礼物展示会
- 科学素养：科学探究、技术与工程实践、科学态度
- 课时：1
- 项目成果："发光礼物"说明书、符合要求的"发光礼物"

8.单元小结
- 核心素养：科学探究、技术与工程实践、科学态度
- 课时：1

图3-2-2 "发光礼物"单元学习导航图

另外，如果学生对单元学习是有前期准备的，那将能提高问题解决的效率。所以"致同学们的一封信"的第三部分是为同学们提供学习建议。学习建议结合单元要解决的问题在材料准备、阅读书籍、单元学历案的使用、小组合作、实践活动等方面给出了建议。

支持问题解决的单元学历案把问题解决能力的培养渗透到单元学习的全过程。在本书的第一章第二节，我们构建了问题解决表现的评价框架，所以"致同学们的一封信"的第四部分提供了本单元的问题解决能力评价表，让学生了

解问题解决能力评价的四个方面，以及这四个方面在本单元的学习中是如何体现的。评价前置有利于引导学生问题解决的行为表现。

三、单元导学

在学生对本单元学习有了整体认识后，就要明确要解决什么问题、问题解决要达到怎样的标准、用什么方法来解决问题。

单元导学课通过创设生活情境，驱使学生从情境中提出本单元要解决的问题，培养学生的问题意识以及针对情境提出问题的能力。在明确了本单元要解决的问题后，就要根据情境的约束条件制订问题解决的标准。然后引导学生根据评价标准写出要解决的问题，把单元问题拆解成子问题，再写出解决子问题的方法，在这个过程中培养学生提炼问题和拆解问题的能力。例如在"快递船"单元导学课中，教师创设了生活的情境，如图3-2-3所示。在学生提出了要制作一艘快递船的想法后，通过问题2引导学生提出快递船模型的具体要求。问题3承接着问题2，根据具体要求提出我们要先解决什么问题、再解决什么问题、怎样解决，如图3-2-4所示。

问题1：随着网络平台的普及，越来越多的人喜欢上网购物，但过多的快递运输造成了道路的拥堵。在水乡城市，水流环绕城市，要减轻道路上快递运输的压力，你能提出什么问题？（评价内容1）

| 1._____ | 2._____ |
| 3._____ | 4._____ |

图3-2-3 "快递船"单元导学课提出问题

问题2：根据单元任务，我们的快递船模型要有什么具体要求？（评价内容2）

| 1._____ | 2._____ |
| 3._____ | 4._____ |

问题3：根据这些具体要求，我们需要解决什么问题？怎样解决？

需要解决的问题（评价内容3）	解决的方法（评价内容4）
船行驶时如何保持平稳？	

图3-2-4 "快递船"单元导学课制订方案

单元导学课具有三个作用：第一个作用是激发动机。学习动机是学生学习的动力系统，对引起学习、维持学习、促进学习起着十分重要的作用。通过创设学生熟悉的情境，学生可以感受到本单元知识和技能的学习对问题解决是必要的、有用的。如在问题3中，拆解的子问题有些是可以用已有知识、经验解决的，但很多问题仅靠原有知识还不能解决，需要用到新的知识和技能，这些知识和技能正是本单元要学习的，这样就会强化学生"学而有用，用以致学"的观念，激发他们的求知欲。

单元导学课的第二个作用是帮助学生制订解决问题的方案。受年龄特点的影响，小学生在解决问题时往往会忽视方案的制订，解决问题有很大的随意性，这样容易偏离问题解决的方向。单元导学课让学生写出解决子问题的方法，对于不知道如何解决的子问题则采用全班讨论和教师指导的方式来解决，这样就能让学生清楚整体解决问题的思路和方法，指引学生"入门"，同时也会减少他们对问题解决的畏难情绪。

单元导学课的第三个作用就是便于教师了解学情，只有准确地把握学生的认知状况，才能更好地以"学会"为逻辑起点，构建问题解决的路径，精准地向学生提供学习的资源和支架，对学生进行有针对性的学法指导，为学生的学习提供支持。因此，在单元导学课中我们还增加了科学概念的前测，以了解学生的前概念。

四、分课时学历案

分课时学历案是学生解决问题的主要抓手，每个课时的学历案都围绕着子任务展开，具体指引学生明白"我要去哪里""怎样去那里""是否到达了那里"。每完成一个子任务，就是上升一个台阶，直到最终完成单元任务、解决单元问题。

根据学历案的特点，我们对支持问题解决的分课时学历案的各个要素进行了设计，将课名与课时、学习目标、学习评价、学习过程、课堂练习和学后反思呈现在文本中，开展有意义的学习活动，具体框架构建如图3-2-5所示。分课时学历案中的各个要素要分别指向单元目标、单元任务、单元评价、单元反思。

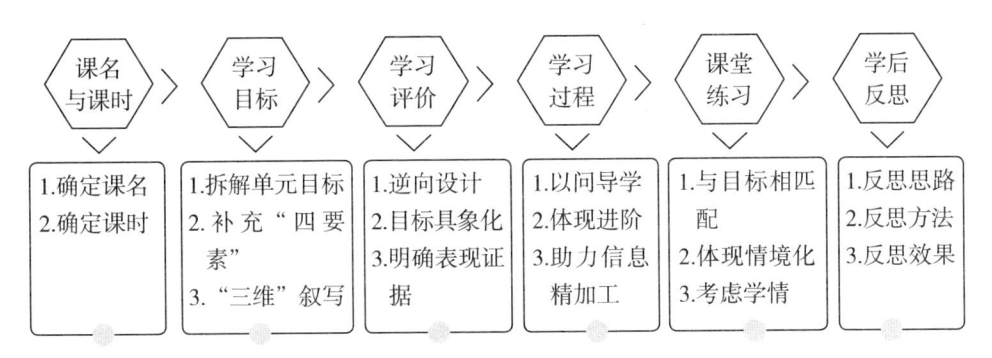

```
┌─────┐  ┌─────┐  ┌─────┐  ┌─────┐  ┌─────┐  ┌─────┐
│课名 │  │学习 │  │学习 │  │学习 │  │课堂 │  │学后 │
│与课时│  │目标 │  │评价 │  │过程 │  │练习 │  │反思 │
└─────┘  └─────┘  └─────┘  └─────┘  └─────┘  └─────┘
```

1.确定课名	1.拆解单元目标	1.逆向设计	1.以问导学	1.与目标相匹配	1.反思思路
2.确定课时	2.补充"四要素"	2.目标具象化	2.体现进阶	2.体现情境化	2.反思方法
	3."三维"叙写	3.明确表现证据	3.助力信息精加工	3.考虑学情	3.反思效果

图3-2-5 分课时学历案框架

（一）对单元目标进行拆解，设计课时目标

学习目标在分课时学历案中是最为重要的部分，也是学生一切学习活动的出发点与落脚点，规定了学习活动总的方向，明确了学习所要实现的结果，学习目标主要回答期望学生学会什么。所以说学习目标不仅对教学活动的设计起指导作用，还为教学评价提供依据。与单元目标不同，课时目标应更周详、更具体，展示更多形成性和表现性的目标，让课时与课时之间的学习建立联系并互为支撑，为单元整体学习的进阶搭建支架。在设计课时目标时可以按照以下的步骤：

（1）拆解单元目标。课时目标要依据单元目标来制订，是单元目标的具体化，而单元目标要依靠课时目标才能落地。在设计课时目标时，首先要对单元目标进行拆解，确定哪条单元目标是在哪节或哪几节分课时要达成的。然后对分课时目标进行具体化描述。这是因为单元目标是指向学科核心素养的，所以描述比较抽象，但分课时目标立足于基础知识和基本技能，相对具体。

（2）补充"四要素"。为了让学习目标能够更好地体现核心素养的要求，帮助学生清晰地理解并展开学习，学习目标的叙写样式和陈述规范需要符合相应的要求。在学习目标的叙写样式上，应阐明行为主体、行为表现、行为条件和表现程度，从这"四要素"来明确学习者、学习者主动学习的行为、学习者学习所需的手段方法、学习结果所要达到的程度，以及学习的要求。将单元目标拆解后，可能分课时目标的"四要素"并不完整，这就需要进行补充。

（3）"三维"叙写。在"四要素"都具备的情况下，再按照"三维"的结构来叙写学习目标，即通过什么样的过程与方法，知道或会做什么，经历、体验或表现什么，提升、形成什么能力或发展什么素养。只有把"三维""四要素"都表述清楚，学习目标才能落地。

例如，我们把"我的养蚕秘籍"单元学习目标进行拆解后，找到了"蚕的一生"这一课对应的单元目标。单元目标的描述是比较抽象的，分课时目标就需要把单元目标具体化，见表3-2-1。在写完分课时目标后可以用学习目标分析表进行检查，见表3-2-2。这样就可以知道学习目标的描述是否可观察、可测量、可评价，是否指向学科核心素养，是否可拆解成具体任务或指标。学习目标中的"行为动词"描述可参考《义务教育科学课程标准（2022年版）》，见表3-2-3。从连续课时的学习目标中的"行为动词"描述也可以看出分课时目标是属于几级水平，是否体现分课时学习的进阶。

表3-2-1 "我的养蚕秘籍"分课时目标设计

单元目标	分课时目标
通过比较和分类的方法，认识其他动物的一生，感受生命的意义，产生热爱动物和保护动物的情感。	（1）通过观察蚕的一生，了解常见动物的一生，运用流程图总结出动物生命周期的特点，体会到生命的可延续性。 （2）描述常见动物的特征，并总结它们的共同特征，说出生物与非生物的不同特点，体会到生命的可贵。

表3-2-2 "我的养蚕秘籍"分课时学习目标分析表

分课时目标：通过观察蚕的一生，了解常见动物的一生，运用流程图总结出动物生命周期的特点，体会到生命的可延续性			
目标构成"四要素"			
行为主体	行为表现		行为条件	表现程度
	核心概念	行为动词		
学生	动物生命周期	了解、总结	运用流程图	独立总结
三维叙写			
过程与方法	知识与技能		关键能力与价值观念
观察蚕的一生	了解常见动物的一生，运用流程图总结出动物生命周期的特点		体会到生命的可延续性

表3-2-3 "行为动词"描述

类型	水平	行为动词
认知性目标动词	一级水平	知道、举例说出、说出、描述、识别、列举、了解
	二级水平	比较、举例说明、说明、概述、解释、认识、理解
	三级水平	区别、辨析、判断、分析、阐明、分类、应用、预测、评价
技能性目标动词	一级水平	观察、观测、测量、记录
	二级水平	使用、调查、估测、查阅
	三级水平	计算、绘制、设计、制作、检测、优化、改进
体验性目标动词	一级水平	关注、感受、体验
	二级水平	感知、领悟、认同、关心
	三级水平	养成、质疑、形成、树立

（二）将学习目标与学习任务相匹配，设计学习评价

学习评价旨在回答如何知道学生在单元学习中是否达到了预期结果？有哪些证据来判断学生达到何种程度？学习评价一方面要与学习目标相匹配，这样才能设计出更适合学生的学习活动，更有利于发挥学生的主观能动性。另一方面帮助学生自我检测是否达成学习目标，同时也作为教师下一步教学决策的依据。学习评价起承上启下的作用，上接目标，下连学习过程，以实现教、学、评一致的教学。学习评价的设计遵循以下几项原则：

（1）学习评价的设计在学习目标之后、学习过程之前。评价紧跟目标之后，有利于提高二者之间的黏合度，同时也可以修正目标中不恰当的部分。将评价置于学习过程之前，一方面，可以强化评价对学习过程的引领作用，确保学习过程不偏离预定方向；另一方面，能为评价嵌入学习过程提供基础，发挥过程性评价的诊断和调节等功能。

（2）学习评价将学习目标具象化。学习评价的内容要明确指出要做什么、怎么做、做到什么程度，指引学生更好地完成学习任务。另外，需要在每项评价内容后写出是检测哪个学习目标，将学习评价与学习目标相匹配。但评价任务与目标匹配不等于与目标一一对应。对于"一维"目标，即知识与技能目标，必须有相应的学习评价与之对应；对于"二维""三维"目标，有时很难设计出与之对应的学习评价，它们的达成情况往往只能依据学习经历、课堂表现等现象来推断，尤其是涉及科学素养的目标，它的达成需要一个长期的积累

过程,并非一节课就能够实现的。

(3)学习评价要明确学生目标达成的表现证据。学习评价的描述要让评价者清晰地知道通过学生的什么表现来进行评价,学习评价只有可观察、可测评才有可操作性。利用"学习评价"来获取学生表现证据的途径主要有四种:一是课堂上师生和生生的交流互动。二是学生在解决问题中的表现,包括提出科学问题,并对科学问题进行合理的猜想与假设;制订解决问题的计划并搜集证据,分析证据并得出结论;对问题解决的结果进行解释与评估;准确表达观点,反思问题解决的过程与结果。三是学生在问题解决过程中的记录,包括现象记录、数据记录、设计图等。四是"练习与检测"和"学后反思"的完成情况。

下面以"迎接蚕宝宝的到来"一课的学习评价为例来进行说明,见表3-2-4。这一课的学习目标一共有三条,其中第三条目标匹配两个学习评价,所以本课的学习评价有四项内容,每个学习评价内容都有具体的行为描述,从学生的学习行为获取表现证据,从而进行学习评价,检测是否达成学习目标。

表3-2-4 "迎接蚕宝宝的到来"的学习评价

学习目标	学习评价	表现证据
1.观察蚕卵,记录蚕卵的外部形态特征,知道蚕的一生从卵开始,并对饲养和观察蚕产生兴趣	能画出蚕卵,并用简单的文字来描述蚕卵	蚕卵图和蚕卵特点的记录
2.能通过养蚕的资料和视频,写出养蚕的注意事项,知道蚕生长发育需要一定的环境条件,逐渐形成从资料中提取信息的能力	能写出三点以上的养蚕注意事项	养蚕注意事项的记录
3.观察鸡卵,知道鸡卵的结构与功能,认识鸡卵为鸡的生命发育提供了所需的条件。知道不同动物的卵外部形态不同,但内部结构相似。具有如实记录观察到的现象的科学态度	画出生鸡蛋的内部结构,并标注结构名称	标注结构名称的鸡蛋内部结构图
	举例说明不同动物的卵外部形态不同	几种动物的卵外部形态不同的记录

(三)将教材逻辑转化为学习逻辑,设计学习过程

学习过程的构建重在说明学生如何学会,主要关注学习活动的组织和学习任务的嵌入。完整的学习过程包括学习内容的组织和实施路径的选择,其设计必须考虑四个关键问题:学生需要怎样的知识(事实、概念、原则)和技能(过程、程序、策略)才能在单元教学中达到预期的学习结果?安排哪些学习任务才能使学生培养所需的素养?根据预期目标,学生需要哪些指导,教师应该如何更好地进行指导？提供怎样的材料和资源最有助于实现这些目标？这四个关键问题都指向了要从"教材逻辑"转化为"学习逻辑"。

"教材逻辑"是指教材编写者按照课程标准要求、教材编写要求等，来组织编排教材课文内容、活动内容等栏目的逻辑顺序。由于教材编写的篇幅受限，教学编写的逻辑并不能完整地展现知识发生的逻辑，"教材逻辑"并不等同于学生学习的逻辑，教师要依据学科知识体系、学生的认知心理，按照学生解决问题的逻辑顺序对教材进行二次开发，整合为"学生学习的逻辑"来对分课时学习过程进行设计。

要想体现"学生学习的逻辑"，应尽可能地让学生经历完整的知识发现、形成、应用于问题解决的全过程。学习过程的设计要紧扣学习目标，在设计学习过程时先要把学习目标转化为评价任务，再根据评价任务来设计对应的问题链。通过问题驱动、活动进阶、信息加工，学生从"学"到"学会"。学习过程有以下特点。

1. 以问导学

支持问题解决的学习过程，是通过问题开展探究实践活动，学生可以在活动中主动学习新知识，并连接已知与新知，最终解决问题。学生只有在问题的驱动下才会产生探究的欲望，才能主动参与到学习活动中，所以学习过程是以问题链的形式呈现，而不是以任务群的形式呈现。问题的设计需要与学习目标、学习评价、学习活动相互关联，问题是从学习目标转化而来的，指向学习评价，引出学习活动，贯彻"教一学一评"一致性。此外，在设计问题时要基于学生的立场，按照学的逻辑把多个问题结构化，让问题与问题之间具有逻辑性和紧密联系。

以"蚕的一生"一课的问题设计为例，本课有两个问题。问题1是聚焦蚕一生的四个阶段及经历的时间，问题2是聚焦其他动物一生经历的过程。两个问题从点到面，最终驱动学生总结出动物生命周期的特点，见表3-2-5。

表3-2-5 "蚕的一生"问题设计

学习目标	学习评价	问题
1.用数学的方法来统计蚕的不同阶段经历的时间，总结蚕的一生经历卵、幼虫、蛹、成虫四个阶段，体会到持续观察、记录的艰辛和乐趣。	1.能对蚕的生长变化进行排序并统计各阶段经历的时间。	1.《养蚕秘籍》需要记录蚕的一生，那从蚕卵到蚕蛾死亡，蚕的一生经历了怎样的过程？

续表

学习目标	学习评价	问题
2.了解常见动物的一生，总结动物生命周期的特点，体会到生命的可延续性。	2.能总结出动物一生经历的四个过程。	2.在我们周围还有很多动物，其他动物的一生又是怎样的呢？

2. 体现进阶

学生解决问题需要以活动为载体，一个问题可能需要通过一个或多个活动才能解决。学生解决问题的过程需要教师为他们设计适当的"台阶"，即"学习进阶"，帮助学生跨越从"当前位置"到"目标彼岸"的这片"最近发展区"。学习活动就相当于"台阶"，在设计活动时要注意以下几点：首先，要从学生已有经验和认知能力出发，注意激活已有知识、经验。其次，要增强学习内容之间的连续性和学习任务设置的贯通性，上一阶段的学习任务要为下一阶段的学习做铺垫。最后，要体现学生思维由低到高、层级递进的训练，用连续递进的"台阶"来推进思维发展和概念构建，将学生当前所在位置与学习目标连接起来。

"茧中钻出了蚕蛾"这一课就安排了三个活动，三个活动分别解决三个问题，见表3-2-6。第一个活动是观察蚕蛾的身体结构并比较蚕蛾与蛹的相同和不同之处，推测蚕蛾是不是由蚕蛹发育而来的；第二个活动判断几种动物是不是与蚕蛾具有相似的形态特征；第三个活动是归纳和蚕蛾一类动物的共同特征。前一个活动都是后一个活动的基础，后一个活动都是前一个活动的递进。借助活动，学生的概念从"蚕蛾的身体结构及特征"向"昆虫的特征"发展，思维从认知的二级水平向三级水平提升。

表3-2-6 "茧中钻出了蚕蛾"的活动进阶设计

问题	活动	概念进阶	思维进阶
1.从茧里钻出来的是什么？是蛹发育而来的吗？	对蚕蛾进行观察，填写蚕蛾的结构，并与蚕蛹的结构进行对比，将对应的结构用线连接起来。 触角 复眼 翅膀 胸足 气门 根据蚕蛾和蚕蛹的特点，我推测蚕蛾 □是 □不是由蚕蛹发育而来的	蚕蛾的身体结构及特征	比较、推测

续表

问题	活动	概念进阶	思维进阶
2.哪些动物的形态结构与蚕蛾相似？	判断下列动物与蚕蛾的形态特征是否相似，请在_____写出判断理由。 1.蚂蚁与蚕蛾 □相似 □不相似，理由是_____。 2.蜘蛛与蚕蛾 □相似 □不相似，理由是_____。 3.蜻蜓与蚕蛾 □相似 □不相似，理由是_____。	与蚕蛾形态特征相似的一类动物	判断、归类
3.与蚕蛾形态特征相似的动物具有什么特征？	观察蚕蛾和下列动物，请把它们形态结构的共同特征写下来。 共同特征：_____	昆虫类动物具有的共同特征	辨析、归纳

3. 助力信息精加工

根据美国著名教育心理学家加涅的信息加工学习理论，学习就是学生的一整套内部加工过程，在这个过程中，学生将环境中的刺激转化为能进入长时间记忆状态的信息。要想使学生接收到的信息进入长时间记忆状态，就需要对信息进行精加工。所谓信息精加工，就是指通过对学习材料进行深入、细致的分析、加工，同时理解其内在的深层意义，最终促进长时记忆的完成。问题解决的实质是学生能够将所获得的信息进行精加工，与自己已有的经验建立联系，并运用到情境中。

（1）"前置学习"对已知进行提取。

在学生接收新信息之前，需要对已存储的相关信息进行提取，以便更好地把已知与新知进行连接。"前置学习"是学生解决问题前的学习铺垫，发挥着先行组织者的作用，唤醒学生已有的知识、经验，引导学生对刺激信息进行"预加工"。这样学生在解决问题时头脑就不会一片空白，而是会根据已有知识、经验对问题做出思考。例如"迎接蚕宝宝的到来"这一课，"前置学习"的内容是让学生填写熟悉的两种动物（鸡和鱼）的生命从哪里来，让学生提取关于卵生的已有知识、经验，并开始思考动物的一生从哪里开始，为后面学生要学习蚕的一生从哪里来做铺垫，见图3-2-6。

> 前置学习：根据经验在正确的□中打√。
> 1. 鸡的新生命从哪里开始：□鸡蛋 □小鸡
> 2. 鱼的新生命从哪里开始：□鱼卵 □小鱼
> 3. 猜一猜：蚕的一生从_____开始。

图3-2-6 "迎接蚕宝宝的到来"前置学习

（2）"知识和技能链接"连接已知与新知。

解决问题的过程是寻找一条从已知到达新知的路径，"知识和技能链接"则是连接已知与新知的桥梁。通过这座桥梁，引导学生把已学的知识和技能运用到问题解决上，促进学习的迁移。当已学的知识和技能解决不了问题时，学生就会产生学习新知的欲望，此时"知识和技能链接"就能起到学习支持的作用。所以"知识和技能链接"根据学生解决问题的需求，可以放在"探究实践活动"前，促进知识和技能的迁移；也可以放在"探究实践活动"的中间，支持学生学习新知。

例如，三年级学生在进行蚕的身体观察活动之前，先用技能链接唤醒学生在二年级观察一棵树的活动，让学生想起观察顺序是从整体到局部，见图3-2-7。又如学生在观察、比较并发现了雌蚕蛾和雄蚕蛾的外形特征和行为的不同之后，他们对雄蚕蛾和雌蚕蛾尾对尾的现象很好奇，这时通过知识链接，学生可以了解蚕蛾的交配行为，以便于他们接下来对动物的繁殖进行探究，见图3-2-8。

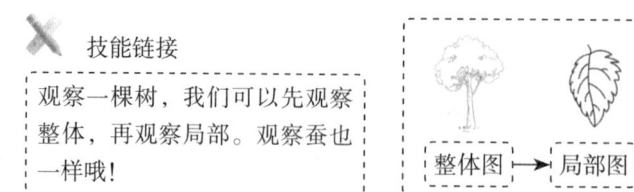

> ✘ 技能链接
>
> 观察一棵树，我们可以先观察整体，再观察局部。观察蚕也一样哦！
>
> 整体图 → 局部图

图3-2-7 "蚕的起居饮食"技能链接

> ✘ 知识链接
>
> 雌蚕蛾和雄蚕蛾尾对尾，它们在做什么？大多数动物和蚕一样，雌性动物会和雄性动物进行交配。交配后雌性动物会繁殖后代，从而让生命得以延续。

图3-2-8 "蚕的繁殖"知识链接

（3）"探究实践活动"对新知进行加工

学生学习新知是在"探究实践活动"中发生的，学生通过对信息进行精加工，从而建构新知、解决问题。问题解决的本质是思维和实践过程，在"探究实践活动"中学生内隐的思维活动和外显的操作行为需要一定的认知工具加以辅助。认知工具包括行动指南、实验记录、信息分析。行动指南是以文字和图片的方式来介绍活动的具体内容，让学生明晰解决问题的思路。如"小车能动起来吗"一课的探究实践活动"让小车运动起来"，就用图文结合的方式来向学生展示实验目的、实验材料和实验步骤，学生就很清楚为什么做、做什么、怎样做，见图3-2-9。实验记录则是引导学生把关键信息记录下来，"让小车运动起来"探究实践活动关键要记录的是刚好能让小车动起来的垫圈数。信息分析是让学生对实验现象或收集到的数据进行分析，让学生透过现象看本质。在完成了"让小车运动起来"实验后，通过三个问题来引导学生对实验现象进行分析，这三个问题分别指向小车的动力以及运动与力的关系。在"探究实践活动"中学生完成了对信息的精加工、建构了新知，这样就可以运用新知去解决问题。

实验一：让小车运动起来（评价内容1）
实验材料：小车、棉绳、小钩、垫圈。
实验步骤： 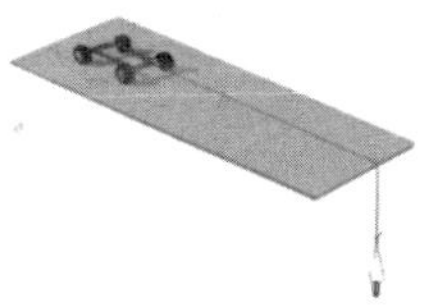
1.按照图示组装材料，并将小车放在起点线处。
2.保持绳子笔直，在小钩上放一个垫圈，观察小车是否运动起来。
3.如果小车没有动起来，继续增加垫圈的数量，直到小车刚好运动起来并做好记录。
实验记录：
放_____个垫圈时，小车是静止的；放_____个垫圈时，小车刚好运动起来。
思考并回答：
1.垫圈的重力通过绳子变成水平方向的_____力。
2.是不是只要受到力，小车就会运动起来？□是 □不是
3.只有拉力_____，小车才会运动起来，这可能是因为_____。

图3-2-9 "让小车运动起来"探究实践活动

在设计学习活动时，要注意不要增加学生的认知负担。首先，学习活动最多不超过三个，活动太多，留给学生思考的时间很少，难以对信息进行精加工。其次，与问题无关的材料信息过多或材料文字过多，也会增加学生外在的

认知负担，所以教师要精选学习材料内容，材料内容要能支持学生学习，还需要精简表述，最好用图文的方式来呈现。

（四）联系学习目标，设计课堂练习

课堂上的练习有助于学生巩固所学、检验学习成果，教师通过学生的练习了解学生对某一学习目标的达成情况，即学生"学会了吗""达到了什么程度"，进而为教师接下来的教学决策提供依据。练习的形式多样，可以是纸笔类的，也可以是实践类的。在设计分课时学历案的练习时，应把握好以下三个方面：

第一，练习设计要与目标相匹配。教师在设计练习时需要依据学习目标的描述，并与学习目标的核心概念和行为动词相匹配。如果目标对某一知识点是"了解"的要求，则在练习中应该设计记忆或再认识的练习。如果目标是"分析"的要求，则在练习的设计中应该有具体的案例分析，如"气球能驱动小车吗"一课的第3道练习题，就是对小车不能启动的现象进行分析，对应学习目标"分析自己的气球小车存在的问题"，见表3-2-7。

表3-2-7 "气球能驱动小车吗"练习与检测设计

学习目标	练习与检测
1.通过观察气球喷气的方向和小车运动的方向，认识反冲力的特点，体会到可以用反冲力作为动力来驱动小车，对研究反冲力和运动感兴趣。	1.如图，要使小车往左开，（　　）安装方法是对的。这是因为反冲力的方向与气球喷气的方向＿＿＿＿＿。 　　　A　　　B
2.通过实验来探究小车运动距离与反冲力大小的关系，加深对"力可以改变物体的运动状态"的理解，提出让气球小车行驶得更远的方法。	2.用气球驱动小车前进时，我们发现小车行驶的速度会越来越慢，小车运动速度变慢的过程中，下列说法正确的是（　　）。 A. 小车的重力变小了 B. 小车受到的反冲力变小了 C. 小车受到的反冲力变大了 D. 小车受到的空气阻力变小了
3.能分析自己的气球小车存在的问题，通过小组讨论或者向同学、老师请教，尝试提出解决方法，逐步形成自主学习的能力。	3.小杰同学给气球充了一筒气，气球小车不能启动，原因是（　　）。 A. 反冲力大于摩擦力 B. 反冲力等于摩擦力 C. 反冲力小于摩擦力 D. 反冲力大于小车的重力

第二，练习设计要体现情境化。培养学生的核心素养，就是让学生能够运用所学的知识与技能解决真实生活中的问题。把练习设计置于情境中，检测学生能否在新情境中解决问题，不仅能巩固学生所学的知识，还能发展学生问题解决的能力，促进其核心素养的提升。如"气球能驱动小车吗"一课的第2道练习题，就是学生在用气球驱动小车的过程中遇到的真实问题，通过学生的作答可以检测学生在这个真实情境中对"力与运动的关系"是否掌握。

第三，练习设计要考虑学情。不同的学生对学习内容的掌握情况也是不一样的，根据这样的情况，可以将练习的难度设计成梯度性练习，有基础题，也有挑战题。让学有余力的学生可以在完成基础练习的情况下，再选做难度稍高的挑战题，让不同水平的学生都得到提高。

（五）结合问题解决过程，设计学后反思

从"双基"到"素养"，反思是唯一路径，如果不会反思，教下去的是知识与技能，留下来的依然是知识与技能。学后反思不是单纯地回顾或重复学习过程，而是对自己的学习过程和结果进行再认识的思维过程，从而进一步调整自己的学习行为。学后反思不能泛泛而谈，需要聚焦并具体展开。可以从以下三个方面让学生来进行学后反思。

一是反思解决问题的思路。学生是通过科学探究或技术与工程实践来解决问题的。不管是科学探究还是技术与工程实践，都有特定的流程。通过让学生反思解决问题的思路，来总结科学探究、技术与工程实践的流程，有助于学生形成系统的解决问题思路。

二是反思解决问题的方法。对于不同的问题有不同的解决方法，例如了解植物生长变化，采用观察的方法；知道哪些因素影响事物的变化，采用对比实验的方法；建造塔台，采用建模的方法；解决垃圾问题，采用调查的方法。反思解决问题的方法，是帮助学生总结方法，以便在面对不同问题时能找到合适的方法，如"什么阻碍了小车的运动"一课学后反思的第一个内容，就是引导学生总结解决小车运动速度慢的问题的方法，见图3-2-10。

三是反思问题解决的效果。让学生针对学习目标反思自己学到了什么、学得怎样、还有什么疑惑、有什么想进一步研究的。通过反思问题解决的效果，清楚自己要到哪里、现在在哪里、接下来怎样走。如"什么阻碍了小车的运动"一课学后反思的第二个内容，是让学生把本课学到的知识运用到分析自己

的小车上，从而清晰地知道自己对摩擦力的知识是否已掌握。而本课学后反思的第三项内容，则是让学生提出在制作小车时存在的困惑，便于教师及时地了解学生的学习情况，后续能有针对性地进行指导。

每节课的学后反思可以根据本课学习的内容有所侧重，有针对性地进行反思，不一定都包含以上三个方面。此外，从认知心理学的角度来讲，反思属于元认知的概念范畴，关系到个体对自身行为的体验、监控和调节，而这些行为的发生很大程度上受学生认知发展水平的影响。因此，教师根据反思的内容，为学生提供符合认知水平的反思支架。

> 学后反思
> 1.通过本课的学习，我找到小车运动速度慢或不顺畅的原因是：_____，解决方法是_____。
> 2.我的小车需要增大摩擦力的地方是_____，需要减小摩擦力的地方是_____。
> 3.在制作小车的过程中，我希望得到的帮助是：_____。

图3-2-10 "什么阻碍了小车的运动"学后反思

五、单元小结

在学习完一个单元后，需要引导学生对整个单元的学习情况进行回顾和梳理，只有对自己学习情况有清晰的认识，才能继续发挥学习优势，有意识地弥补学习劣势。同时也要总结学习经验，有助于逐步提高学习效率和学习效果。单元小结有以下三个指向。

（一）指向知识梳理

在单元学习结束时，学生需要将碎片化的知识点结构化、系统化，形成逻辑关系清晰的知识网络，便于理解知识间的本质联系。教师提供半开放式的知识图谱支架，让学生能直观地看到本单元的知识框架，使大脑储存的新知识可视化、结构化，见图3-2-11。

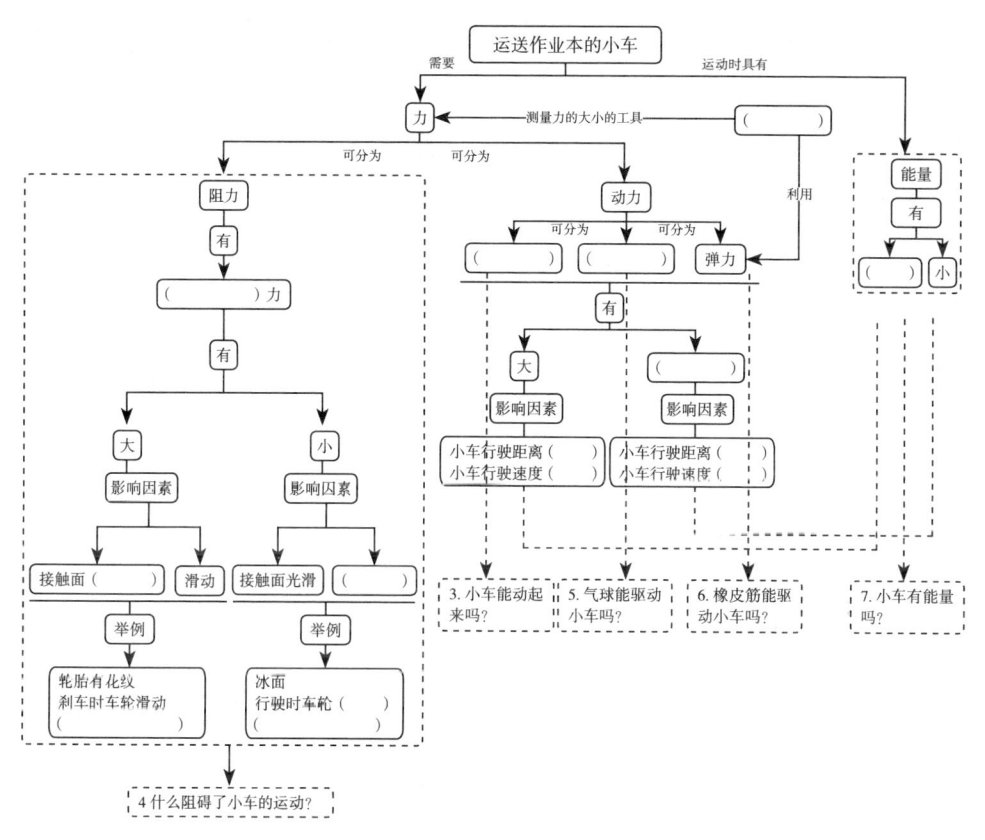

图3-2-11 "运送作业本的小车"单元知识框架

另外，在单元导学课中我们对学生进行了科学概念的前测，以了解学生的前概念。那么，在单元小结课同样需要对学生进行科学概念的后测，对比前、后测的数据，了解学生概念建构的情况，反馈教学的效果。

（二）指向学习评价

除了知识学习的总结，技能学习的总结同样重要。在单元小结课引导学生对自己的问题解决能力进行自评。问题解决能力分为四个一级维度，每个一级维度又分为两个二级维度，所以一共是从八个方面进行评价，分别是发现问题、澄清问题、拆解问题、方案制订、方案试验、优化方案、成果评价、反思过程。学生对应问题解决能力评价表描述的内容，按照四个等级，给出自评的分数。为了让学生能准确地给出自评分数，问题解决能力评价表中的每个二级维度的评价描述尽量量化，并写上对应的单元学历案页数，如"运送作业本的小车"单元评价中的"问题表征"部分，见表3-2-8。学生在评价"发现问题"能力时可以翻到单元学历案的第4页,看看自己提出了多少个问题,然后对应评价表0分、1分、2分和3分的问题数量,就可以给出相应的自评分数。

表3-2-8 "运送作业本的小车"单元中"问题表征"的评价

一级维度	二级维度	页码	0分	1分	2分	3分	自评
问题表征	发现问题	P4	不能在情境中提出问题	能在情境中提出1个问题	能在情境中提出2个问题	能在情境中提出3个以上的问题	
	澄清问题	P5	不能写出小车的评价标准	能写出小车1个评价标准	能写出小车2个评价标准	能写出小车3个以上的评价标准	

在自评后,为了让学生对自己的问题解决能力有整体的了解,我们借助"雷达"图把八个方面的得分都直观地呈现出来,见图3-2-12。这样学生对自己的问题解决能力的水平就一目了然,意识到自己的问题解决能力的哪些方面需要进一步提升。

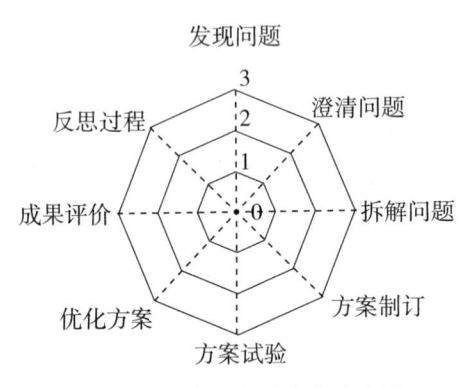

图3-2-12 问题解决能力雷达图

(三)指向学习反思

单元学习反思与分课时学后反思都是对问题解决的过程、方法和效果进行反思,不同的是分课时学后反思是侧重对某一课的某一方面进行反思,而单元学习反思是对整个单元的各个方面进行反思。解决问题的思路通常用流程图的方式来呈现,让学生补充部分流程,清楚本单元解决问题的全过程。解决问题的方法则采用勾选的方式,让学生回顾本单元使用过的学习方法,见图3-2-13。

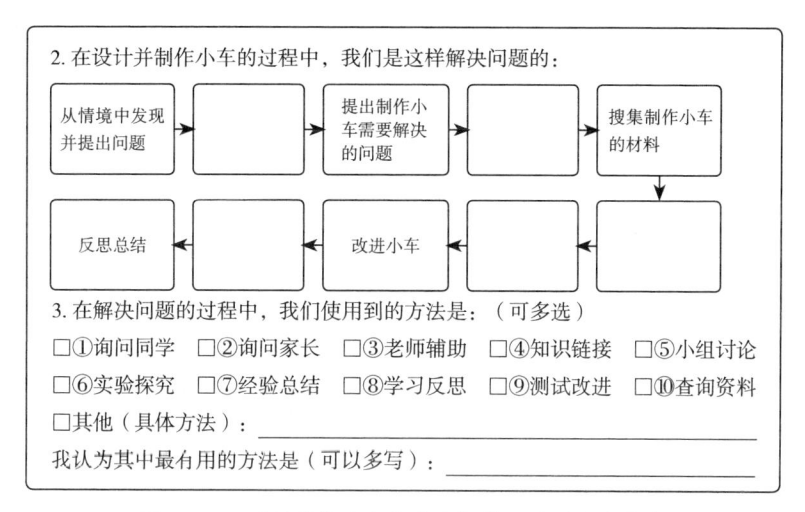

2. 在设计并制作小车的过程中，我们是这样解决问题的：

```
从情境中发现     □ →   提出制作小     □ →   搜集制作小车
并提出问题              车需要解决            的材料
                        的问题                  ↓
反思总结  ←  □  ←  改进小车  ←  □  ←  □
```

3. 在解决问题的过程中，我们使用到的方法是：（可多选）
□①询问同学　□②询问家长　□③老师辅助　□④知识链接　□⑤小组讨论
□⑥实验探究　□⑦经验总结　□⑧学习反思　□⑨测试改进　□⑩查询资料
□其他（具体方法）：_____
我认为其中最有用的方法是（可以多写）：_____

图3-2-13 "运送作业本的小车"单元反思部分内容

单元的科学实践离不开小组活动，所以单元学习反思还需要学生对单元学习过程中的小组合作表现进行反思，包括小组分工、合作时出现的问题。最后是对自己学习的最大进步和不足之处进行反思。通过单元学习反思，学生可以对自己的学习进行监控，从而调整自己的行为表现。

第三节　支持问题解决的单元学历案的实施

我们运用"四问"学习活动模型来发展学生问题解决的能力，提升核心素养。"四问"学习活动在一节课中是难以完成的，需要与单元教学相融合。我们对教材单元进行整体设计，将"四问"学习活动分散于单元教学的各个课时。同时为了提高教和学对问题解决能力形成的持续影响力，我们在单元教学中使用单元学历案来帮助学生在解决问题的过程中自主建构信息，实现从"学"到"学会"的信息转换，在个体思考与群体协作中发展问题解决能力。也就是说支持问题解决的"四问"学习活动、单元整体设计、单元学历案三者是相互匹配的，见图3-3-1。

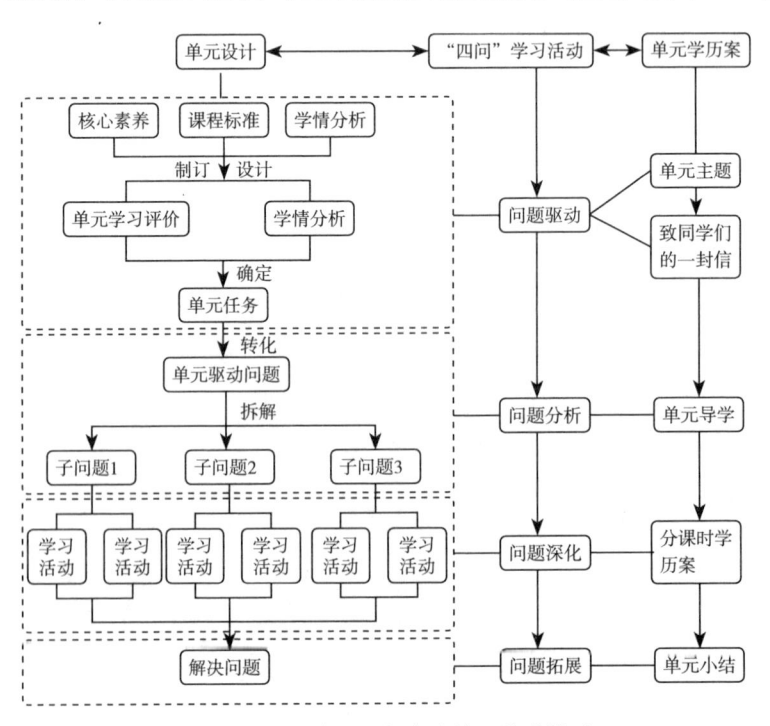

图3-3-1　支持问题解决的单元教学模型

但在单元学历案实施的过程中，我们发现存在以下问题：第一，单元学历案的使用流于形式，不少教师把学历案当成是实验记录单，没有发挥学历案的作用。第二，教师只是通过学历案传递其教的信息，而非关注学生学习信息的自我转化，出现了教师"替"学生学习、学生"假"学习的现象，学历案使用的立场仍以教师的"教"为主。单元学历案应该如何使用才能实现由"教中心"向"学中心"的转变、由知识传授为主向能力培养为主的转变、由课堂学习为主向课前、课中、课后学习的转变以及由表层学习向深层学习的转变？我们采用支持问题解决的单元教学策略，在核心概念和关键能力双螺旋协同发展中提升学生的核心素养。

一、认知激发，整体规划——导学

动机，特别是内在动机，对于人的持续性学习来说很重要，这已经成为业界学者的共识。焦耳当提出了动机公式，即"动机=需求×价值"。需求是指人的自然需求；价值既包括自我价值，又包括学习价值。这里的价值是境脉化的，也就是要与环境关联来思考价值，某个学习行为对环境的影响越大，学生感受到的学习价值就越大。而当学生切实感受到学习价值和意义时，他们会有更明确的行动意愿，并努力克服困难，在完成任务时自我价值也会得到提升，从而持续性地开展探究。

由此可知，在开展单元学习时，教师要创设真实情境，让学生在情境中体会到解决问题的价值，这样才能激发他们的学习兴趣和求知欲。教师可以通过图片、视频、VR体验等方式来创设沉浸式情境，让学生能置身于情境中去提出本单元要解决的问题，并记录在单元导学课的学历案上。例如"我的野餐便当我做主"单元，教师就出示了一份学校秋游的通知以及野餐的情境图，学生根据情境图就提出了很多有关便当的问题，例如便当怎样做好吃又健康？便当食物怎样搭配才营养均衡？怎样使便当保鲜？

在明确了单元要解决的问题后，教师可以引导学生根据情境去思考单元作品要符合什么标准。在"我的野餐便当我做主"单元中，围绕提出的问题，全班共同讨论了野餐便当的标准，大家认为便当需要符合以下标准：种类多样；营养全面；营养均衡；口味佳；容易消化；成本控制在20元以内。面对这些标准，学生会感到无从下手，所以需要引导学生把标准拆解为子问题，再写出解决子问题的方法。拆解问题对于学生来说是个难点，教师可以给出一个范例，指导学生把作品的每条评价标准转化为子问题，例如"我的野餐便当我做主"单元作品中的一条标准是"便当要营养丰富"，转化为子问题就是：便当要含有什么营养？经过训练后，学生就能掌握提出问题和拆解问题的方法。

皮亚杰提出认知发展有三个主要驱动力，在他的基础上，Shayer和Adey将这种帮助定义为"认知加速"。他们认为只有应对挑战或处于不平衡状态时，学生的思维才会有所发展，这就意味着教师干预必须提供某种认知冲突。在单元导学课中提出问题和确定评价标准体现的是"问题表征"能力，而拆解问题和写出解决问题的方法体现的是"方案制订"能力。学生在这些活动中，发现原有的认知并不能解决所有的问题，他们就会产生认知冲突，例如学生认为野餐便当很难在满足前四个标准的前提下成本不超过20元。学生主体性的发挥对他们解决问题起着积极的作用，所以教师要把握住学生的认知冲突，既给予学生学习的信心，又激发他们自我挑战的欲望。教师可以通过指引学生阅读单元学历案的"致同学们的一封信"，让学生对单元主题、单元任务、单元学习目标有所了解，知道要去哪里、现在在哪里、怎样去。

"导学"的目的就是让学生对单元进行整体感知和规划，这样能让学生在正式进入探究实践之前感受到其作为学习者主体的责任，为"在学习（参与学习、投入学习）"和"真学习（真实学习、深度学习）"做好铺垫。

二、三方互动，系统建构——学会

在单元导学课中，学生已经明确了单元学习任务、学习目的以及学习评价，清楚当前自己的认知与学习目标之间的差距，并形成了实现目标的方案。接下来，学生就开始解决问题，寻求能够达成目标的策略，这是一个从"学"到"学会"的过程。在这个过程中，单元学历案作为"地图"，教师作为"导游"，学生作为"游客"，三方需要充分互动才能实现"教—学—评"一体化，让学生借助认知地图、跟随指引，系统地建构知识与技能，从起点到达终点。

（一）学历案与学生互动，先行尝试

对于问题的解决，学生并不是一片空白的，每位学生对已知的提取、对已知与新知的连接、对新知的加工都有其个性化的路径。为了尊重学生的个性化

学习，我们把"学"放在前、"导"放在后，借助分课时学历案让学生先尝试解决问题。具体实施的步骤是：（1）创设情境，在确定了要解决的问题后，阅读学历案上本课的学习目标和学习评价，让学生明确要达成的目标以及目标达成的表现证据。（2）教师与学生要明确学历案的"学习过程"板块要解决的问题、操作步骤、观察要点、记录内容。（3）在问题链的驱动下，学生借助学历案提供的资源和支架，小组合作完成探究实践活动，并把实验发现以及自己的想法记录在学历案上。这个环节，教师要给予学生足够的时间与学历案进行互动，在学历案上留下思考的痕迹。

（二）生生与师生互动，初步理解

在先行尝试的过程中，学生完成了对已知的提取。但在已知与新知的连接过程中，有些学生能把新信息"同化"和"顺应"到已有图式中，达到认知平衡；有些学生则不能把新信息与已有图式联系起来，出现认知的不平衡。我们可以请先行尝试阶段率先解决问题的学生作为"小专家"，组成"专家团队"，再把"小专家"分到全班各个小组中，形成若干个学习共同体。在学习共同体中，生生交流学历案上的记录以及探究实践中的发现。通过生生互动，"小专家"们基于前期探索的经验以及解决问题的思路，在帮助其他同学解决问题的同时，也在协商交流、思维碰撞中得到了新的启发，甚至共同创造出了新的解决方案。而共同体中的其他同学则通过"小专家"们的操作示范和内容讲解，对知识和技能有了初步的理解。

例如在"设计并制作弹珠过山车"的活动中，学生在学历案的指引下设计并制作了弹珠过山车。但在测试中发现了不少问题，如小球不能滚完过山车的全程、支架支撑不起轨道、小球因速度太快而脱离轨道。教师根据不同的问题分成不同的小组，每个小组分配1~2个"小专家"，学生根据自己作品出现的问题加入对应的小组进行交流，在同学的帮助下解决问题。

为了让教师教的行动与学生学的行动同频共振，适时地发挥教师引导、示范和支持学生探究实践的作用，并为学生的学习提供及时的反馈，教师需要沉浸式地参与学生的单元学习历程。在学历案与学生的互动和生生的互动中，教师要时刻关注学生的表现和学生在学历案上的记录，收集学生课堂学习的信息，以此来了解学生对知识与技能的建构情况，监控学生课堂学习的方向和质量。在探究实践活动后，教师要与学生进行平等、良性的互动，指导学生对学习材料进行深入、细致的分析和加工，让学生理解其内在的深层意义，加强新信息与已有图式的联系。例如针对"小球不能滚完过山车的全程"的问题，学生分析的原因是斜面坡度太大以致小球不能运动到坡上去。教师让学生进行一组对比实验，把小球分别放在低、中、高的斜面上，让小球从不同坡度的斜面上运动然后撞击斜坡末端的木块，比较木块移动的距离。通过实验，学生建构起"运动的物体都具有能量"的科学概念，从而认识到"小球不能滚完过山车的全程"是因为小球的能量不足。在学生理解了原理的基础上，让学生思考如何去改进过山车，才能让小球获得足够的能量。

（三）学生与学历案再次互动，构建体系

在经历了生生互动和师生互动后，学生需要再次与学历案进行互动。通过学历案上的课堂练习、学后反思、学习评价来反馈"学会了吗""收获了什么""学习表现怎样"。在反馈中，学生对本课所学的知识和运用到的技能进行梳理，将碎片化的知识通过整理、归类，构建新的知识体系。同时也将知识进行运用，加深对知识的理解。这个过程也是对学习过程中存在的问题进行总结，进一步调整自己的学习行为。由此可见，这虽然是课堂教学的最后一个环节，但却是不容忽视的环节。

对于学生来说，课堂练习和学习评价可以自主完成，但学后反思往往对于他们来说有一定难度。教师可以依据学历案中"学后反思"的支架先为学生提供反思的范例，然后再引导学生写出反思。在学生与学历案再次互动后，教师要组织学生进行交流，包括对课堂练习的理解、自我的评价、反思的内容。对学生课堂练习出错的地方，教师要进行讲解；对学生自我评价未达到良好的内容，教师要帮助学生分析问题的原因；对自我反思总结出的学习经验，教师要及时推广，让学生相互学习。

根据美国教育心理学家加涅的信息加工学习理论，学生能够将所获得的信息进行精加工，与自己已有经验建立联系，在新的情境中运用新知识来解决问题才算得上"学会"。所以，课的最后开展拓展活动，让学生采用刚构建的知识体系来解决新问题，在迁移运用中巩固所学。

三、自主梳理，策略提炼——会学

在分课时学历案的指引下，学生进行了问题解决，实现了从"学"到"学会"。而要从"学会"到"会学"，就需要进行元认知。在解决问题时，元认知能力强的学生不仅重视对问题本身的研究，而且还时刻清醒地关注自己的思维过程，解决这个问题可能用到哪些策略、这些策略会达到什么样的效果、应该先选择哪些策略、这样解决的效果如何、下一步怎么办，是否需要修改原来的想法等。所以，让学生梳理知识结构，提炼问题解决的策略，反思学习表现与效果，是培养学生元认知的能力。

在单元小结课中，教师可以先引导学生翻看单元学历案上的学习记录，回顾自己的学习历程，然后通过填写学历案上的知识框架图，梳理本单元的知识结构。接下来需要学生完成单元检测题，让他们了解自己对本单元知识点的掌握程度，关注自己的学习情况。当学生发现有知识漏洞时，可以对应着学历案上的相关内容进行再学习，填补知识漏洞。

除了知识结构的梳理，问题解决策略的提炼也是元认知的一部分。问题解决策略的提炼分三步走：第一步是让学生根据问题解决能力评价表对自己的表现进行自评。每项评价内容在单元学历案上都有对应的评价证据，学生可以依据自己在学历案上的记录，参照评价表等级描述，给出每项的分数。最后根据自评分数绘制雷达图。这样学生对自己的问题解决能力水平就有了清晰的认识，知道在哪些方面要继续努力。在学生绘制雷达图前，教师需要指导学生如何根据各项分数来画图。第二步是根据学历案的指引，总结单元学习中解决问题的思路和方法、在解决问题的过程中遇到的困难、对方案进行的改进。学生总结的思路和方法可能不够全面，教师需要组织学生进行交流，完善解决问题的思路和方法。第三步是对本次解决问题的思路和方法与以往解决问题的思路和方法进行比较，提炼出解决问题的策略。教师可以把学生以往的单元总结展示出来，以便于学生发现问题解决的思路和方法的共同点，从而寻找到适用于一般问题的解决策略。除此之外，教师还需要引导学生体悟到问题解决的价值，让学生对问题解决活动产生认同感并乐于参与其中。

单元学历案是学生学习真实轨迹的记录，也是学生的学习档案，档案的价值不仅在于保存信息，还在于档案的信息能不断地被利用。教师要指导学生增强课后翻阅学历案的意识，不断温故知新，建立新、旧知识之间的关联。同时也可以借鉴之前学习总结出的思路和方法，以提高解决新问题的效率。此外，每个单元学习后，教师还指导学生对比之前学习所绘制的问题解决雷达图，对自己的问题解决能力的发展有整体的认识，有意识地对解决问题的薄弱方面进行提高。

第四章
支持问题解决的单元学历案示例

第一节 "水宝宝的奇妙之旅"单元学历案设计

一、"水宝宝的奇妙之旅"单元基本信息

（一）教材版本

教科版《科学》（2019年版）三年级上册"水"单元。

（二）单元对应的课程标准内容

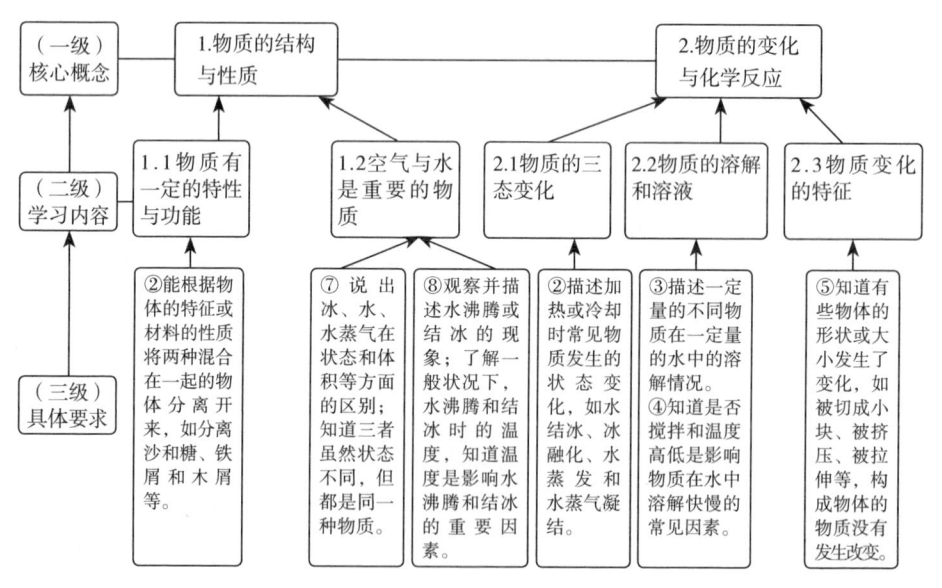

```
（一级）            1.物质的结构                    2.物质的变化
核心概念             与性质                          与化学反应

（二级）       1.1物质有      1.2空气与水    2.1物质的三   2.2物质的溶解   2.3物质变化
学习内容      一定的特性     是重要的物质   态变化         和溶液          的特征
              与功能

（三级）      ②能根据物     ⑦说出       ⑧观察并描     ②描述加       ③描述一定     ⑤知道有
具体要求      体的特征或    冰、水、     述水沸腾或    热或冷却       量的不同物     些物体的
              材料的性质    水蒸气在     结冰的现      时常见物       质在一定量     形状或大
              将两种混合    状态和体     象；了解一    质发生的       的水中的溶     小发生了
              在一起的物    积等方面     般状况下，    状态变化，     解情况。       变化，如
              体分离开      的区别；     水沸腾和结    如水结                       被切成小
              来，如分离    知道三者     冰时的温      冰、冰        ④知道是否    块、被挤
              沙和糖、铁    虽然状态     度，知道温    融化、水       搅拌和温度     压、被拉
              屑和木屑      不同，但    度是影响水    蒸发和         高低是影响     伸等，构
              等。          都是同一    沸腾和结冰    水蒸气凝       物质在水中     成物体的
                            种物质。    的重要因      结。           溶解快慢的     物质没有
                                        素。                         常见因素。    发生改变。
```

图4-1-1　单元对应的课程标准内容

（三）学习对象及学情分析

本单元的学习对象是小学三年级学生。

学生在一年级下学期学习"我们周围的物体"单元时，对水进行过观察，在生活中也积累了大量有关水的认知经验，比如水可以用来清洗物品，水可以

溶解一些物质，水在加热时可以看到气泡等。同时学生对水也有很多困惑，如水和水蒸气有哪些相同点和不同点，怎样加快物质在水中的溶解，怎样分离食盐和水等。

三年级的学生能在教师的指导下，对具体现象与事物进行观察和比较。他们热衷于动手实验，但容易忽视实验前的计划，实验操作也具有随意性。在分组实验中，学生具有一定的合作意识和合作能力。

三年级学生的思维处于具体形象思维阶段，抽象概括能力比较弱，语言表达能力也不够强，需要教师进行引导。

（四）单元目标

表4-1-1 "水宝宝的奇妙之旅"单元目标

核心素养	目标描述
科学观念	1. 说出冰、水、水蒸气在状态和体积等方面的区别，知道三者虽然状态不同，但都是同一种物质。 2. 了解水沸腾和水结冰时的温度，知道温度是影响水沸腾和水结冰的重要因素。 3. 描述水结冰、冰融化、水蒸发、水蒸气凝结和水沸腾的现象。 4. 知道有些物体的形状或大小发生了变化，但构成物体的物质没有发生改变。
科学思维	1. 分析并表达水、水蒸气、冰的关系，找到它们之间重要的、共同的特征。 2. 能比较水的三种状态的不同点。 3. 初步建立直观模型来解释物质在一定量的水中的溶解度。
探究实践	1. 能运用温度计来测量水沸腾和水结冰时的温度。 2. 能设计对比实验来探究物质在水中溶解快慢的影响因素，并用简单的文字和图画来描述观察到的现象。 3. 能比较盐和小苏打在水中的溶解情况。 4. 能根据物体的特征将混合在一起的盐和水进行分离。
态度责任	1. 对水的特征产生探究兴趣。 2. 体会到水是一种常见而重要的物质，是地球上的一种重要的自然资源，具有节约用水、保护水资源的意识。 3. 能对影响溶解快慢的因素进行大胆的推测；愿意分享自己的想法，乐于倾听他人的观点，完善和改进探究活动。

（五）单元内容框架

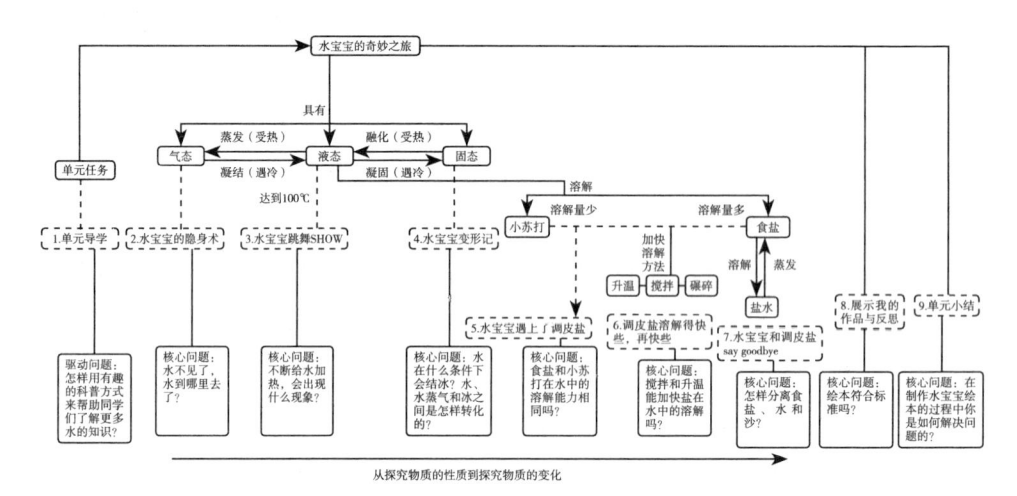

图4-1-2 "水宝宝的奇妙之旅"单元内容框架

（六）单元课时

一共9课，分10个课时，每课时40分钟。

（七）学习活动设计

表4-1-2 "水宝宝的奇妙之旅"单元学习活动设计

课题	活动	学习目标	设计意图
1.单元导读（1课时）	活动一：提出任务	1.通过阅读单元驱动情境，提出撰写水知识科普绘本的想法。对本单元的学习内容产生兴趣。	通过创设情境，学生意识到水是我们的生命之源，也是非常重要的物质，我们需要保护它、珍惜它。继而提出"制作科普绘本向同学们普及有关水的知识"的驱动任务。接下来让学生提出科普绘本的具体要求，并根据评价标准制订研究计划。
	活动二：确定绘本要求	2.能根据单元任务，通过小组讨论的方式，提出《水宝宝的奇妙之旅》绘本的评价标准，意识到单元学习成果有一定的要求。	
	活动三：制订研究计划	3.能根据《水宝宝的奇妙之旅》绘本的标准，提出相应要解决的问题及解决问题的方法，明确解决问题的步骤，养成在解决问题前先要对问题进行全面思考的习惯。	

续 表

课题	活动	学习目标	设计意图
2.水宝宝的隐身术（1课时）	活动一：水到哪里去了	1.通过观察、分析实验现象，认识水的蒸发现象，知道水在一定条件下会变成水蒸气，水蒸气是一种无色、无味的气体，意识到细致的观察能获得更多的发现。	以水宝宝来到森林的故事为导入，激发学生学习的兴趣。通过前置学习，了解学生有关水蒸气的前概念。通过水蒸发和水蒸气凝结的实验，学生能够认识水蒸气的特点以及水和水蒸气的相互转换。最后通过韦恩图，比较水和水蒸气的相同和不同点，加深对两者特征的认识。
	活动二：比较水和水蒸气的相同点和不同点	2.借助韦恩图，归纳水和水蒸气的相同点，比较它们之间的不同点，掌握归纳和比较的思维方法。	
3.水宝宝跳舞SHOW（1课时）	活动一：猜测给水加热出现的现象	1.通过实验观察，知道沸腾是水受热超过一定温度时发生的剧烈的汽化现象。能通过文字、画图等方式来记录和描述水在加热至沸腾过程中发生的变化，养成如实记录实验现象的习惯。	继续以水宝宝的故事引入。本课的情境是在火焰山，暗含着环境温度高。通过前置学习，唤醒学生在日常生活中对水加热的记忆，并让学生猜测给水不断加热会出现什么现象。通过实验来探究水在加热至沸腾过程中发生的变化。实验前先对装置进行讲解并演示操作。在实验过程中，指导学生观察水在加热过程中水面、水中、水面上出现的现象，以及记录温度计读数的变化，让学生知道水沸腾的现象。
	活动二：给烧杯里的水加热	2.通过测量水温，发现水在沸腾时水的温度不再发生变化，形成尊重事实、重视证据的科学态度。	
4.水宝宝变形记（2课时）	活动一：水结冰	1.观察水结冰和冰融化的现象，通过文字的方式来记录和描述水在结冰过程中和冰在融化过程中发生的变化。乐于在实验观察活动中保持认真、细致的态度。	本课的情境从上节课的火焰山转换到雪山，暗含着环境温度降低。本节课要研究水在什么条件下会结冰，以及水结冰后会发生哪些变化。通过实验观察和测量温度变化，学生认识到当环境温度低于0℃，水的温度下降到0℃时，水开始结冰，从液体状态变成了固体状态。随后引导学生思考水会变成冰，那冰怎么能变成水？让学生写出让冰融化的条件。接着通过冰融化实验，观察并记录冰在融化过程中发生了什么变化。
	活动二：冰融化	2.通过温度的变化，能分析水结冰和冰融化过程中热量的变化，知道热量是使水的状态发生变化的重要因素，形成透过现象分析本质原因的意识。	

续表

课题	活动	学习目标	设计意图
4.水宝宝变形记（2课时）	活动三：水的"三态"变化	3.通过观察来比较水、水蒸气和冰的相同点与不同点，知道水具有液态、气态、固态三种状态。 4.结合让纸、橡皮泥发生变化的实验，认识一些物质的状态虽然发生了变化，但物质本身的组成成分并没有发生变化。知道冰、水、水蒸气是同一种物质，尝试从多角度、多方式去认识物体。	最后绘制水、水蒸气和冰三者之间的转化关系图，并比较水、水蒸气和冰的相同点和不同点，从而理解水、水蒸气和冰是同一种物质，意识到水是地球上十分重要的资源，形成保护水的意识。 纸、橡皮泥发生变化的实验可加深学生对判断物质是否发生变化的理解。
5.水宝宝遇上了调皮盐（1课时）	活动一：食盐和小苏打在水中溶解	1.通过实验观察，知道水能溶解食盐和小苏打，人们感受生活中的溶解现象，利用这种现象为生活服务。	随着绘本故事的发展，本课加入了两个人物"调皮盐"和"捣蛋小苏打"。通过水宝宝带上其中一个去历险的情节，引出本课要探究的问题：盐和小苏打能溶解在水中吗？食盐和小苏打在水中的溶解能力相同吗？ 本课先通过第一个实验，学生可以观察到盐和小苏打是能溶解在水中的。然后再通过对比实验，对食盐和小苏打在水中的溶解能力进行比较，让学生明白水能够溶解物质的质量是有限的，不同的物质在水中的溶解质量是不同的。
	活动二：比较食盐和小苏打在水中的溶解能力	2.通过对比实验的方法，研究食盐和小苏打在水中的溶解情况，知道同样多的水能够溶解的食盐和小苏打的质量是不同的。在进行对比实验时，养成严谨、认真的态度。	
6.调皮盐溶解得快些，再快些（1课时）	活动一：探究搅拌对溶解快慢是否有影响	1.通过探究食盐在水中溶解快慢的影响因素，来认识对比实验的基本方法是只改变其中一个条件，其他条件保持不变，学会用对比的方法来观察实验现象。	本课延续上节课的故事：水宝宝发现调皮盐在自己身体里溶解的速度有点慢，有什么办法可以让调皮盐更快溶解呢？通过问题，激发学生思考加快溶解方法的兴趣。 学生能说出生活中的一些加快溶解的方法，如搅拌等，但对于怎样证明，学生是不了解的。本课在教师的引导下，学生尝试设计并进行对比实验，验证搅拌和升温是否能加快食盐在水中的溶解速度，初步掌握对比实验的方法。
	活动二：探究水温对溶解快慢是否有影响	2.通过对比实验，知道加快食盐在水中溶解的方法，认识到食盐在水中的溶解速度是可以改变的，感受生活中的溶解现象。	

续表

课题	活动	学习目标	设计意图
7.水宝宝和调皮盐say goodbye（1课时）	活动一：分离沙子和食盐水	1.通过小组合作，使用过滤装置分离食盐水和沙的混合物，意识到使用简单工具可以使我们的生活变得更便利。	本课继续围绕水宝宝和调皮盐的历险故事展开，让学生想办法将沙子和调皮盐与水宝宝分离开来。课堂上引导学生根据沙子和食盐的特点来思考分离的方法。然后介绍过滤和蒸发装置，让学生在分离实验中认识到可以根据物质的不同特点进行分离，食盐溶解于水的变化过程是一个可逆的过程。
	活动二：分离食盐和水	2.能使用蒸发装置分离出溶解在水中的食盐，知道食盐溶解于水的变化过程是一个可逆的过程，意识到溶解在人们生活中应用的广泛和重要性。	
8.展示我的作品与反思（1课时）	活动一：自评作品	1.根据评价标准对自己制作的《水宝宝的奇妙之旅》绘本进行评价，体会到根据标准自评的意义。	先让学生完成自己绘本作品的自评，之后用"世界咖啡"的形式让学生展示并介绍自己的绘本作品，小组中的其他成员根据展示情况对作品进行评价并提出建议。通过展示会，学生可以相互学习、相互启发。同时也要引导学生根据评价标准对自己的作品以及他人的作品做出全面、合理的评价，学习别人的长处，收集改进建议。
	活动二：展示与改进作品	2.能够向他人介绍自己的作品，乐于倾听并记录他人的意见；根据同学的意见改进、完善自己的绘本，初步形成交流、评价和反思的意识。	
9.单元小结（1课时）	活动一：整理单元知识结构图	1.能正确地补充单元知识思维导图，加强知识间的联系，乐于梳理已学知识。	首先利用单元知识结构图，让学生梳理本单元所学的知识。通过单元检测题，学生可以对所学知识进行巩固。其次通过单元学习评价表，学生可以从问题表征、方案制订、方案执行、评价反思四个方面进行自评，并根据自评结果绘制雷达图，在这个过程中了解自己的问题解决能力的优势与不足。最后通过单元反思，总结本单元学习中问题解决的过程，反思自己的进步与有待提高的地方。在这个过程中，不断提升学生的总结与反思能力。
	活动二：单元检测	2.通过完成"对'水'了解多少"的习题，检测本单元知识点的掌握程度，关注自己的学习情况。	
	活动三：单元学习评价	3.通过填写单元学习评价表，了解自己的问题解决能力，学会客观地评价自己的整体表现。	
	活动四：单元反思	4.通过单元反思，回顾自己的学习过程，找出自己的不足，总结重要的学习经验，感知反思的重要性。	

（八）单元学习成果评价

表4-1-3 "水宝宝的奇妙之旅"单元学习成果评价

项目 \ 分数	1分	2分	3分
科学性	少部分内容来源于自己的观察	大部分内容来源于自己的观察，真实、可靠，能简单地总结出水的相关知识	全部内容来源于观察，真实、可靠，能对水单元的全部知识进行总结
实用性	内容欠缺大部分水的相关知识	内容欠缺少部分水的相关知识	内容包含水的7个相关知识
完整性	绘本有封面、目录和内页中的其中一项	绘本有封面、目录和内页中的其中两项	绘本有封面、目录和内页
表达交流	只能粗略地介绍绘本故事的主要内容	能介绍绘本故事的主要内容，但不能解答他人的疑惑	能清晰地介绍绘本故事的主要内容，并对他人的疑惑做出解答
加分项			
美观性（1分）	封面和内页绘图美观		
新颖性（1分）	绘本故事与老师讲的故事有所不同		
独特性（1分）	绘本以翻翻书等独特形式呈现		

二、"水宝宝的奇妙之旅"单元学历案设计

致同学们的一封信

亲爱的同学们：

水是我们的生命之源，也是非常重要的物质，我们需要保护它、珍惜它。但是同学们对水的了解并不多，尤其是低年级的同学。怎样用有趣的科普方式来帮助同学们了解更多关于水的知识呢？受欢迎的科普绘本是一个不错的方法。你们可以通过制作有关水知识的绘本来向同学们普及有关水的知识吗？在本单元的学习中，同学们通过学习水的有关知识，撰写一本有关水知识的绘本——《水宝宝的奇妙之旅》。

在本单元，同学们将学习到：

1.通过观察和比较，能说出水的三种状态的相同点和不同点，并通过分析知道热量是使水的状态发生变化的重要因素，初步感受、体验物质状态的变化。

2. 通过实验，认识物质在一定量的水中的溶解程度，能说出影响物质溶解快慢的因素，学会使用对比的方法来观察实验现象，产生积极的探究兴趣。

3. 能用简单的物理方法，依据物体的特征，把两种混合在一起的物质进行分离。在实验中认识到食盐溶解于水的变化过程是一个可逆的过程，意识到使用简单工具可以使我们的生活变得更便利。

4. 能举例说明有些物体虽然状态、大小或形状发生改变，但物质本身的组成成分却没有发生改变，尝试从多角度、多方式去认识物体。

以下是本单元学习内容与课时安排。

表4-1-4 "水宝宝的奇妙之旅"单元学习内容与课时安排

课题	核心素养	课时	阶段成果
1.单元导学	科学本质、创新思维、自主学习、科学态度	1课时	无
2.水宝宝的隐身术	具体观念、推理论证、科学探究、科学态度	1课时	绘本内容：水蒸气
3.水宝宝跳舞SHOW	具体观念、推理论证、科学探究、科学态度	1课时	绘本内容：水沸腾
4.水宝宝变形记	具体观念、推理论证、科学探究、科学态度	2课时	绘本内容：水结冰
5.水宝宝遇上了调皮盐	具体观念、推理论证、科学探究、科学态度	1课时	绘本内容：盐与小苏打在水中的溶解
6.调皮盐溶解得快些，再快些	具体观念、推理论证、科学探究、科学态度	1课时	绘本内容：加快盐在水中的溶解速度
7.水宝宝和调皮盐say goodbye	具体观念、推理论证、科学探究、科学态度	1课时	绘本内容：分离盐和水
8.展示我的作品与反思	实际应用、自主学习、科学态度	1课时	整本绘本
9.单元小结	实际应用、创新思维、自主学习、科学态度	1课时	无

为了帮助同学们更好地开展本项目的学习，老师有以下建议：

1. 阅读与水相关的科普书籍和绘本。例如《水去哪儿了》《小水滴的旅行》《水先生的奇妙之旅》等。

2. 每节课将你在实验中观察到的现象及时地记录在学历案上，通过评价和练习，检测自己的学习情况；通过反思，调整自己学习的方法和进度。当遇到问题时，尝试通过查阅资料、实验探究、与同学探讨等方法来解决问题。

3. 在小组合作中，要确定好每个人的职责，让每个组员都有动手实践的机会，在交流讨论时能够倾听他人的发言并主动提出自己的想法。

让我们一起开启奇妙的科学之旅吧！

科学组

第1课 单元导学（1课时）

学习目标

1. 通过阅读项目驱动情境，提出撰写有关水知识科普绘本的想法，对本单元的学习内容产生兴趣。

2. 能根据单元任务，通过小组讨论的方式，提出《水宝宝的奇妙之旅》绘本的评价标准，意识到单元学习成果有一定的要求。

3. 能根据《水宝宝的奇妙之旅》绘本的标准，提出相应要解决的问题及解决问题的方法，养成在解决问题前先要对问题进行全面思考的习惯。

学习评价

表4-1-5 学习评价表

评价内容	符合	不符合
1.我能针对情境提出问题。（检测目标1）		
2.我能写出《水宝宝的奇妙之旅》绘本的评价标准。（检测目标2）		
3.我能根据评价标准写出要了解的水知识及方法。（检测目标3）		

学习过程

问题1：水是我们的生命之源，也是非常重要的物质，我们需要保护它、珍惜它。但是同学们对水的了解并不多，尤其是低年级的同学。怎样用有趣的科普方式来帮助同学们了解更多有关水的知识呢？（评价内容1）

问题2：帮助同学们了解更多有关水的知识的科普绘本《水宝宝的奇妙之

旅》有什么要求？（评价内容2）

___

问题3：根据上述的具体要求，关键需要了解水的知识。我们需要了解水的哪些知识？用什么方法来了解？（评价内容3）

___

问题4：在本课中我们完成了解决问题的前3个步骤，接下来还要经历哪些步骤才能最终解决问题？

请按照解决问题的思路，给下面的步骤排序：

②→①→⑥→_____→_____→_____

①讨论并制订《水宝宝的奇妙之旅》绘本的具体要求；②从情境中提出问题；③展示绘本，改讲绘本；④实验探究水的特点；⑤整理水的特点，撰写绘本；⑥提出需要了解水的哪些知识。

对"水"了解多少

1. 一般情况下，水结冰的温度是（　　）。

   A. 0℃　　　　　　　　　　　B. 1℃

   C. 5℃　　　　　　　　　　　D. -5℃

2. 水沸腾后继续加热，下列现象中不会出现的是（　　）。

   A. 杯内水面降低　　　　　　B. 杯口出现大量"白气"

   C. 水的温度会一直上升　　　D. 大量气泡上升

3. 把食盐放入下列水中，溶解得最快的是（　　）。

   A. 开水　　　　　　　　　　B. 温水

   C. 冰水　　　　　　　　　　D. 一样快

4. 食盐和沙子混合后，用（　　）能把沙子分离出来。

   A. 过滤　　　　　　　　　　B. 加热

   C. 筛子　　　　　　　　　　D. 磁铁

5. 关于水、水蒸气、冰，下列说法正确的是（　　）。

   A. 它们是同一种物质　　　　B. 相同质量下，水的体积比冰大

   C. 水变成水蒸气要放热　　　D. 冰是气态的水

课后科学实践

阅读老师推荐的有关水的科普书籍或绘本。

学后反思

在本单元的学习中，可以使用以下的方法来解决问题。（在□中打"√"）

□①上网查阅资料　　　□②询问家长　　　□③询问老师

□④阅读书籍　　　　　□⑤小组讨论　　　□⑥实验探究

第2课　水宝宝的隐身术（1课时）

学习目标

1. 通过观察、分析实验现象，认识水的蒸发现象，知道水在一定条件下会变成水蒸气，水蒸气是一种无色、无味的气体，意识到细致的观察能获得更多的发现。

2. 借助韦恩图，归纳水和水蒸气的相同点，比较它们之间的不同点，掌握归纳和比较的思维方法。

学习评价

表4-1-6　学习评价表

评价内容	符合	不符合
1.我能通过实验，观察并解释水蒸发的现象。我能说出水蒸气的特点。（检测目标1）		
2.我能借助韦恩图来归纳水和水蒸气的相同点，比较它们的不同点。（检测目标2）		

学习过程

这本绘本的主人公叫作水宝宝，它在我们生活中无处不在。水宝宝喜欢到处去，今天它又踏上了历险之旅。水宝宝乘坐着叶子小船顺着河流来到了森林，一群动物正在向它靠近，为了不让动物把它吞进肚子，水宝宝发动了隐身术，动物们都看不见水宝宝了，水宝宝逃过了一劫。

前置学习

1.在生活中，水在下面哪种情境中会消失不见？（　　　）（多选）

A.用湿抹布擦黑板　　　　　　B.下雨后的水洼过了一段时间后

C. 太阳下晾衣服　　　　　　　　　D. 湿了的手没有擦干

2. 水到哪里去了？水变成了什么？请把你的想法写下来。

_____

问题1：水不见了，水到哪里去了？（评价内容1）

表4-1-7 "水到哪里去了"实验

实验步骤	根据科学书第4页的步骤进行实验，并在下面两个图中标出水位	
实验现象	盖上塑料薄膜的杯子	敞开口的杯子
实验结论	水没有变少的原因是_____	水变少的原因是_____

知识链接

水具有固态、液态、气态三种状态，气态的水叫作水蒸气。水蒸气是一种_____、_____的气体，由于水蒸气的微粒太小，我们无法看见。

问题2：水变成水蒸气，到空气中了，那空气中的水蒸气能不能回到杯子里呢？（评价内容1）

表4-1-8 "水回到杯子里"实验

实验步骤	（1）将透明的塑料盒倒扣在地面上。 （2）放置一段时间，观察盒中的变化。
实验现象	
我的解释	

知识链接

水蒸气遇到冷的物体会凝结成小水珠。塑料盒上的小水珠是水蒸气遇冷凝结而成的。

检测与练习

1. 借助韦恩图来比较水和水蒸气的相同点与不同点。（评价内容1和2）

水　　　　水蒸气

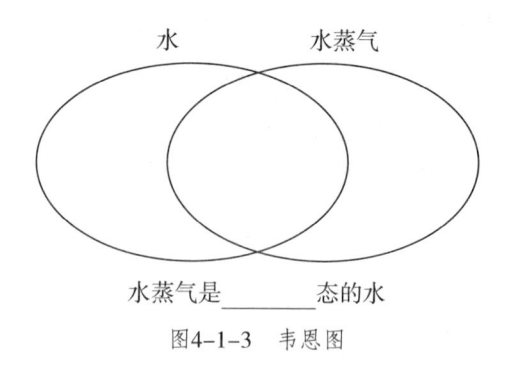

水蒸气是_____态的水

图4-1-3　韦恩图

2. 下面的说法正确的是（　　）。（评价内容1）

A. 烧水时壶嘴喷出的"白气"是水蒸气

B. 从冰箱拿出冰激凌，看到冰激凌上有"白气"是水蒸气

C. 水蒸气是固态的水

D. 水蒸气是无色、无味的气体

课后科学实践

请把这节课学习到的有关水变成水蒸气的内容写入《水宝宝的奇妙之旅》绘本中。

学后反思

1. 水宝宝真的可以隐身吗？这是什么现象？

_____

2. 要想水宝宝解除隐身，恢复原样，可以怎样做？

_____

第3课　水宝宝跳舞SHOW（1课时）

学习目标

1. 通过实验观察，知道沸腾是水受热超过一定温度时发生的剧烈的汽化现象；能通过文字、画图等方式来记录和描述水在加热至沸腾过程中发生的变化，养成如实记录实验现象的习惯。

2. 通过测量水温，发现水加热至沸腾时水的温度不再发生变化，形成尊重事实、重视证据的科学态度。

学习评价

表4-1-9 学习评价表

评价内容	符合	不符合
1. 我能通过文字、图形等方式来记录和描述水在加热至沸腾过程中发生的变化。（检测目标1）		
2. 我能用水温计测量并记录水加热至沸腾过程中的温度。（检测目标2）		

学习过程

水宝宝穿越森林，来到火焰山。当水宝宝走过火焰山时，发现周围的温度越来越高，它的身体竟不自觉地跳起舞来。

前置学习

水宝宝经过火焰山时，就像我们在生活中给水加热的情景一样。不断地给水加热，会出现什么现象？请把你的想法写下来。_____

问题：不断地给水加热，会出现什么现象？（评价内容1、2）

表4-1-10 "给烧杯里的水加热"实验

实验步骤	根据科学书第6页的步骤进行实验，观察并记录水在加热至沸腾过程中发生的变化。 温馨提示：在加热过程中，不能随意移动实验装置。加热后的烧杯、三脚架在相当长的一段时间内仍然是很烫的，个要用手触摸，谨防烫伤。						
实验记录	加热过程中水的变化记录表						
	时间/分钟	1	2	3	4	5
	温度计的示数/℃					
	水的变化 （把现象画在图上）					

85

续表

实验结论	水沸腾前和水沸腾时的观察记录表（在合适的选项前打"√"）		
		水沸腾前	水沸腾时
	温度变化	□升高　□不变　□下降	□升高　□不变　□下降
	水中气泡的大小变化	□由大变小 □由小变大	□由大变小 □由小变大
	水面的现象	□水面不翻滚 □水面翻滚	□水面不翻滚 □水面翻滚
	水面之上的现象	□产生较少"白气" □产生较多"白气"	□产生较少"白气" □产生较多"白气"

知识链接

水在沸腾时，水面之上会产生水蒸气，将套有塑料袋的漏斗放在沸腾的水面上，塑料袋的体积会变大，说明水在变成水蒸气后，体积会变大。

检测与练习

1. 在标准大气压下，水沸腾时的温度是（　　）。（评价内容2）

A. 100 ℃　　　　　　　B. 80 ℃　　　　　　　C. 90 ℃

2. 在水沸腾实验中，我们观察到水沸腾时有大量气泡从底部冒上来，到达水面后破裂，烧杯的上空还会看到一些"白气"，这些"白气"是（　　）。（评价内容1）

A. 水在加热过程中快速产生的水蒸气

B. 水在加热过程中快速产生的水蒸气遇到上空的冷空气所凝结成的小水珠。

C. 本来就存在于空气中的水蒸气

课后科学实践

请把这节课学习到的有关水沸腾的内容写入《水宝宝的奇妙之旅》绘本中。

学后反思

水宝宝到达火焰山时为什么会情不自禁地跳起舞来？随着温度的升高，它的表演会有什么不同？

第4课 水宝宝变形记（2课时）

学习目标

1. 通过实验观察，知道当环境温度低于0℃、水的温度下降到0℃时，水开始结冰，从液体状态变成了固体状态。当环境温度高于0℃，冰会开始融化，变成了液态的水；能通过文字的方式来记录和描述水在结冰过程中和冰在融化过程中发生的变化；乐于在实验观察活动中保持认真、细致的态度。

2. 通过温度的变化，能分析水结冰和冰融化过程中热量的变化，知道热量是使水的状态发生变化的重要因素，形成透过现象分析本质原因的意识。

3. 通过观察来比较水、水蒸气和冰的相同点与不同点，知道水具有液态、气态、固态三种状态；认识到自然环境中水蒸气、水和冰三态共存，这三种状态在不同的条件下能够相互转化；意识到水是地球上十分重要的资源，形成保护水的意识。

4. 结合让纸、橡皮泥发生变化的实验，认识一些物质的状态虽然发生了变化，但物质本身的组成成分并发生没有变化；知道冰、水、水蒸气是同一种物质，尝试从多角度、多方式去认识物体。

学习评价

表4-1-11 学习评价表

评价内容	符合	不符合
1.我能观察到当温度下降到0℃时水的变化和当温度高于0℃时冰的变化，并能通过文字的方式来记录和描述水在结冰过程中和冰在融化过程中发生的变化。（检测目标1）		
2.通过测量温度，我能说出水结冰和冰融化过程中温度的变化，能分析两个过程中热量的变化。（检测目标2）		
3.我能比较水、水蒸气和冰的相同点与不同点，能写出水与冰是怎样相互转化的。（检测目标3）		
4.我能完成纸和橡皮泥变化的实验，并比较它们的变化与水的变化相同的地方。（检测目标4）		

学习过程

水宝宝穿过火焰山后,看到前面白茫茫一片。水宝宝走着走着,发现自己发生了变化,动不了了,原来它来到了雪山。正当水宝宝发愁时,太阳伯伯出来了,阳光所带来的热量让水宝宝又变回了原来的样子,它又可以继续它的旅程了。

前置学习

水宝宝到达雪山后,它发生了什么变化?在生活中,你能举出类似的例子吗?

问题1:水在什么条件下会结冰?水变成冰会发生什么变化?(评价内容1和2)

表4-1-12 "水结冰"实验

实验步骤	根据科学书第8页的步骤进行实验,观察并记录水结冰过程发生的变化。(在碎冰里加入食盐,会使温度变得更低。)
实验记录	时间/分钟 / 温度/℃ / 水的变化(打"√"):□水 □冰 □水 □冰 □水 □冰 □水 □冰 □水 □冰 □水 □冰 □水 □冰 / 水结冰的变化:画出冰面的位置
我的发现	经过测量,我发现水温一直_____,这说明水向周围 □吸收 □放出 热量。当到达_____℃时水结冰了;比较水面的标记,我发现冰比水的体积 □大 □小 □一样。

问题2:水能变成冰,那冰能变成水吗?(评价内容1和2)

表4-1-13 "水融化"实验

实验步骤	根据科学书第11页的步骤进行实验,观察、记录冰融化成水的过程,并标出水位的高度。

续 表

实验记录	冰开始融化时	冰融化到一半时	冰完全融化时
我的发现	我发现当环境温度＿＿＿＿0℃时，冰开始融化。冰在融化的过程中，要从周围□吸收□放出热量。冰融化成水后，由＿＿＿＿态变成＿＿＿＿态，体积变＿＿＿＿了。			

问题3：水、水蒸气和冰之间是怎样转化的？水、水蒸气和冰是同一种物质吗？（评价内容2、3和4）

1. 分析水、水蒸气和冰在转化过程中热量的变化。（在括号里填上遇冷或受热）

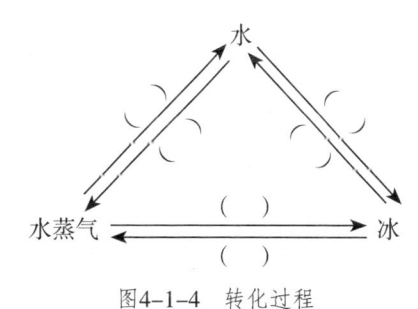

图4-1-4 转化过程

2. 比较水、水蒸气和冰的相同点和不同点。

表4-1-14 水、水蒸气和冰的异同

	水	水蒸气	冰
状态			
有没有固定形状			
有没有一定体积			

3. 让纸和橡皮泥发生变化，变化后还是原来的物质吗？与水的变化一样吗？

表4-1-15 橡皮泥、纸、水的变化

	我们做了什么	它们的变化	还是原来的物质吗
橡皮泥			
纸			
水			

检测与练习

1. 实验时，在碎冰中加入食盐的目的是（　　　）。（评价内容1）

A. 让碎冰结成块　　　　　B. 获取更低的温度　　　C. 消毒

2. 下列关于冰和水的说法正确的是（　　　）。（评价内容3）

A. 都会流动　　　　　　　B. 都有固定的形状　　　C. 都有一定的体积

3. 当气温在0℃以下时，未加保护的水管会裂开，这是因为水结冰后（　　　）。（评价内容1）

A. 体积变大　　　　　　　B. 体积变小　　　　　　C. 产生了大量的热

4. 下列方法中，不能使冰融化成水的是（　　　）。（评价内容2）

A. 用电吹风吹热风　　　　B. 放在冰箱的冷冻室里　　C. 用手捂住

5. 在下列温度条件下，冰块融化得最快的是（　　　）。（评价内容2）

A. 10℃　　　　　　　　　B. 50℃　　　　　　　　C. 90℃

6. 下列关于水、水蒸气、冰说法错误的是（　　　）。（评价内容3）

A. 它们是同一种物质

B. 它们不是同一种物质

C. 它们之间可以相互转化

7. 关于物质的变化，下列说法错误的是（　　　）。（评价内容4）

A. 纸被叠成千纸鹤，还是纸。

B. 水结冰，从液体变为了固体，因此，冰不是水。

C. 一个压瘪的乒乓球放在热水中，会慢慢鼓起来，乒乓球的形状发生了变化。

知识链接

生活中大部分物体都具有热胀冷缩的性质。将一个压瘪的乒乓球放在热水中，乒乓球内部的气体会受热膨胀，所以瘪下去的地方又鼓起来了，我们把这样的现象叫作热胀冷缩。

课后科学实践

请把这节课学习到的有关水和冰相互转化的内容写入《水宝宝的奇妙之旅》绘本中。

学后反思

1. 在北方的冬天，路面结冰的现象会给生活带来哪些不便？可以怎样解决？

2. 水是地球上十分重要的资源，我们的生活离不开水，我们应该如何保护水资源？

第5课 水宝宝遇上了调皮盐（1课时）

学习目标

1. 通过实验观察，知道水能溶解食盐和小苏打，感受生活中溶解的现象，利用这种现象为生活服务。

2. 通过对比实验的方法，研究食盐和小苏打在水中的溶解情况，知道同样多的水能够溶解的食盐和小苏打的质量是不同的；在进行对比实验时，养成严谨、认真的态度。

学习评价

表4-1-16 学习评价表

评价内容	符合	不符合
1.我能通过实验观察，知道水能溶解食盐和小苏打。（检测目标1）		
2.我能通过对比实验，比较同样多的水能够溶解的食盐和小苏打的质量有多少。（检测目标2）		

学习过程

水宝宝离开雪山后，路上遇到了两个好朋友，它们分别是调皮盐和捣蛋小苏打，它们都想要水宝宝带着自己一起去历险。水宝宝说可以将它们溶解在自己的身体里，这样就能带着它们一起去历险了，但水宝宝只能带上它们其中一个。于是水宝宝决定让调皮盐和捣蛋小苏打进行一场溶解比赛，谁溶解得更多就带谁一起去历险。

前置学习

结合生活中的发现，下列哪些物质可以溶解在水中？（可以打"√"，不可以打"×"）

小苏打（ ）　　食盐（ ）　　味精（ ）　　沙子（ ）　　红糖（ ）

问题1：盐和小苏打都能溶解在水中吗？（评价内容1）

表4-1-17 "食盐和小苏打溶解"实验

实验步骤	把一勺食盐和一勺小苏打分别加入两杯水中，并用玻璃棒轻轻搅拌。
实验记录（画出颗粒在溶解过程中发生的变化）	食盐　　　　　　　　　　　　　　 小苏打
我的发现	

问题2：食盐和小苏打在水中的溶解能力相同吗？（评价内容2）

表4-1-18 "比较食盐和小苏打溶解能力"实验

实验步骤	根据科学书第13、14页的步骤进行实验，观察食盐和小苏打在水中的溶解情况，把实验现象记录下来。
实验注意事项	1.注意实验的相同和不同点。 2.每勺食盐和小苏打都要用尺子刮平，确保每一勺都一样。 3.完全溶解后才能加入下一份，直到不能溶解为止。 对比实验： 不同点：加入的物质不同（食盐和小苏打）。 相同点：水量相同；都要搅拌；每次加入的量一样多。
实验记录（完全溶解打"√"）	份数 | 1 | 2 | 3 | 4 | 5 | 6 | 7 | 8 食盐是否溶解 小苏打是否溶解
我的发现	食盐溶解了＿＿份，小苏打溶解了＿＿份，说明食盐在水中的溶解能力＿＿（填"大于""小于"或"等于"）小苏打在水中的溶解能力。

检测与练习

1.下面关于溶解的说法，不正确的是（　　　）。（评价内容1）

A. 不是所有物质在水中的溶解速度都一样

B. 所有物质在水中都能溶解

C. 物质溶解于水后变成了肉眼看不见的颗粒

2. 在水溶解食盐和小苏打的实验中，下列说法正确的是（　　）。（评价内容2）

A. 只要给足时间，水可以溶解无限量的盐

B. 小苏打在水中的溶解能力比盐强

C. 为了比较的公平，两杯水的量要一样

课后科学实践

1. 用课堂上学到的对比实验的方法，来比较生活中其他物质在水中的溶解能力，例如糖、味精等。

2. 请把这节课学习到的有关小苏打和食盐在水中溶解的内容写入《水宝宝的奇妙之旅》绘本中。

学后反思

1. 要比较糖和味精两种物质在水中的溶解能力时，我们要进行对比实验。为了公平地比较，要改变什么条件？哪些条件要保持不变？

改变条件：两杯水，一杯加入_____，一杯加入_____

相同条件：□水量　□每一勺的量　□搅拌

2. 水宝宝是带上调皮盐还是捣蛋小苏打去历险，为什么？

_____

第6课　调皮盐溶解得快些，再快些（1课时）

学习目标

1. 通过探究食盐在水中溶解快慢的影响因素，认识对比实验的基本方法是只改变其中一个条件，其他条件保持不变，学会用对比的方法来观察实验现象。

2. 通过对比实验，知道搅拌和升温能加快食盐在水中的溶解速度，认识到食盐在水中的溶解速度是可以改变的，感受生活中的溶解现象。

重构"教"与"学"：
支持问题解决的小学科学单元学历案

学习评价

表4-1-19 学习评价表

评价内容	符合	不符合
1.我能说出在对比实验中的相同条件和不同条件。（检测目标1）		
2.在对比实验中，能观察并记录在不同条件下，食盐在水中的溶解现象，进而分析得出食盐在水中溶解快慢的影响因素。（检测目标2）		

学习过程

经过溶解多少的比赛，水宝宝决定带上调皮盐一起去历险。但水宝宝发现调皮盐在自己身体里的溶解速度有点慢，水宝宝着急了。有什么办法可以让调皮盐更快溶解呢？

前置学习：小宝宝饿了，在哇哇大哭，想要喝奶，妈妈很着急。有什么办法能尽快溶解奶粉，让小宝宝能喝上奶呢？

问题1：搅拌能加快盐在水中的溶解速度吗？怎样证明我们的猜想？（评价内容1、2）

表4-1-20 "搅拌对溶解快慢影响"实验

对比实验：设置两个实验，通过对结果的比较分析，来探究哪种条件会影响实验结果。在对比实验中，每次只能改变一个条件，其他条件保持不变。	
改变的条件	一杯水搅拌、一杯水不搅拌
不变的条件	请你选出正确的条件，在对应方框里打"√"。 □水量相同　　□食盐量相同 □同时加食盐　□水温相同
实验步骤	1.取相同克数的食盐4g　2.取相同量的两杯水60mL　3.将食盐同时倒入水中　4.一杯搅拌，一杯不搅拌

续表

实验记录	刚放盐时	搅拌10圈	搅拌20圈
搅拌时的溶解情况（画出杯子中食盐的状态）			
不搅拌时的溶解情况（画出杯子中食盐的状态）			
我的发现	在_____（搅拌/不搅拌）时，食盐溶解的速度较快。			

问题2：除了搅拌，还有哪些方法能加快食盐的溶解速度？升温可以吗？（评价内容1、2）

表4-1-21 "水温对溶解快慢影响"实验

改变的条件	
不变的条件	□水量相同　□食盐量相同　□同时加入食盐 □水温相同　□搅拌相同圈数
实验方法	
实验步骤	（1）准备两份相同质量的食盐。 （2）将两份食盐分别同时加入两杯同样多的热水和冷水中。 （3）分别搅拌10圈、20圈，观察比较食盐溶解的快慢。 （4）将观察结果记录下来。

实验记录	刚放盐时	搅拌10圈	搅拌20圈
热水中的溶解情况（画出杯子中食盐的状态）			

续表

实验记录	刚放盐时	搅拌10圈	搅拌20圈
冷水中的溶解情况（画出杯子中食盐的状态）			
我的发现	在_____（热水/冷水）中，食盐溶解的速度较快。			

检测与练习

1. 下列做法中，能加快食盐在水中的溶解速度的是（　　）。（评价内容1）

A. 用热水　　　　　　B. 静置　　　　　　C. 用冷水

2. 为了保证比较的公平，下列做法正确的是（　　）。（评价内容2）

A. 探究温度与溶解快慢的关系时，一杯搅拌，另一杯不搅拌。

B. 探究搅拌与溶解快慢的关系时，一杯搅拌，另一杯不搅拌。

C. 探究温度与溶解快慢的关系时，一杯加热水并搅拌，另一杯加冷水且不搅拌。

课后科学实践

1. 把物质弄碎能加快溶解速度吗？把一块方糖弄碎，比较一下弄碎的方糖和没有弄碎的方糖哪个溶解得更快。

2. 请把这节课学习到的有关加快物质溶解的内容写入《水宝宝的奇妙之旅》绘本中。

学后反思

有什么办法可以让调皮盐更快溶解呢？

第7课　水宝宝和调皮盐"say goodbye"（1课时）

学习目标

1. 通过小组合作，使用过滤装置分离食盐水和沙的混合物，意识到使用简单工具可以使我们的生活变得更便利。

2. 能使用蒸发装置，分离溶解在水中的食盐，知道食盐溶解于水的变化过程是一个可逆的过程。意识到溶解在人们生活中应用广泛和具有的重要性。

学习评价

表4-1-22　学习评价表

评价内容	符合	不符合
1.我会使用过滤装置，分离食盐水和沙的混合物。（检测目标1）		
2.我能使用蒸发装置，分离溶解在水中的食盐。（检测目标2）		

学习过程

水宝宝和调皮盐来到沙滩边，水宝宝身上粘上了很多沙子，这让调皮盐感到很不舒服，它想离开水宝宝的身体。怎样才能将沙子和调皮盐与水宝宝分离开来呢？

问题1：怎样把沙子从食盐水中分离出来？（评价内容1）

表4-1-23　"分离沙子和食盐水"实验

实验步骤	根据科学书第18页的步骤进行实验，用过滤装置进行过滤，把沙子分离出来。注意：滤纸对折两次后打开，呈漏斗状；滤纸放入漏斗中，滤纸边缘要低于漏斗边缘。
实验记录	在滤纸上，我们可以观察到_____。过滤出来的溶液是_____。
实验结论	我们能将沙子和食盐水通过过滤的方法进行分离的原因是：_____。

问题2：我们可以通过过滤的方法，将沙子和食盐水分离开来。怎样将食盐和水分离开来呢？（评价内容2）

表4-1-24　"分离食盐和水"实验

实验步骤	根据科学书第18页中的分离食盐和水的步骤进行实验。
实验记录	观察到的现象是：_____→_____→_____
实验分析	<table><tr><td>物质</td><td>食盐颗粒</td><td>蒸发皿中的颗粒</td></tr><tr><td>颜色</td><td></td><td></td></tr><tr><td>形状</td><td></td><td></td></tr><tr><td>大小</td><td></td><td></td></tr><tr><td>其他</td><td></td><td></td></tr></table>

续 表

实验分析	蒸发皿中的白色颗粒_____（填"是"或"不是"）食盐。
实验结论	我们能将食盐水通过蒸发的方法把食盐和水分离开来的原因是：_____ _____

检测与练习

1. 白糖和黄豆混合后，用（　　）方法能把黄豆分离出来。（评价内容1）

　　A. 蒸发　　　　　　B. 过滤　　　　　　C. 用筛子

2. 想从海水里获得食盐，可以通过（　　）的方法。（评价内容2）

　　A. 蒸发　　　　　　B. 过滤　　　　　　C. 溶解

3. 小明不小心将木屑和铁钉混合在一起了，我们可以使用什么方法将它们分离开来（　　）。（评价内容1）

　　A. 蒸发　　　　　　B. 过滤　　　　　　C. 磁铁吸引

课后科学实践

请把这节课学习到的有关分离食盐和水的内容写入《水宝宝的奇妙之旅》绘本中。

学后反思

用什么方法才能将沙子和调皮盐与水宝宝分离开来呢？

第8课　展示我的作品与反思（1课时）

学习目标

1. 根据评价标准对自己的《水宝宝的奇妙之旅》绘本进行评价，体会到根据标准进行自评的意义。

2. 能够向他人介绍自己的作品，乐于倾听并记录他人的意见，初步形成交流、反思和改进的意识。

学习评价

表4-1-25　学习评价表

评价内容	符合	不符合
1. 我能结合评价标准对自己的作品进行自评。（检测目标1）		
2. 我能主动介绍自己的绘本并倾听他人的建议，记录他人的评价，继续改进自己的绘本。（检测目标2）		

学习过程

问题：《水宝宝的奇妙之旅》绘本已经完成了，那这本绘本符合标准吗？请先完成自评，再邀请同学对你的绘本进行评价并提出改进建议。（评价内容1、2）

表4-1-26　《水宝宝的奇妙之旅》绘本评价表

评价内容	具体内容	自评	他评
科学性	内容来源于观察，真实、可靠。对水的相关知识描述准确。	□全部 □大部分 □少部分	□全部 □大部分 □少部分
实用性	内容包含本单元的相关知识，对学生了解水的知识有帮助。	□内容完整 □欠缺少部分 □欠缺大部分	□内容完整 □欠缺少部分 □欠缺大部分
完整性	有封面、目录和内页。	□都含有 □有其中两项 □有其中一项	□都含有 □有其中两项 □有其中一项
表达交流	能清晰地介绍绘本的主要内容并对他人的疑惑做出解答。	□能清晰地介绍并能解答疑惑 □能进行介绍，但不能解答疑惑 □粗略介绍	□能清晰地介绍并能解答疑惑 □能进行介绍，但不能解答疑惑 □粗略介绍
美观性（加分项）	封面和内页绘图美观	□	□
新颖性（加分项）	绘本故事与老师讲的故事有所不同	□	□
独特性（加分项）	绘本以翻翻书等独特形式呈现	□	□

检测与练习

1. 根据本节课的学习内容，你认为下列做法正确的是（　　）。（评价内容1）

A. 知道自己的绘本有未达标的方面，但是不再进行改进

B. 能根据同学们的建议对自己的《水宝宝的奇妙之旅》绘本进行完善

C. 同学的《水宝宝的奇妙之旅》绘本制作得比较好，故意不给出客观评价

D. 为防止他人抄袭，在介绍《水宝宝的奇妙之旅》绘本的时候只展示部分内容

2. 我们可以从（　　）几个方面来评价同学的绘本。（评价内容2）

A. 科学性　　　　　　　　　B. 实用性

C. 表达清楚　　　　　　　　D. 以上都是

课后科学实践

结合今天的展示会上同学们的建议，继续完善《水宝宝的奇妙之旅》绘本。

学后反思（评价内容2）

1. 通过《水宝宝的奇妙之旅》绘本展示会，我的收获是：

_____

2. 我还想这样改进我的《水宝宝的奇妙之旅》绘本：

_____

第9课　单元小结（1课时）

学习目标

1. 能正确地补充单元知识思维导图，加强知识间的联系，乐于梳理已学知识。

2. 通过完成"对'水'了解多少"的习题，来检测本单元知识点的掌握程度，关注自己的学习情况。

3. 通过填写单元学习评价表，了解自己的问题解决能力，学会客观地评价自己的整体表现。

4. 通过单元反思来回顾自己的学习过程，找出自己的不足，总结重要的学习经验，感知反思的重要性。

学习过程

一、根据本单元所学的内容，请补充以下的思维导图。

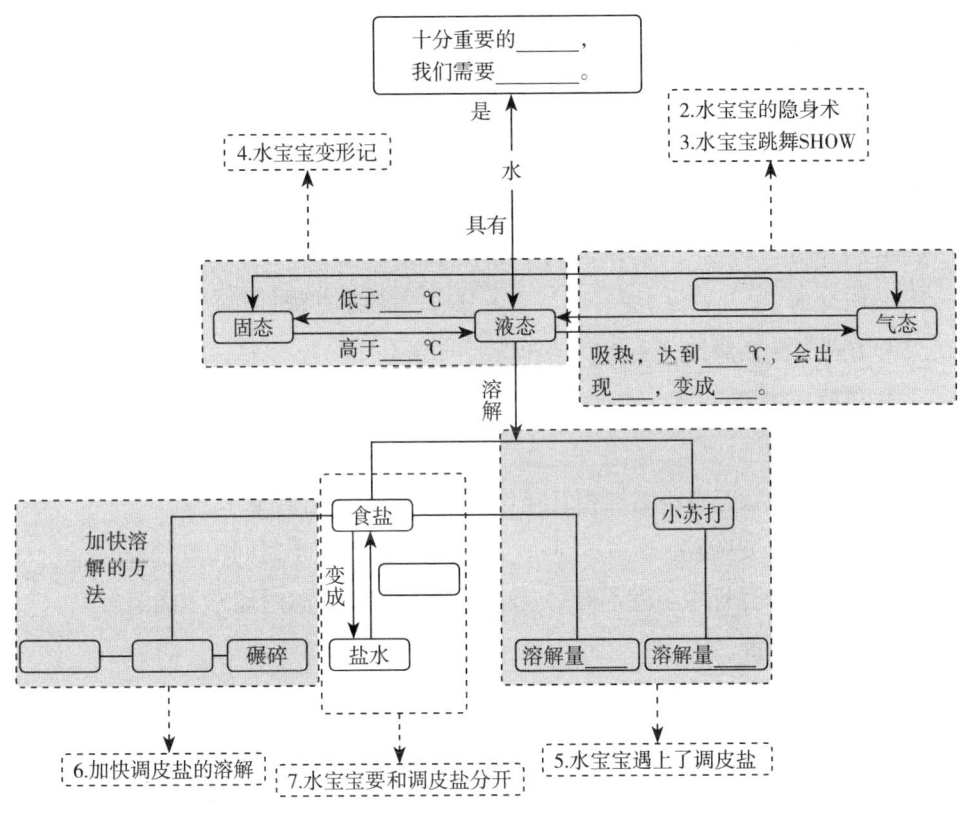

```
                    ┌─────────────────┐
                    │ 十分重要的____， │
                    │ 我们需要____。   │
                    └─────────────────┘
                            是↑
                             │水
          ┌4.水宝宝变形记┐    │         ┌2.水宝宝的隐身术 ┐
          └─────────────┘    │         │3.水宝宝跳舞SHOW │
                         具有│         └─────────────────┘
                             ↓
    ┌──────────────────────────────────────────────────┐
    │        低于__℃                    ┌──────┐       │
    │ 固态 ←──────── 液态 ←──────────→  │      │ 气态  │
    │        高于__℃         吸热，达到__℃，会出       │
    │                        现__，变成__。             │
    └──────────────────────────────────────────────────┘
                         溶解│
                             ↓
    ┌────────────┐      ┌──────┐      ┌──────┐
    │ 加快溶  │──→│ 食盐 │      │小苏打│
    │ 解的方  │   └──────┘      └──────┘
    │ 法      │    变↑↓          
    │         │    成│           溶解量__  溶解量__
    │ □─□─碾碎│   ┌──┐
    └────────────┘ │盐水│
                   └──┘
    6.加快调皮盐的溶解  7.水宝宝要和调皮盐分开  5.水宝宝遇上了调皮盐
```

图4-1-5 "水宝宝的奇妙之旅"单元思维导图

二、对"水"了解多少

水是生命之源，人类一直重视水资源的利用和保护。水具有三种状态，固态、气态和液态。这三种状态在不断地相互转化着。江河、海洋的水在太阳的照射下，温度升高，水便会蒸发变成水蒸气。当温度上升到100℃时，水便会沸腾。当环境温度低于0℃，水的温度下降到0℃时，水开始结冰，从液体状态变成固体状态。当环境温度高于0℃时，冰开始融化，变成液态的水。除此之外，水还具有溶解其他物质的性质，厨房中常见的物质如食盐、味精、白糖、小苏打，这些都能溶解在水中，通过升温和搅拌的方式，我们可以加快物质的溶解速度。如果我们不小心，把不想溶解的物质放入水中，想把溶解在水中的物质分离出来，我们可以借助过滤和蒸发的办法来实现。

1. 一般情况下，水降低到（　　）时会结冰，升高到（　　）时会沸腾。

A. 0℃，100℃　　　　　　　　　B. 0℃，90℃

C. 5℃，100℃　　　　　　　　　D. 5℃，90℃

2. 水在沸腾时有大量"白气"出现，"白气"是（　　）。

A. 水珠　　　　　　　　　　　　B. 水蒸气

C. 小冰晶　　　　　　　　　　　D. 水珠混有水蒸气

3. 想让感冒冲剂更快地溶解，下列方法效果最好的是（　　）。

A. 用热水　　　　　　　　　　　B. 搅拌

C. 用冷水　　　　　　　　　　　D. 加入热水并搅拌

4. 下列方法能最快分离出食盐和铁屑的是（　　）。

A. 过滤　　　　　　　　　　　　B. 加热

C. 用筛子　　　　　　　　　　　D. 用磁铁

5. 水的三种状态在不断地相互转化，下面说法正确的是（　　）。

A. 水变成冰要吸热　　　　　　　B. 水和水蒸气不是同一种物质

C. 水在沸腾过程中温度不变　　　D. 水只有在高温的地方才能蒸发

单元学习评价

1. 请根据评价标准对自己本单元学习的问题解决情况打上自评分数。

表4-1-27 "水宝宝的奇妙之旅"单元问题解决能力评价表

一级维度	二级维度	0分	1分	2分	3分	自评
问题表征	发现问题	不能在驱动情境中提出问题	能在驱动情境中提出1个问题	能在驱动情境中提出2个问题	能在驱动情境中提出3个或3个以上的问题	
	澄清问题	不能写出绘本的评价标准	能写出绘本1个以上的评价标准	能写出绘本2个以上的评价标准	能写出绘本3个或3个以上的评价标准	
方案制订	拆解问题	不能写出要了解水的知识	能写出要了解水的1个知识	能写出要了解水的2个知识	能写出要了解水的3项或3项以上知识	

续 表

一级维度	二级维度	0分	1分	2分	3分	自评
方案执行	方案制订	不能写出研究水的特点的方法	能写出研究水的特点的1种方法	能写出研究水的特点的2种方法	能写出研究水的特点的3种或3种以上的方法	
	方案试验	不能按照研究方法进行实验	能按照研究方法进行1~2个实验，并如实记录实验现象	能按照研究方法进行3~4个实验，并如实记录实验现象	能按照研究方法进行5个以上的实验，并如实记录实验现象	
	优化方案	不能根据同学的意见对绘本的内容进行补充、完善	能根据同学的少部分意见，对绘本的内容进行补充、完善	能根据同学的大部分意见，对绘本的内容进行补充、完善	能根据同学的全部意见，对绘本的内容进行补充、完善	
评价反思	成果评价	不能完成作品自评和他评表格	完成了作品少部分自评和他评表格	完成了作品大部分自评和他评表格	能够完成作品全部自评和他评表格	
	监督过程	不能填写解决问题思路图的内容	能正确填写解决问题思路图的1个框的内容	能正确填写解决问题思路图的2个框的内容	能正确填写解决问题思路图3个框的内容	

单元反思

1. 我对本单元的学习：□感兴趣　□比较感兴趣　□不感兴趣。

2. 写出三个解决问题过程中用到最多的方法是_____。

3. 本单元学习中我最大的进步是_____。

4. 在本单元学习中，我有待提高的地方是_____。

5. 在撰写《水宝宝的奇妙之旅》绘本的过程中，我们是这样解决问题的：

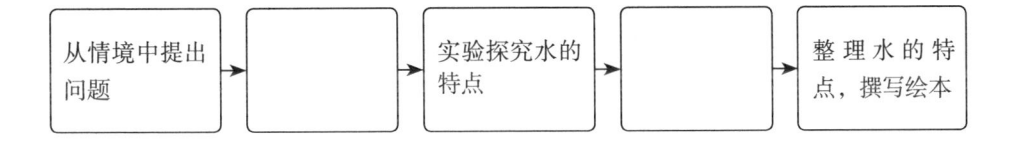

从情境中提出问题 → ☐ → 实验探究水的特点 → ☐ → 整理水的特点，撰写绘本

第二节 "运送午餐的小车"单元学历案设计

一、"运送午餐的小车"单元基本信息

（一）教材版本

教科版《科学》（2020年版）四年级上册"运动和力"单元。

（二）单元对应的课程标准内容

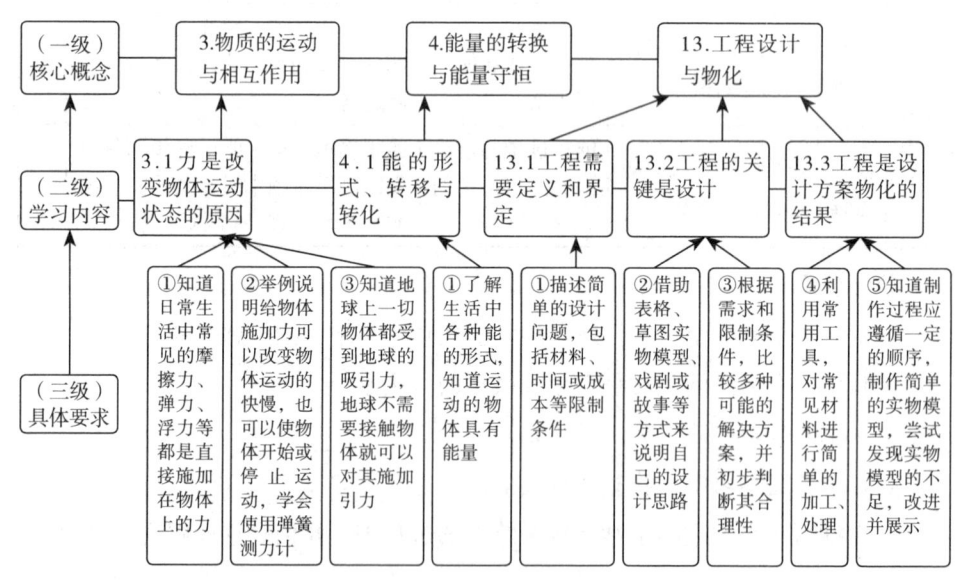

图4-2-1 单元对应的课程标准内容

（一级）核心概念
- 3.物质的运动与相互作用
- 4.能量的转换与能量守恒
- 13.工程设计与物化

（二级）学习内容
- 3.1 力是改变物体运动状态的原因
- 4.1 能的形式、转移与转化
- 13.1 工程需要定义和界定
- 13.2 工程的关键是设计
- 13.3 工程是设计方案物化的结果

（三级）具体要求
- ①知道日常生活中常见的摩擦力、弹力、浮力等都是直接施加在物体上的力
- ②举例说明给物体施加力可以改变物体运动的快慢，也可以使物体开始或停止运动，学会使用弹簧测力计
- ③知道地球上一切物体都受到地球的吸引力，地球不需要接触物体就可以对其施加引力
- ①了解生活中各种能的形式，知道运动的物体具有能量
- ①描述简单的设计问题，包括材料、时间或成本等限制条件
- ②借助表格、草图实物模型、戏剧或故事等方式来说明自己的设计思路
- ③根据需求和限制条件，比较多种可能的解决方案，并初步判断其合理性
- ④利用常见工具，对常见材料进行简单的加工、处理
- ⑤知道制作过程应遵循一定的顺序，制作简单的实物模型，尝试发现实物模型的不足，改进并展示

（三）学习对象及学情分析

本单元的学习对象是小学四年级学生。

在学习本单元之前，学生对运动和力都有了一定的了解，知道生活中常见的力，知道力可以使物体的形状发生改变，会比较物体运动的快慢，能描述生活中常见物体的运动形式。同时也有很多困惑，比如，力是怎样影响物体运动

104

的？怎样给小车安装动力？怎样驱动小车行驶得更远？怎样测量力的大小？运动与能量有什么关系？

经过三年的科学学习，学生具有了问题意识和制订计划的意识。在进行工程制作之前知道要先进行设计，同时动手能力也逐渐提升，体会到交流的重要性，愿意在实践中不断改进自己的作品。

（四）单元目标

表4-2-1 "运送午餐的小车"单元目标

核心素养	目标
科学观念	1.认识日常生活中常见的摩擦力、弹力、反冲力、重力等。 2.知道给小车施加力，可以改变小车运动的快慢，也可以使小车开始或停止运动。 3.认识运动的物体具有能量。 4.知道设计并制作"运送午餐的小车"应遵循一定的顺序。
科学思维	1.尝试利用控制变量的方法来设计简单的实验。 2.能分析力对小车运动的作用。 3.能分析小车运动过程中能的变化。 4.能根据需求和限制条件，对"运送午餐的小车"进行设计，并对设计方案进行初步的科学分析。
探究实践	1.能通过观察和实验来理解常见的力对小车运动的作用。 2.学会使用弹簧测力计来测量力的大小。 3.进行"小车行驶速度与能量的关系"的探究实验，知道小车运动速度不同，具有的能量也不同。 4.能根据"运送午餐的小车"的评价标准提出探究问题。 5.能借助设计图说明运送午餐的小车的设计思路。 6.利用常用工具，制作运送午餐的小车。 7.在测试中能发现运送午餐的小车的不足并进行改进。
态度责任	1.能在好奇心的驱使下，产生对日常生活中力与运动关系的探究兴趣。 2.能正确地叙述自己的探究过程与结论，能倾听别人的意见，能合作交流。 3.了解科技的进步改变了汽车的动力方式，影响了人类的生活方式和生产方式。 4.通过分析生活中的实例，形成安全出行、珍爱生命的意识。

（五）单元内容框架

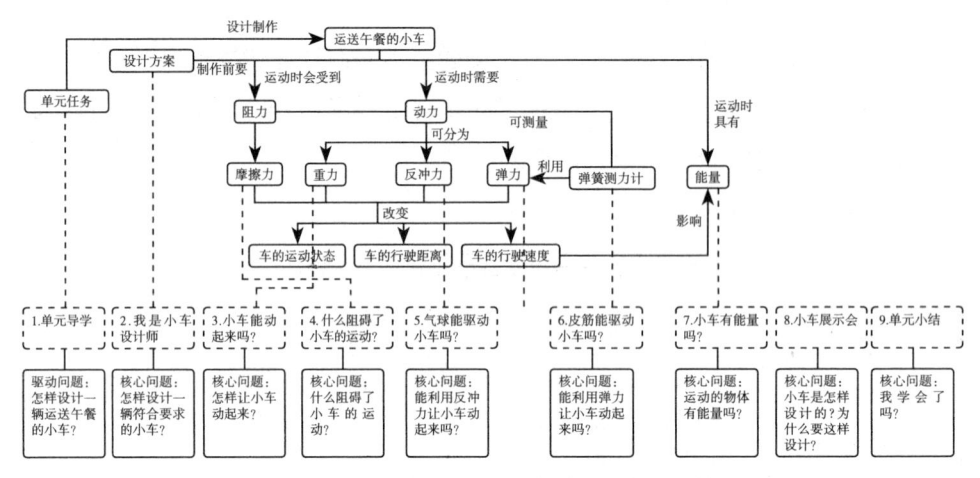

图4-2-2 "运送午餐的小车"单元内容框架

（六）单元课时

一共9课，分10个课时，每课时40分钟。

（七）学习活动设计

表4-2-2 "运送午餐的小车"单元学习活动设计

课题	活动	学习目标	设计意图
1.单元导学（1课时）	活动一：提出问题，了解任务和目标	1.能在单元的驱动情境中提出问题，养成提出问题的习惯，对本单元的学习内容产生兴趣。	创设项目的驱动情境，让学生提出制作"运送午餐的小车"的问题，在此基础上再提出单元的任务：设计并制作一辆可以运送午餐的小车。通过单元学历案"给同学们的一封信"，学生可以了解本单元的学习任务、学习目标、评价任务、学习内容、课时安排和学习建议。接着让学生采用头脑风暴的方式来确定设计并制作"运送午餐的小车"的要求并制订评价标准。再根据小车的评价标准来思考需要解决的问题和解决方法，帮助学生形成系统的研究思路，为制订研究计划做准备。
	活动二：制订评价标准	2.能根据单元任务，提出小车的具体要求并制订评价标准，意识到单元任务有设计与制作要求。	
	活动三：提出解决问题的方法	3.能根据小车的评价标准写出要解决的问题，乐于尝试用多种材料、多种思路提出解决问题的方法，养成在解决问题前先要对问题进行全面思考的习惯。	

续表

课题	活动	学习目标	设计意图
2.我是小车设计师（1课时）	活动一：绘制、评价设计图	1.能根据小车的具体要求及验收标准，绘制小车的设计图，表达自己的创意与构想，养成用成果标准来指导成果设计的习惯。2.能根据小车的评价标准来评价自己的设计方案，通过评价及时地对设计进行完善，养成自我反思的习惯。	先回顾小车的评价标准，提醒学生要根据评价标准来制订方案。接着认识玩具车模型的结构，为绘制小车设计图做准备。再评学历案中的小车设计图，制订"小车设计图"的评价标准，为绘制小车设计图提供指引。接着学生和小组成员一起讨论，从三个不同的角度来绘制小车的设计图，再根据小车的评价标准来评价、改进自己的设计图。最后，学生根据设计、现有材料等因素进行综合考虑，选择制作小车的材料，为制作小车做准备。课后，学生开始收集材料制作小车。
	活动二：选择材料和工具	3.根据设计、现有材料等因素进行综合考虑，选择制作小车的材料，对制作小车有初步计划，培养制订方案的能力。	
3.小车能动起来吗？（1课时）	活动一：利用重力让小车运动起来	1.通过实验来了解重力的作用，知道重力可以使静止的小车运动起来，对研究重力和小车的运动产生兴趣。	由于实验室里的小车控制了很多条件，减少了无关变量对实验的影响，所以课堂上我们使用实验室里的小车进行探究。课的开始先把一辆小车放在水平的桌面上，让学生思考在不接触小车的情况下，有什么办法可以让小车运动起来。当学生提出可以用重物拉小车时，引出实验一"让小车运动起来"。学生通过实验，发现小车由静止变成运动时，需要一定的力。接着提出如何让小车运动得更快的问题，引出实验二"小车运动快慢与拉力大小的关系"。学生通过实验，发现拉力越大，小车的运动速度越快。最后，学生举例说出生活中各种类型的车和动力方式，体会科技的进步改变了汽车的动力方式。课后，学生继续制作没有动力的小车，为下节课做准备。
	活动二：让小车运动得更快	2.通过实验和数据分析，发现改变拉力的大小可以改变小车的运动速度，意识到要把实验数据作为证据，来证明自己的猜测。	
	活动三：认识不同车的动力方式	3.举例说出不同类型的车的动力方式，认识到不同的车具有不同类型的动力方式，体会科技的进步改变了汽车的动力方式。	

续表

课题	活动	学习目标	设计意图
4.什么阻碍了小车的运动？（1课时）	活动一：认识摩擦力	1.通过观察比较小车的运动情况，用摩擦力来解释自制小车运动速度慢、行驶不顺畅的原因，对摩擦力大小的研究产生兴趣。2.通过分析拉力改变小车的运动状态，了解物体由静止变成运动时需要克服摩擦力，养成思考的习惯。	学生在课后已经制作了一辆没有动力的小车。课的开始先让学生把自制的小车和实验室里的小车同时放在斜面顶端，比较两辆小车的运动情况。通过分析，认识到摩擦力会影响小车的运动，导致小车运动不顺畅，进而思考让小车行驶更顺畅的方法。学生制作的小车往往会出现打滑、行驶距离短、速度慢等问题。为了帮助学生解决这些问题，活动二利用实验探究"小车重量与摩擦力大小的关系"，让学生认识到小车的重量越大，受到的摩擦力越大。接着引导学生结合小车存在的问题来分析原因并提出解决方法。接触面的光滑程度、物体的运动方式与摩擦力大小的关系，以知识链接的形式呈现，让学生自主学习。最后，学生分析生活中增大或减小摩擦力的例子，进一步认识摩擦力的其他影响因素，为后面改进小车提供支持。课后，学生根据本课的学习，继续改进自己的小车，给小车安装动力元件。
	活动二：研究小车重量与摩擦力大小之间的关系	3.通过对比实验来探究小车重量与摩擦力大小之间的关系，根据实验结论和知识链接，结合小车的实际需求提出增大或减小摩擦力的方法，体会小车的制作需要不断地改进。	
	活动三：分析生活中增大或减小摩擦力的例子	4.通过分析日常生活中的例子，意识到人类可以通过不断地改进技术来满足增大或减小摩擦力的需求。	
5.气球能驱动小车吗？（1课时）	活动一：观察气球小车的运动	1.通过观察气球喷气的方向和小车的运动方向，认识反冲力的特点，体会到可以用反冲力作为动力来驱动小车，对研究反冲力和运动产生兴趣。	有些小组在研究计划中选择了把气球作为动力，那气球怎样驱动小车运动呢？这是本课要解决的问题。本节课先让学生观察气球喷气的方向和小车的运动方向，认识反冲力的特点，体会到可以把反冲力作为动力来驱动小车。接着学生通过实验来探究小车运动距离与反冲力大小的关系，加深对"力可以改变物体的运动状态"的理解，提出让气球小车行驶得更远的方法。课后，学生继续改进小车并绘制修改后的小车设计图。
	活动二：让气球动力小车停在指定位置	2.通过实验来探究小车运动距离与反冲力大小的关系，加深对"力可以改变物体的运动状态"的理解，提出让气球小车行驶得更远的方法。	
	活动三：分析、解决问题	3.能分析自己的气球小车存在的问题，通过小组讨论或者向同学、老师请教，尝试提出解决方法，逐步形成自主学习的能力。	

续表

课题	活动	学习目标	设计意图
6.橡皮筋能驱动小车吗？（2课时）	活动一：组装橡皮筋小车	1.能利用老师提供的材料组装橡皮筋动力小车，并用橡皮筋来驱动小车。在此过程中，认识弹力的特点，对研究弹力和运动的关系产生兴趣。	有些学生在研究计划中选择了把橡皮筋作为动力，但是不知道如何把橡皮筋安装到小车上。本课一开始先让学生利用老师提供的材料组装橡皮筋动力小车，了解安装动力的方法。在用橡皮筋驱动小车运动的过程中，认识弹力的特点。接着通过实验来探究"小车行驶距离与橡皮筋缠绕圈数的关系"，加深对"力可以改变物体的运动状态"的理解，为学生改进橡皮筋动力小车提供支持。弹簧测力计利用弹簧伸长、受力大的特点制作而成。学生认识弹力后，接着学习使用弹簧测力计来测量力的大小，掌握弹簧测力计的使用方法，体会到不同的测量工具可以解决不同的现实问题。最后让学生举例说出弹力在生活中的应用，在真实情境中加深对弹力的认识，体会到科学和生活联系密切。课后，学生安装、测试并改进橡皮筋动力小车，绘制修改后的小车设计图。
	活动二：研究"小车行驶距离与橡皮筋在车轴上缠绕圈数的关系"	2.能通过实验来探究小车行驶距离与橡皮筋在车轴上缠绕圈数的关系，加深对"力可以改变物体的运动状态"的理解，提出让橡皮筋动力小车行驶得更远的方法，乐于改进自己的小车。	
	活动三：使用弹簧测力计来测量力的大小	3.通过测量物体的重力大小，学会使用弹簧测力计，体会到不同的测量工具可以解决不同的现实问题。	
	活动四：了解弹力在生活中的应用	4.举例说出弹力在生活中的应用，在真实情境中加深对弹力的认识，体会到科学和生活联系密切。	
7.小车有能量吗？（1课时）	活动一：初步感知运动的小车具有能量	1.通过体验小车撞击手掌和其他物体的活动，初步感知小车运动时具有能量，对运动和能量的关系提出猜测，对研究运动和能量产生兴趣。	课的开始先让学生认识到充气的气球、拉长的橡皮筋都具有能量，释放后可以产生动力来驱动小车前进，再提出本课的核心问题"运动的小车有能量吗"，接着学生体验小车在桌面行驶时撞击手掌的感觉，观察小车在桌面行驶时撞击其他物体所发生的变化，初步感知小车运动时具有能量，对运动和能量的关系提出猜测。然后通过实验来探究"小车行驶速度与能量的关系"，发现小车速度越快，它的能量就越大。最后，举例说明其他物体运动时也有能量，了解日常生活
	活动二：研究"小车的行驶速度与能量的关系"	2.通过对比不同坡度的小车下滑后撞击木块的距离，分析出小车的运动速度不同，具有的能量也不同，形成用事实说话的意识。	

109

续表

课题	活动	学习目标	设计意图
7.小车有能量吗？ （1课时）	活动三：物体工作需要能量	3.通过分析生活中的实例，发现运动的物体都具有能量，形成安全出行、珍爱生命的意识。	中能量存在的不同形式。用运动和能量的关系，来解释生活中的一些规则，形成安全出行、珍爱生命的意识。 课后，学生测试小车的行驶情况，根据存在的问题继续改进小车。填写"运送午餐的小车"介绍书，为下节课的小车展示会做准备。
8.小车展示会 （1课时）	活动一：展示小车	1.能从设计图、设计原理、测试结果等方面写一份介绍书，通过介绍书和实物模型来展示自己的设计思路，意识到可以用多种方式来表达自己的构思。	作为成果展示课，要回归到单元的驱动问题和驱动任务上。本课以"画廊"的形式，让学生借助口头表达、介绍书和实物模型深入了解各组小车的设计思路和制作过程，引导学生根据评价标准对自己以及他人的作品做出全面、合理的评价，学习别人的长处，收集改进建议。
	活动二：评价小车	2.能够按照标准对自己和他人的小车做出全面、合理的评价，收集改进建议，体会根据评价标准进行互评的意义。	
9.单元小结 （1课时）	活动一：补充单元知识思维导图	1.能正确地补充单元知识思维导图，加强知识间的联系，乐于梳理已学知识。	课的开始学生先补充单元知识结构图，对整个单元的学习形成知识网络。接着通过单元习题来检测本单元知识点的掌握程度，让学生关注自己的学习情况。然后根据自己的真实表现填写单元学习评价和绘制雷达图，了解自己的问题解决能力，也为教师提供可靠的目标达成评价证据。最后，学生通过单元反思来回顾自己的学习过程，总结和提炼各种学习策略，提升迁移能力。利用自我诊断，进行积极的自我批判和反省，依靠自己的智慧来发现自身问题，制订相应的解决方案和措施，为今后的学习积累经验。
	活动二：单元检测	2.完成"看看对'运动和力'了解有多少"的习题，检测本单元知识点的掌握程度，关注自己的学习情况。	
	活动三：单元学习评价	3.填写单元学习评价表，根据评价表的自评分数绘制雷达图，了解自己的问题解决能力，客观地评价自己的整体表现。	
	活动四：单元反思	4.通过单元反思来回顾自己的学习过程，找出自己的不足，总结重要的学习经验，感知反思的重要性。	

（八）单元学习成果评价

表4-2-3 "运送午餐的小车"单元学习成果评价

评价内容		1分	2分	3分
按设计图制作（3分）	按照最终设计图制作	没有按照最终设计图制作	部分按照最终设计图制作	全部按照最终设计图制作
制作工艺（3分）	小车部件连接合理，轮子转动灵活	连接不合理，轮子转动不灵活	连接不太牢固，轮子转动较灵活	连接合理，轮子转动灵活
载重量（3分）	小车能承重200克的物品	载重不足100克	载重在100~200克	载重超过200克
稳定性（3分）	物品在运送过程中不掉落	全部掉落	部分掉落	全部不掉落
表达交流（3分）	能清晰地介绍小车的结构和原理，并针对他人的疑惑或建议做出反馈	不能说出原理	对小车的介绍不完整	能完整地介绍并做出反馈
加分项				
定点停车（1分）	能定点停在1米处			
环保性（1分）	用生活中的废弃材料制作小车，动力环保			
美观性（1分）	小车外观整洁、有装饰			

二、"运送午餐的小车"单元学历案设计

致同学们的一封信

亲爱的同学们：

　　自"双减"施行以来，学校开展了午托工作，越来越多的同学留在学校吃午餐和进行午休。每天中午，饭堂的叔叔阿姨们都会忙碌地把每班的饭菜搬运到各班所在的楼层，然后派发到每个班级。搬运午餐的工作不仅辛苦，而且还非常耗时。将午餐搬运到各班所在的楼层后，可以怎样更快地把午餐分发到各个班级呢？怎样解决这个问题呢？可以用小车来帮助我们运送午餐吗？怎样设

计和制作一辆小车？在本单元学习中，同学们将以小车设计师的身份，制作一辆可以运送午餐的经济、环保的动力小车。

在本单元，同学们将学习到：

1. 通过设计并制作"运送午餐的小车"的活动，理解技术与工程涉及明确问题、设计方案、实施计划、检验作品、改进完善、发布成果等要素，具备初步的技术与工程实践能力，具有技术与工程方面的操作兴趣，愿意动手尝试。

2. 通过观察和实验来理解重力、摩擦力、反冲力和弹力对小车运动的作用，能举例说明力可以使物体开始或停止运动，给物体施加力可以改变物体运动的快慢，学会使用弹簧测力计，乐于探究力与运动的关系。

3. 通过实验和分析生活中的实例，说出运动的物体具有能量，认识物体的运动速度不同，具有的能量也不同，形成安全出行、珍爱生命的意识。

以下是本单元的学习内容与课时安排：

表4-2-4　"运送午餐的小车"单元学习内容与课时安排

课题	核心素养	课时	项目成果
1. 单元导学	创新思维、技术与工程实践、自主学习、科学态度	1	无
2. 我是小车设计师	创新思维、技术与工程实践、科学态度	1	小车模型设计图
3. 小车能动起来吗？	具体观念、实际应用、推理论证、科学探究、科学态度	1	无动力小车模型
4. 什么影响了小车的运动？	实际应用、创新思维、技术与工程实践	1	无
5. 气球能驱动小车吗？	具体观念、实际应用、推理论证、创新思维、科学探究、技术与工程实践、科学态度	1	用气球驱动的小车模型
6. 橡皮筋能驱动小车吗？	具体观念、实际应用、推理论证、创新思维、科学探究、技术与工程实践、科学态度	1	用橡皮筋驱动的小车模型
7. 小车有能量吗？	具体观念、实际应用、推理论证、科学探究、科学态度、社会责任	1	改进后的小车模型
8. 小车展示会	创新思维、技术与工程实践、科学态度	1	小车介绍书
9. 单元小结	具体观念、实际应用、自主学习、科学态度	1	无

为了帮助同学们更好地开展本项目的学习，老师有以下的建议：

1. 准备制作小车的材料和工具。可以用生活中常见的材料来制作小车，比如硬纸盒、饮料瓶、气球、橡皮筋、粗吸管、细吸管、小木棒等；工具包括剪刀、透明胶、双面胶、胶水、热熔胶枪等。

2. 每节课都将你在实验中观察到的现象及时地记录在单元学历案上，通过评价和练习，检测自己的学习情况；通过反思，调整自己学习的方法和进度，以便更好地完成单元任务。当遇到问题时，尝试通过查阅资料、实验探究、与同学探讨、寻求家长或老师的帮助等方法来解决问题。

3. 在小组合作中，共同协商分工，确定好每个人的职责，让每个组员都有动手实践的机会。要按时、按要求地完成自己的工作，遇到问题要及时和组员进行沟通，交流讨论时要主动提出自己的想法，认真地倾听他人的发言，共同寻求解决问题的方法。

4. 阅读与车、力与运动相关的科普书籍。例如《汽车博物馆》《DK汽车运转的秘密》《科学探索者：运动、力与能量》《超级科学信息图：力和运动》等。

科学组

第1课　单元导学（1课时）

学习目标

1. 能在驱动情境中提出问题，养成提出问题的习惯，对本单元的学习内容产生兴趣。

2. 能根据单元任务，提出小车的具体要求并制订评价标准，意识到单元任务有设计与制作要求。

3. 能根据小车的评价标准写出要解决的问题，乐于尝试用多种材料、多种思路来提出解决方法，养成在解决问题前先要对问题进行全面思考的习惯。

学习评价

表4-2-5 学习评价表

评价内容	符合	不符合
1.我能针对情境提出问题。（检测目标1）		
2.我能写出单元任务的评价标准。（检测目标2）		
3.我能根据评价标准写出要解决的问题。（检测目标3）		
4.我能根据需要解决的问题写出解决的方法。（检测目标3）		

学习过程

问题1：搬运午餐的工作不仅辛苦，而且还非常耗时。将午餐搬运到各班所在的楼层后，为了能更快地把午餐分发到各个班级，你能提出什么问题？（评价内容1）

_____

问题2：根据单元任务，我们的小车模型有什么具体要求？（评价内容2）

1._____

2._____

问题3：根据这些具体要求，我们需要解决什么问题？怎样解决？（评价内容3、4）

表4-2-6 制作小车模型要解决的问题

需要解决的问题	解决的方法
用什么材料来制作小车模型？	

问题4：在本课中我们完成了解决问题的前3个步骤，接下来还要经历哪些步骤才能最终解决问题？

请按照问题解决的思路，给下面的步骤排序。（在横线上填序号）

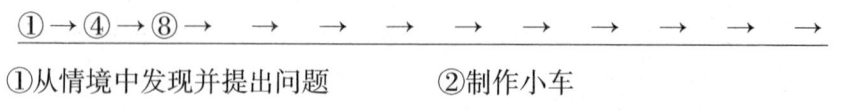

①→④→⑧→____→____→____→____→____→____→____→____

①从情境中发现并提出问题　　②制作小车

③展示评价小车　　④明确小车的具体要求

⑤测试小车，找出存在的问题　　⑥反思过程，总结经验

⑦准备制作小车的材料　　⑧提出小车需要解决的问题

⑨制订设计方案（绘制设计图和小组分工）　⑩改进小车

对"运动和力"了解有多少

1. 下列哪种动力方式可以驱动小车？（　　）

   A. 弹力　　　　　　　　　　B. 重力

   C. 反冲力　　　　　　　　　D. 以上均可

2. 用来测量力的大小的工具是（　　）。

   A. 天平　　　　　　　　　　B. 弹簧测力计

   C. 温度计　　　　　　　　　D. 量筒

3. 关于摩擦力，下列说法中错误的是（　　）。

   A. 物体运动时，接触面会发生摩擦，物体会受到摩擦力

   B. 鞋底上的花纹是为了增大摩擦力

   C. 摩擦力总是对我们的生活有害

   D. 物体滚动时受到的摩擦力比滑动时受到的摩擦力小

4. 关于运动和力，下列说法错误的是（　　）。

   A. 要使静止的小车运动起来需要给小车施加力

   B. 运动的物体具有能量

   C. 要想使小车运动得更快，必须对小车施加更大的力

   D. 小车停下来是因为没有受到任何力的作用

5. 设计并制作一辆小车的步骤是（　　）。

   ①制作小车　②明确小车的用途和具体要求　③改进小车　④测试小车，找出存在的问题　⑤制订设计小车的方案

   A. ①②③④⑤　　　　　　　B. ②③⑤②①

   C. ①⑤②④③　　　　　　　D. ②⑤①④③

课后科学实践

搜集本单元需要使用的材料。

学后反思

在本单元的学习中，可以使用以下的方法来解决问题。（在□中打"√"）

□①询问同学　□②询问家长　□③老师辅助　□④知识链接　□⑤小组讨论
□⑥实验探究　□⑦经验总结　□⑧学习反思　□⑨测试改进　□⑩查询资料
□其他（具体方法）：＿＿＿＿＿＿＿＿＿＿＿＿＿＿＿＿＿＿

第2课　我是小车设计师（1课时）

学习目标

1. 能根据小车模型的具体要求及验收标准，绘制小车模型的设计图，表达自己的创意与构想，养成用成果标准来指导成果设计的习惯。

2. 根据设计、现有材料等因素进行综合考虑，选择制作小车模型的材料，对制作小车有初步计划，培养制订方案的能力。

3. 能根据小车模型的评价标准来评价自己的设计方案，通过评价及时地对设计进行完善，养成自我反思的习惯。

学习评价

表4-2-7　学习评价表

评价内容	符合	不符合
1. 我能针对小车模型的要求，绘制小车模型设计图。（检测目标1）		
2. 我对小车模型的制作有初步规划，结合设计图，写出制作小车模型需要的材料及成本。（检测目标2）		
3. 我能根据评价标准对自己的设计图进行客观的评价。（检测目标3）		

学习过程

前置学习

工程师在设计并制作一个产品时，都会遵循一定的基本步骤，这样能使自己的思路更加清晰（图4-2-3）。

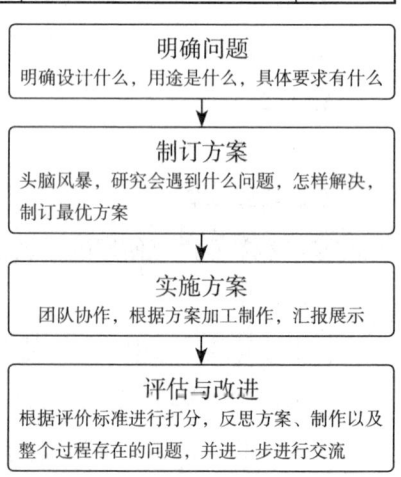

明确问题
明确设计什么，用途是什么，具体要求有什么

↓

制订方案
头脑风暴，研究会遇到什么问题，怎样解决，制订最优方案

↓

实施方案
团队协作，根据方案加工制作，汇报展示

↓

评估与改进
根据评价标准进行打分，反思方案、制作以及整个过程存在的问题，并进一步进行交流

图4-2-3　设计与制作产品的步骤

问题1：怎样设计一辆符合要求的小车？（评价内容1、3）

1. 工程师会借助设计图来说明产品的设计思路，然后根据设计图来制作产品。表4-2-8是A组同学绘制的小车设计图，如果让你按照这个设计图来制作小车，你会有什么疑问？你觉得设计图要包含哪些信息才能让人看得明白？

表4-2-8 小车设计图及修改建议

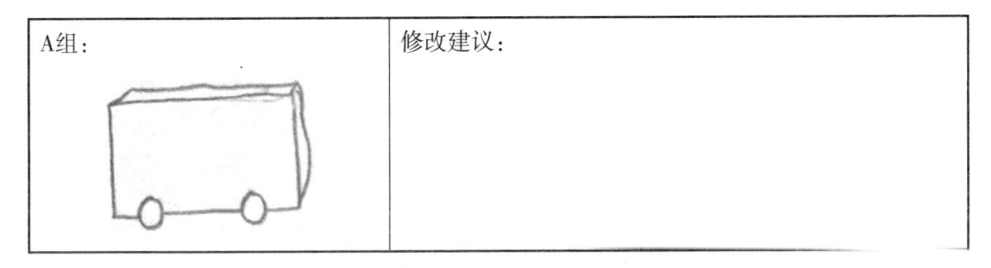

A组：	修改建议：

2. 请你从三个不同的角度来绘制自己的小车设计图，标出各部分的尺寸、材料、动力方式、连接方式。在设计前，请先看看下面的设计图评价标准再绘制设计图（请用铅笔绘图，便于修改）。

表4-2-9 小车设计三视图

从上往下看	
从侧面看	
从底部看	

3. 请根据"小车设计图"的评价标准来对自己的设计图进行评价。

表4-2-10 小车设计图的评价标准

达到标准：★　　无法达到标准：☆

评价标准	评价
能从三个角度绘制小车的设计图	
能标注小车的长度、宽度和高度	
能标注车头、车厢、车轮、车轴	
能标注小车各部分所使用的材料名称	
能标注小车各部分的连接方式	
能标注小车的动力方式、安装位置	

问题2：根据设计，你需要准备哪些材料和工具？（评价内容2）

可供选择的材料和工具：硬纸盒、双面胶、剪刀、热熔胶枪、美工刀（老师使用）、直尺、软尺、打气筒。

提示：可以根据实际需求来修改和补充材料、工具。

表4-2-11 需准备的材料和工具

材料	数量	工具	数量
1.硬纸盒	1个	1.剪刀	1把
2.双面胶	1卷	2.热熔胶枪	1把
		3.美工刀（老师使用）	1把
		4.直尺	1把
		5.软尺	1把
		6.打气筒	1个

练习与检测

1.在绘制小车设计图时，我们应该（　　）。（评价内容1）

A.从多个角度呈现

B.标注各部分的结构、尺寸和所使用的材料

C.标注小车的动力方式、安装位置

D.以上都是

2.下列说法错误的是（　　）。（评价内容1、2）

A.按照设计图去准备制作小车的材料

B.随便找一些材料来制作小车

C.如果制作材料不合适，可以替换

D.制作过程中可以根据需求来修改设计图

课后科学实践

根据自己的设计图来搜集小车的制作材料，制作没有动力的小车。

学后反思

在绘制设计图和选择制作材料时，我_____（填有/无）遇到困难，我遇到的困难是_____。我是这样解决问题的：_____。

我还没解决，我需要的帮助是_____。

第3课　小车能动起来吗？（1课时）

学习目标

1. 通过实验了解重力的作用，知道重力可以使静止的小车运动起来，对研究重力和小车的运动产生兴趣。

2. 通过实验和数据分析，发现改变拉力的大小可以改变小车的运动速度，意识到要把实验数据作为证据，来证明自己的猜测。

3. 举例说明不同类型的车的动力方式，认识到不同的车具有不同的动力方式，体会科技的进步改变了汽车的动力方式。

学习评价

表4-2-12　学习评价表

评价内容	符合	不符合
1. 我能完成实验一，如实记录实验数据并思考问题。（检测目标1）		
2. 我能完成实验二，如实记录实验数据并分析小车运动快慢与拉力大小的关系。（检测目标2）		
3. 我能说出不同类型的车的动力方式。（检测目标3）		

学习过程

知识链接

重力能把地球表面的物体拉向地面。树上的苹果掉下来、抛向空中的皮球总要落回地面、小孩从滑梯上往下滑等，都是由于（　　　）的作用。

问题1：如果把小车放在水平的桌面上，能利用重力让小车动起来吗？

实验1　让小车运动起来（评价内容1）

实验步骤：

1. 按照图示组装材料，并将小车放在起点线处。

2. 保持绳子笔直，在小钩上放一个垫圈，观察小车是否运动起来。

3. 如果小车没有动起来，继续增加垫圈的数量，直到小车刚好运动起来并记录。

(）力

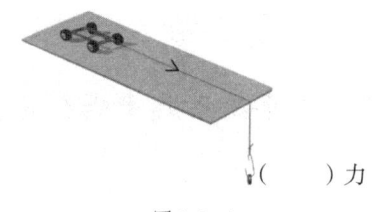

图4-2-4

实验记录：

放_____个垫圈时，小车是静止的；放_____个垫圈时，小车刚好运动起来。

思考并回答：

1. 垫圈为什么能让小车动起来？请你在上图的括号内写出垫圈施加给小车的力的名称，在绳子末端标出力的方向。

2. 是不是只要受到力，小车就会运动起来？□是 □不是

请你举例说明：_____。

问题2：我们已经成功让小车动起来了，那如何让小车运动得更快呢？

实验2 小车运动快慢与拉力大小的关系（评价内容2）

实验步骤：见课本P43。

实验记录：

详见表4-2-13。

表4-2-13 "小车运动快慢与拉力大小关系"实验记录表

拉力大小（垫圈个数）	实验次数	从起点到终点的时间（秒）		小车运动快慢（从快到慢排序1、2、3）
		测量时间	平均时间	
	1			
	2			
	3			
	1			
	2			
	3			

续表

拉力大小（垫圈个数）	实验次数	从起点到终点的时间（秒）		小车运动快慢（从快到慢排序1、2、3）
		测量时间	平均时间	
	1			
	2			
	3			
我的发现	挂的垫圈数量越多，拉力就越_____，小车从起点到终点的时间越_____，小车运动的速度越_____。			

拓展

几千年前，人类就发明了车。你知道哪些类型的车？它们的动力是什么？（评价内容3）

表4-2-14　不同类型车的动力

类型	动力	类型	动力
小推车	人力	马车	

练习与检测

1. 运动员踢足球时想让足球的运动速度变快，应该（　　）。（评价内容2）

A. 大力踢　　　　　　　　　B. 轻轻踢

C. 慢慢踢　　　　　　　　　D. 用脚踩住球

2. 关于力和运动的关系，下列说法错误的是（　　）。（评价内容1、2）

A. 力可以让物体由静止变成运动　　B. 力不能让物体从运动变成静止

C. 力可以改变物体运动的速度　　　D. 力可以改变物体运动的方向

课后科学实践

继续制作、改进小车。

学后反思

通过本课的学习，我知道要想让小车的运动速度变快，可以：_____。

第4课 什么阻碍了小车的运动？（1课时）

学习目标

1. 通过观察、比较小车的运动情况，用摩擦力来解释自制小车运动速度慢、行驶不顺畅的原因，了解物体由静止变成运动时需要克服摩擦力，对摩擦力大小的研究产生兴趣。

2. 通过对比实验来探究小车重量与摩擦力大小之间的关系，根据实验结论和知识链接，结合小车的实际需求提出增大或减小摩擦力的方法，体会小车的制作需要不断地改进。

3. 通过分析日常生活中的例子，意识到人类可以通过不断改进技术来满足增大或减小摩擦力的需求。

学习评价

表4-2-15　学习评价表

评价内容	符合	不符合
1. 我能分析自制小车运动速度慢、行驶不顺畅的原因并提出解决方法，能分析小车由静止变成运动时需要克服摩擦力。（检测目标1）		
2. 我能完成实验，如实记录实验数据，分析出小车重量与摩擦力大小之间的关系，能结合小车的实际需求提出增大或减小摩擦力的方法。（检测目标2）		
3. 我能举例说明生活中增大或减小摩擦力的例子。（检测目标3）		

学习过程

问题1：我们的小车行驶顺畅吗？是什么阻碍了它的运动？（评价内容1）

知识链接一

一个物体在另一个物体的表面运动时，两个物体的接触面会发生摩擦，运动物体往往会受到一种阻碍运动的力，这种力叫作（　　　）。

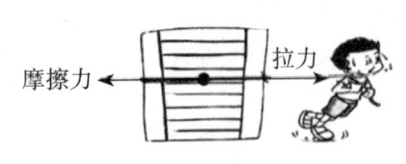

图4-2-5

实验1 比较小车的运动

实验步骤：

把自制的小车和实验室里的小车同时放在斜面顶端，轻轻松手，比较两辆小车的运动情况。

实验记录：

详见表4-2-16。

表4-2-16 "比较小车的运动"实验记录表

小车类型	能否从斜面上冲下来	行驶是否顺畅（评价内容1）
自制小车	□能　□不能	□顺畅　□不顺畅，原因是：
实验室小车	□能　□不能	□顺畅　□不顺畅，原因是：

思考1：小车行驶时，车轴与车身、车轮与地面之间会发生_____，产生阻碍运动的_____。要想让小车行驶得更顺畅，可以_____。

思考2：上节课，我们用了_____个垫圈才能拉动小车，这是因为小车由静止变成运动时需要克服_____。

问题2：摩擦力太小会导致车轮打滑，摩擦力太大会导致小车行驶距离短、速度慢。怎样改变小车运动时受到的摩擦力呢？（评价内容2）

实验2 小车重量与摩擦力大小的关系

实验记录：

详见表4-2-17。

表4-2-17 "小车重量与摩擦力大小关系"实验记录表

小车重量	受到的摩擦力大小（垫圈数量）
载（　　）个钩码时	
载（　　）个钩码时	
载（　　）个钩码时	

通过实验，我发现_____。

知识链接二

摩擦力的大小与接触面的光滑程度有关，接触面越粗糙，摩擦力就越大。

摩擦力的大小与物体的运动方式有关。物体滚动时受到的摩擦力比滑动时受到的摩擦力小。古人利用滚木搬运重物，是为了减小摩擦力，但使用滚木搬运重物很不方便,后来人们发明了轮子,轮子可以看作是移动的滚木。

拓展

生活中,哪些地方需要增大摩擦力?哪些地方需要减小摩擦力?

①轮胎的花纹　②光滑的儿童滑梯　③鞋底的花纹　④行李箱上安装轮子　⑤在机器上滴润滑油　⑥自行车轴承里的滚珠　⑦气垫船　⑧磁悬浮列车　⑨在地板上铺地毯

上述例子的设计或做法中,为了增大摩擦力的有_____,为了减小摩擦力的有_____。(写序号)(评价内容3)

练习与检测

1. 给在冰雪路上行驶的车辆装上防滑链是为了(　　)。(评价内容3)

　　A. 增加动力　　　　　　　　B. 减少动力

　　C. 增大摩擦力　　　　　　　D. 减小摩擦力

2. 滚动着的足球,最终会停下来,主要是由于受到了(　　)。(评价内容1)

　　A. 弹力　　　　　　　　　　B. 滚动摩擦力

　　C. 空气阻力　　　　　　　　D. 反冲力

课后科学实践

根据本课的学习,继续改进自己的小车,给小车安装动力元件。

学后反思(评价内容2、3)

1. 我的小车需要增大摩擦力的地方是_____,需要减小摩擦力的地方是_____。

2. 在制作小车的过程中,我希望得到的帮助是_____。

第5课　气球能驱动小车吗?(1课时)

学习目标

1. 通过观察气球喷气的方向和小车的运动方向,认识反冲力的特点,体会到可以把反冲力作为动力来驱动小车,对研究反冲力和运动产生兴趣。

2. 通过实验来探究小车运动距离与反冲力大小的关系,加深对"力可以改变物体的运动状态"的理解,提出让气球小车行驶得更远的方法。

3. 能分析自己的气球小车存在的问题，通过小组讨论或者向同学、老师请教，尝试提出解决方法，逐步培养自主学习的能力。

学习评价

表4-2-18　学习评价表

评价内容	符合	不符合
1. 我能利用老师提供的材料，把反冲力作为动力来驱动小车。（检测目标1）		
2. 我能观察气体喷出的方向和小车运动方向，分析反冲力的特点。（检测目标1）		
3. 我能分析出小车运动距离与反冲力大小的关系。我能提出让气球小车行驶得更远的方法。（检测目标2）		
4. 我能分析自己的气球小车存在的问题并尝试提出解决方法。（检测目标3）		

学习过程

问题1：有同学尝试用气球来驱动小车，为什么气球能驱动小车运动呢？这个力是怎么产生的？（评价内容1、2）

实验步骤

1. 安装气球动力小车。

2. 观察气球小车的运动。

实验记录

1. 气球里的气体喷出时会产生一个推力，这个推力和气体喷出的方向_____（相同/相反），叫作_____。

2. 气球里的气体喷出的方向和小车的运动方向_____（相同/相反）。

拓展

喷气式飞机、火箭都是靠喷气式发动机产生的反冲力运动的。

我还知道一些反冲力的例子，例如：_____。

问题2：我们已经成功用气球驱动小车，那能让气球动力小车停在指定位置吗？（评价任务3）

实验步骤

1. 测试20、30、40筒气的气球小车行驶的距离，在表4-2-19中做好记录。

2. 推测刚好行驶2米需要_____筒气。

3. 根据推测调整充气量，在表4-2-20中记录几筒气、行驶距离和调整方法。

实验记录：

见表4-2-19和表4-2-20。

表4-2-19　"比较充气量与行驶距离关系"实验记录表

次数		20筒气	30筒气	40筒气
行驶距离	第1次	（　　）米	（　　）米	（　　）米
	第2次	（　　）米	（　　）米	（　　）米
	第3次	（　　）米	（　　）米	（　　）米

表4-2-20　调整充气量实验记录表

次数	几筒气	行驶距离	调整方法
第1次	（　　）筒	（　　）米	
第2次	（　　）筒	（　　）米	
第3次	（　　）筒	（　　）米	

4. 请记录最接近目标的一次成绩：_____米。

通过实验，我发现：充气量越大，_____。

要想让气球动力小车停在指定位置，可以调整_____。

问题3：能用气球来驱动自己制作的小车吗？遇到了什么难题？（评价任务4）

和同学交流制作气球小车遇到的问题，并讨论出具体的解决方法。

知识链接

喷管的粗细也会影响小车行驶的距离。当其他条件相同时，用粗喷管小车行驶的距离更远一些。

练习与检测

1. 要使小车往左开，（　　　）安装方法是对的。这是因为反冲力的方向与气球喷气的方向_____（相反/相同）。（评价内容2）

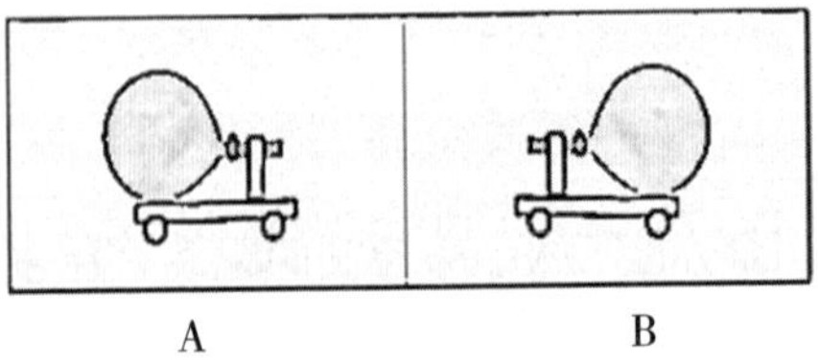

图4-2-6　气球驱动小车示意图

2. 小杰同学给气球充了一筒气，气球小车不能启动，原因是（　　）。（评价内容2、3）

  A.反冲力大于摩擦力　　　　　B.反冲力等于摩擦力

  C.反冲力小于摩擦力　　　　　D.反冲力大于小车受到的重力

课后科学实践

根据本节课所学的知识改进气球小车，在单元学历案中绘制修改后的小车设计图。

学后反思

1. 要想让气球小车行驶得更远，可以这样做：_____（评价任务3）。

2. 我打算这样改进我的气球小车：_____。

第6课　橡皮筋能驱动小车吗？（2课时）

学习目标

1. 能利用老师提供的材料组装橡皮筋动力小车，并用橡皮筋来驱动小车。在这个过程中，认识弹力的特点，对研究弹力和运动的关系产生兴趣。

2. 能通过实验来探究小车行驶距离与橡皮筋在车轴上缠绕圈数的关系，加深对"力可以改变物体的运动状态"的理解，提出让橡皮筋动力小车行驶得更远的方法，乐于改进自己的小车。

3. 通过测量物体的重力大小，学会使用弹簧测力计，体会到不同的测量工具可以解决不同的现实问题。

4. 举例说出弹力在生活中的应用，在真实情境中加深对弹力的认识，体会到科学和生活联系密切。

学习评价

表4-2-21　学习评价表

评价内容	符合	不符合
1. 我能用老师提供的材料组装橡皮筋动力小车，并能让小车运动起来。（检测目标1）		

续 表

评价内容	符合	不符合
2. 我能设计并完成实验，如实记录数据。我能分析数据，找出小车行驶距离与橡皮筋在车轴上缠绕圈数的关系。（检测目标2）		
3. 我会使用弹簧测力计来测量重力的大小。（检测目标3）		
4. 我能举例说出弹力在生活中的应用。（检测目标4）		

学习过程

问题1：橡皮筋是我们身边常见的物品，能将橡皮筋安装在小车上，让小车运动起来吗？

知识链接

橡皮筋如何固定到运送午餐的小车上面？（见图4-2-7）

1. 车尾中心处有可以扣住橡皮筋的装置。
2. 前车轴处有可以扣住橡皮筋的凸出来的东西（车轴套）。 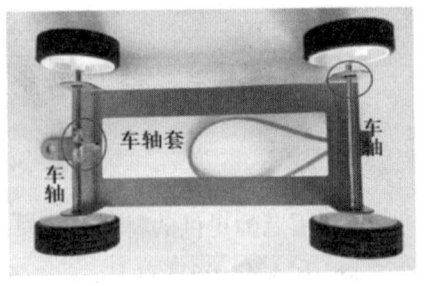
3. 车身和车轴有一定的距离。

图4-2-7 将橡皮筋固定在小车上的方法

实验1 组装用橡皮筋驱动的小车（评价内容1）

实验步骤：见科学书P46。

方法一：逆时针绕　　　　方法二：顺时针绕

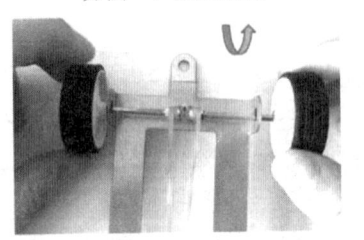

图4-2-8 使小车行驶的方法

实验记录

1. 方法一：逆时针绕，小车向_____（前/后）行驶。顺时针绕，小车向_____（前/后）行驶。

2. 拉长的橡皮筋_____（有/没有）能量，释放后_____（可以/不可以）产生动力。

知识链接

像橡皮筋这样的物体在受到外力作用时，形状很容易发生改变，在形状发生改变时，它们会产生一个要恢复原来形状的力，这个力叫作（　　　）。

问题2：怎样才能使橡皮筋动力小车行驶得更远？橡皮筋小车的行驶距离与橡皮筋在车轴上缠绕的圈数有什么关系？

实验2　小车行驶距离与橡皮筋缠绕圈数的关系（评价内容2）

表4-2-22　"小车行驶距离与橡皮筋缠绕圈数关系"实验记录表

橡皮筋缠绕的圈数	实验次数	从起点到终点的距离（厘米）		小车行驶距离（远、中等、近）
		测量距离	平均距离	
	1			
	2			
	3			
	1			
	2			
	3			
	1			
	2			
	3			
我的发现：橡皮筋缠绕圈数越多，橡皮筋被拉伸的长度越_____，橡皮筋产生的_____，驱动小车行驶的距离越_____。				

技能链接

在研究力和运动时，往往需要知道力的大小，（　　　）就是测量力的大小的一种工具。

活动1　认识弹簧测力计（评价内容3）

1. 观察弹簧测力计的构造，把各部分的名称填写在下图的方框内。慢慢用力地拉挂钩，观察弹簧和指针的变化。观察弹簧测力计的刻度板，明确测力计最大能测量多少牛的力，一大格和一小格表示多少牛的力。

提手

力的单位是（　　）简称（　　），用符号（　　）来表示

用力拉挂钩时，这里会（　　），拉力越大，伸得越（　　）

拉力越大，它的示数（　　）

一大格表示（　　）N 的力
一小格表示（　　）N 的力

从上到下，表示力越来越（　　）

最大能测量（　　）N 的力

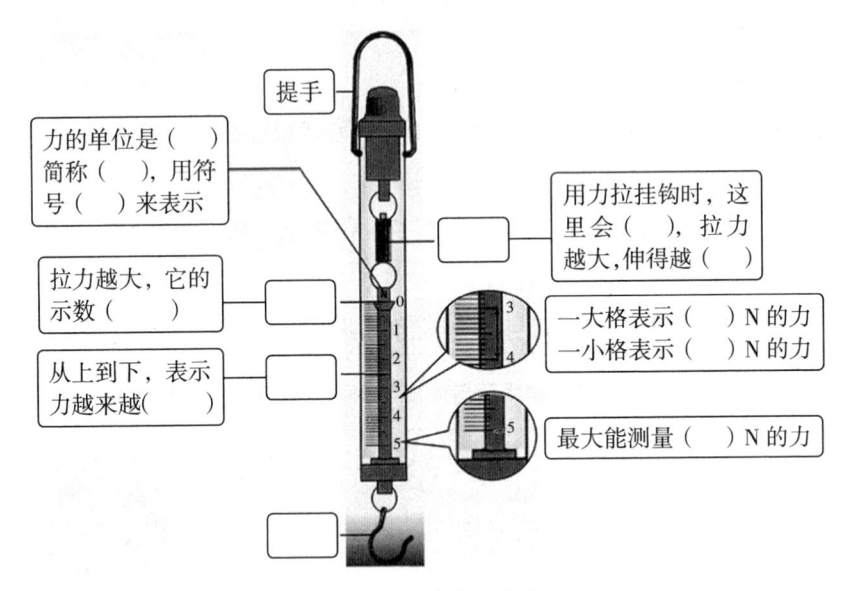

图4-2-9　弹簧测力计

2. 写出图4-2-10中弹簧测力计表示的读数。

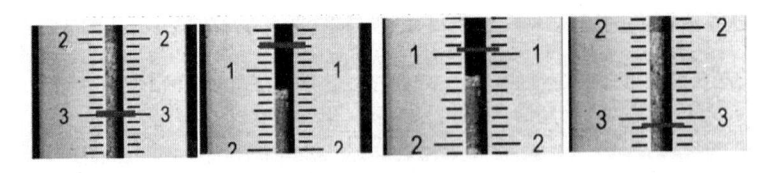

图4-2-10　弹簧测力计的读数

活动2　用弹簧测力计测量重力的大小（评价内容3）

实验步骤： 见科学书P49。

实验要求：（1）每人都要做，轮流做。（2）操作方法正确，读数准确，做好记录。

实验记录：

详见表4-2-23。

表4-2-23 "用测力计测量物体重力"实验记录表

物体名称	估计力的大小（N）	实测力的大小（N）

拓展

生活中哪些地方还有弹力？这些弹力是怎么产生的？（评价内容4）

1. 阅读科学书P50，说说图中的弹力是如何产生的。

2. 举例说明弹力在生活中的其他应用：_____。

练习与检测

1. 要想让小车行驶的距离更远，下列操作可行的是（　　）。（评价内容2）

A. 改变橡皮筋缠绕的方向

B. 增加橡皮筋缠绕的圈数

C. 减少橡皮筋缠绕的圈数

2. 测量力的大小一般用什么工具？（　　）（评价内容3）

A. 天平　　　　　　　　B. 弹簧测力计

C. 温度计　　　　　　　D. 量筒

3. 关于弹簧测力计，下列说法错误的是（　　）。（评价内容3）

A. 使用弹簧测力计前要先检查指针是否指在"0"的位置

B. 所有弹簧测力计的一小格都表示0.1牛

C. 挂钩上的物体的重量增加时，弹簧就会变长

D. 读数时，视线与指针相平

课后科学实践

1. 在小车上安装橡皮筋动力，用橡皮筋产生的弹力来驱动自己制作的小车。

2. 测试小车的行驶情况，根据存在问题继续改进小车。

3. 在"运送午餐的小车"介绍书中绘制修改后的小车设计图。

学后反思

1. 我打算这样改进我的小车：_____。

2. 在改进小车时，我需要得到的帮助是：（例如需要什么材料或者工具？）

第7课 小车有能量吗？（1课时）

学习目标

1. 通过体验小车撞击手掌和其他物体的活动，初步感知小车运动时具有能量，对研究运动和能量产生兴趣。

2. 通过对比不同坡度的小车下滑后撞击木块的距离，分析出小车运动速度不同具有的能量也不同，形成用事实说话的意识。

3. 通过分析生活中的实例，发现运动的物体都具有能量，形成安全出行、珍爱生命的意识。

学习评价

表4-2-24 学习评价表

评价内容	符合	不符合
1. 我能描述运动的小车撞击手和其他物体时观察到的现象。（检测目标1）		
2. 我能分析出小车运动速度和能量的关系。（检测目标2）		
3. 我能举例说明运动的物体具有能量，并能运用运动和能量的关系解释生活中的一些规则。（检测目标3）		

学习过程

问题1：充气的气球、拉长的橡皮筋都具有能量，释放后可以产生动力来驱动小车前进，运动的小车有能量吗？

实验1 运动的小车有能量吗？（评价内容1）

实验步骤：

1. 用力推动小车，让小车在行驶时撞击手掌，体验小车撞击时的感觉，思考原因。

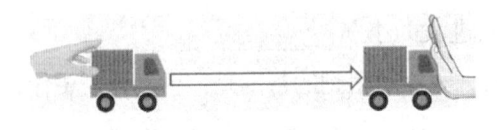

图4-2-11 体验小车撞击手掌

2. 用力推动小车，让小车在行驶时撞击其他物体，观察物体发生的变化，思考原因。

图4-2-12　观察小车撞击其他物体

通过实验，我发现：

（1）用运动的小车撞击手掌时，我的感觉是_____，这是因为_____。

（2）用运动的小车撞击其他物体时，我观察到_____，这是因为_____。

（3）小车运动时_____（具有/没有）能量。

问题2：小车的行驶速度与能量有什么关系？

实验2　小车行驶速度与能量的关系（评价内容2）

实验步骤：见科学书P55。

实验记录：

详见表4-2-25。

表4-2-25　"小车行驶速度与能量关系"实验记录表

坡度	示意图	木块滑行距离（厘米）		平均距离（厘米）
坡度一		第1次		
		第2次		
		第3次		
坡度二		第1次		
		第2次		
		第3次		
坡度三		第1次		
		第2次		
		第3次		

通过实验，我发现：

坡度越大，释放小车时的位置就越高，小车滑到水平面时的速度就越_____，撞击木块后木块滑行的距离就越_____。这说明，小车速度越大，它的能量就越_____。

知识链接（评价内容3）

阅读课本P55的拓展内容，我知道任何物体工作都需要_____。我们的日常生活中存在各种形式的能量，运动的小车、_____、燃烧的蜡烛、_____，都具有能量，能量还储存在_____、_____和一些化学物质中。

我还能举出例子说明其他物体运动时_____（有/没有）能量，例如_____。

生活中对车限速是因为_____。

练习与检测

1. 用橡皮锤敲击音叉时，下列说法正确的是（   ）。（评价内容2）

A. 橡皮锤的能量不会传递给音叉

B. 缓慢、轻轻地敲击时，音叉振动幅度大

C. 缓慢、轻轻地敲击时，音叉具有的能量小

D. 快速、重重地敲击时，音叉发出的声音小

2. 下列物体具有能量的是（   ）。（评价内容3）

A. 奔驰的赛车　　　　　　　B. 呼啸的狂风

C. 发光的灯泡　　　　　　　D. 以上均是

课后科学实践

1. 测试小车的行驶情况，根据存在问题继续改进小车。

2. 填写《运送午餐的小车》介绍书，为下节课的小车展示会做准备。

学后反思

通过本课的学习，我能用运动和能量的关系来解释汽车行驶时要限速的原因：_____。

第8课　小车展示会（1课时）

学习目标

1. 能从设计图、设计原理、测试结果等方面写一份介绍书，通过介绍书和实物模型来展示自己的设计思路，意识到可以用多种方式来表达自己的构思。

2. 能够按照标准对自己和他人的小车做出全面、合理的评价，收集改进建议并对小车进行改进，体会根据评价标准进行互评的意义。

学习评价

表4-2-26　学习评价表

评价内容	符合	不符合
1.我能填写《运送午餐的小车》介绍书，并能向别人介绍自己的小车。（检测目标1）		
2.我能根据评价标准来评价自己的小车（检测目标2）		
3.我能参观、评价其他小组的小车，并提出相应的改进建议。我能搜集其他小组对我的小车的改进建议。（检测目标2）		
4.我能通过"小车展示会"，反思、改进自己的小车。（检测目标2）		

学习过程

小车展示会能让别人了解我的小车的设计原理和测试结果，这样才能对我的小车提出更好的建议，我也能从其他小组学习到更多的经验。怎么向同学们更清晰地介绍我的小车呢？

交流方法：

1. 填写"运送午餐的小车"介绍书，让别人更清晰地了解你的小车。

2. 每个小组派一人留在本组进行讲解。（评价内容1）

3. 小组内的其他组员到其他小组参观别人的小车，并提出相应的改进建议。（评价内容3）

4. 参观完后回小组进行总结、交流。

表4-2-27 "运送午餐的小车"介绍书

最终的小车模型的设计图	从上往下看	
	从侧面看	
	从底部看	
	请根据小车的设计图评价标准来评价自己的小车设计图 达到标准：★　　　　无法达到标准：☆	
	评价标准	评价
	能从三个角度绘制小车的设计图	☆
	能标注小车的长度、宽度和高度	☆
	能标注车头、车厢、车轮、车轴	☆
	能标注小车各部分所使用的材料名称	☆
	能标注小车各部分的连接方式	☆
	能标注小车的动力方式、安装位置	☆
设计原理	小车是依据科学原理来设计的，请写出你的小车各部分设计的依据。例如：制作材料的选择理由、动力方式和安装方法、各部分结构的作用、组装流程等。	
提示：结合设计图和小车，从制作材料、设计原理、车的结构、动力方式、组装流程、测试结果来向同学们介绍你的作品。		

自评和他评

你们小组的小车和其他小组的小车都符合标准吗？请先完成自评，再邀请其他同学进行评价（评价内容2、3）。

表4-2-28 "运送午餐的小车"作品评价表

评价内容	自评	他评	评价内容	自评	他评
按设计图制作	□基本按照 □部分按照 □没有按照	□基本按照 □部分按照 □没有按照	制作工艺	□小车部件连接合理，轮子转动灵活 □部件连接不合理，轮子转动不灵活 □各部件都连接不合理，轮子转动不灵活	□小车部件连接合理，轮子转动灵活 □部件连接不合理，轮子转动不灵活 □各部件都连接不合理，轮子转动不灵活

续 表

评价内容	自评	他评	评价内容	自评	他评
载重量	□大于200g □100～200g □小于100g	□大于200g □100～200g □小于100g	稳定性	□物品在运送过程中不掉落 □物品在运送过程中部分掉落 □物品在运送过程中全部掉落	□物品在运送过程中不掉落 □物品在运送过程中部分掉落 □物品在运送过程中全部掉落
行驶距离	□超过1米 □0.5～1米 □小于0.5米	□超过1米 □0.5～1米 □小于0.5米	表达交流	□能完整介绍并做出反馈 □介绍不完整 □不能说出小车制作的原理	□能完整介绍并做出反馈 □介绍不完整 □不能说出小车制作的原理
加分项	□定点停车：能定点停在1米处 □环保性：用生活中的废弃材料制作小车，动力环保 □美观性：小车外观整洁，有装饰	□定点停车：能定点停在1米处 □环保性：用生活中的废弃材料制作小车，动力环保 □美观性：小车外观整洁，有装饰			

练习与检测

在展示、评价小车时，你认为下列说法正确的是（　　）。（评价内容1、2、3、4）

A. 发现小车的不足，但是不想再改进小车

B. 根据评价标准对小车进行评价

C. 同学的小车做得比较好，故意不进行客观评价

D. 同学给自己的小车提出合理建议时，坚决不接受

课后科学实践

根据今天的展示会，结合同学们的建议继续改进小车。

学后反思（评价内容3、4）

1. 通过"小车展示会"活动，我的收获是_____。

2.我还想这样改进我的小车：_____。

第9课　单元小结（1课时）

学习目标

1.能正确地补充单元知识思维导图，加强知识间的联系，乐于梳理已学知识。

2.通过完成"看看对'运动和力'了解有多少"的习题，检测本单元知识点的掌握程度，关注自己的学习情况。

3.填写单元学习评价表，根据评价表的自评分数绘制雷达图，了解自己的问题解决能力，客观地评价自己的整体表现。

4.通过单元反思来回顾自己的学习过程，找出自己的不足，总结重要的学习经验，感知反思的重要性。

学习过程

根据本单元所学的内容，请补充以下思维导图（见图4-2-13）。

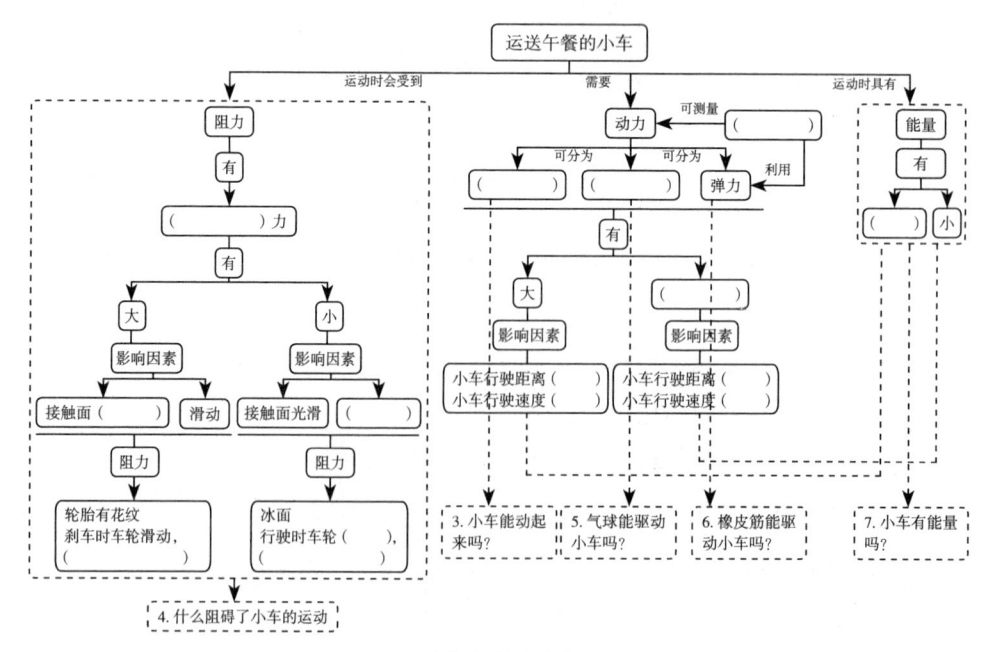

图4-2-13　"运送午餐的小车"单元思维导图

看看对"运动和力"了解有多少（阅读资料后回答问题）

2013年12月15日，中国首辆月球车"玉兔号"顺利抵达月球表面。"玉兔号"月球车的质量为140千克，能源为太阳能，能够耐受月球表面真空、强辐射、零下180℃到零上150℃极限温度等极端环境。月球表面的土壤非常松软且崎岖不平，遍布石块与陨石坑。"玉兔号"月球车的移动分系统具备前进、后退、原地转向、行进间转向、20度爬坡、20厘米越障的能力。为保证巡视器的行驶和越障能力，"玉兔号"月球车使用独特的筛网轮，筛网轮能够尽可能地减轻重量。另外，这个车轮在设计上必须要有很大的接触面积，摩擦系数也要很大，这样它在月球表面才不会陷进去，也不容易打滑。

对于一辆太阳能驱动的设备，月球上没有光照的14天黑夜将是其一大挑战。如果仅仅依靠蓄电池提供能量，探测器将不得不携带大容量电池，而这将带来重量的增加。科研人员创新性地提出了休眠唤醒的概念，让"玉兔号"能够"日出而作，日落而息"。依靠休眠唤醒功能，在月夜来临时，可伸缩的太阳能电池帆板将会收回，把仪器包裹在其中，保证各种仪器不被冻坏。当阳光来临时，月球车将利用剩余电力"自主醒来"，重新展开太阳能电池帆板迎接阳光。

1. "玉兔号"月球车的动力是（　　　）。

　A.太阳能　　　　B.重力　　　　C.反冲力　　　　D.弹力

2. "玉兔号"月球车使用独特的筛网轮，原因不包括（　　　）。

　A.减轻重量　　　　　　　　B.防止月球车陷入松软的土壤里

　C.增大摩擦力　　　　　　　D.减小摩擦力

3. 关于月球车的运动，下列说法错误的是（　　　）。

　A.月球车从静止变成运动时需要力

　B.月球车从运动变成静止时没有受到任何力

　C.动力越大，月球车行驶的速度越快

　D.运动中的月球车有能量

4. 小宇同学制作了一辆月球车模型，他想用弹簧测力计来测量小车运动时受到的摩擦力大小。在使用弹簧测力计时，下列做法错误的是（　　　）。

　A.使用前检查指针是否指在"0"的位置

　B.读数时，视线与指针相平

　C.大力拉扯弹簧测力计的挂钩

D. 测量的力不超过弹簧测力计刻度标出的最大数值

5. 工程师设计制作"玉兔号"月球车的步骤是（　　）。

①制作月球车　②明确月球车的用途和要求　③改进月球车　④准备月球车的制作材料　⑤测试月球车　⑥设计方案

A. ①②③④⑤⑥　　　　　　　　B. ②⑥④①⑤③

C. ④②①③⑥⑤　　　　　　　　D. ⑥④①②③⑤

单元学习评价

请根据评价标准对自己本单元学习的问题解决情况打上自评分数（表4-2-29）。

表4-2-29 "运送午餐的小车"单元问题解决能力评价表

一级维度	二级维度	0分	1分	2分	3分	自评
问题表征	发现问题	不能在情境中提出问题	能在情境中提出1个问题	能在情境中提出2个问题	能在情境中提出3个或3个以上的问题	
	澄清问题	不能写出小车的评价标准	能写出小车的1个评价标准	能写出小车的2个评价标准	能写出小车3个或3个以上的评价标准	
方案制订	拆解问题	不能写出小车需要解决的问题	能写出小车需要解决的1个问题	能写出小车需要解决的2个问题	能写出小车需要解决的3个或3个以上问题	
	方案制订	设计图不符合评价标准	设计图符合1~2个评价标准	设计图符合3~4个评价标准	设计图符合5~6个评价标准	
方案执行	方案试验	不能根据设计图制作小车，在实验和测试中从不收集数据、记录现象	不能根据设计图制作小车，在实验和测试中很少收集数据、记录现象	大部分根据设计图制作小车，在实验和测试中经常收集数据、记录现象	完全根据设计图制作小车，在实验和测试中完整地收集数据、记录现象	
	优化方案	不能根据实验探究和测试结果改进自己的小车，不愿意修改设计图	能根据实验探究和测试结果改进自己的小车，不愿意修改设计图	能根据实验探究和测试结果改进自己的小车，愿意修改设计图	能根据实验探究和测试结果对小车的具体问题提出更优的解决方案，乐于改进自己的小车，能及时地修改设计图	

续 表

一级维度	二级维度	0分	1分	2分	3分	自评
评价反思	成果评价	不能评价小车的最终设计图，不能填写介绍书中的测试结果，没有评价其他小组的小车	能评价小车的最终设计图，能填写介绍书中的测试结果，没有评价其他小组的小车	能评价小车的最终设计图，能填写介绍书中的测试结果，能评价其他小组的小车	能评价小车的最终设计图，能填写介绍书中的测试结果，能合理地评价其他小组的小车并在便利贴上写出具体的建议	
	监督过程	不能填写问题解决思路流程图	能填写问题解决思路流程图1个框的内容	能填写问题解决思路流程图2~3个框的内容	能填写问题解决思路流程图4~5个框的内容	

单元反思

1. 我对本单元的学习：□感兴趣　　□比较感兴趣　　□不感兴趣
2. 写出三个在解决问题过程中用得最多的方法：_____。
3. 在本单元学习中，我最大的进步是_____。
4. 在本单元学习中，我有待提高的地方是_____。

在设计与制作小车的过程中，我们是这样解决问题的：

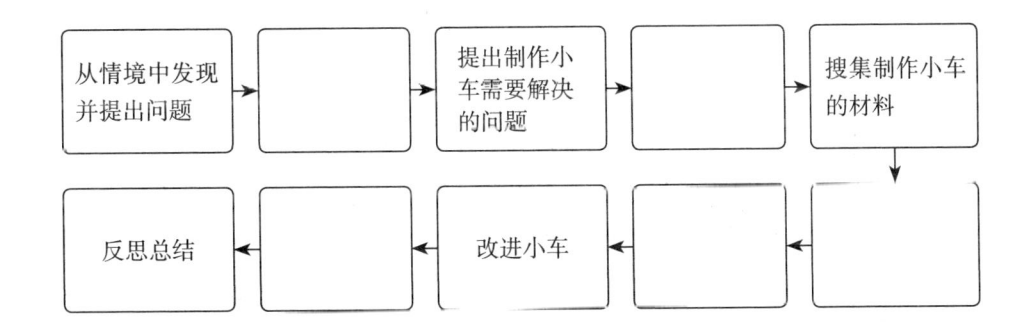

从情境中发现并提出问题 → □ → 提出制作小车需要解决的问题 → □ → 搜集制作小车的材料 → ↓

反思总结 ← □ ← 改进小车 ← □ ←

第三节 "发光礼物"单元学历案设计

一、"发光礼物"单元基本信息

（一）教材版本

教科版《科学》（2020年版）四年级下册"电路"单元。

（二）单元对应的课程标准内容

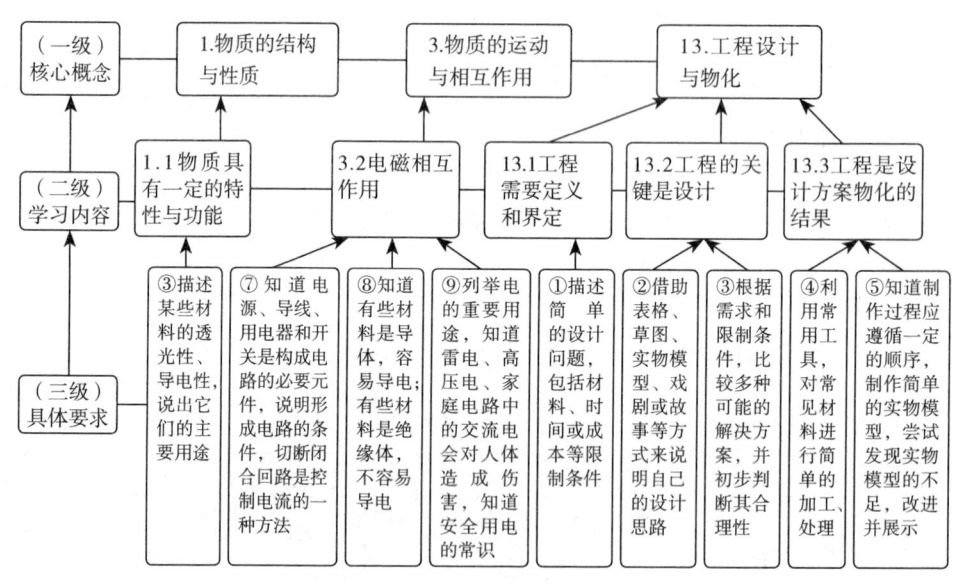

（一级）核心概念	1.物质的结构与性质	3.物质的运动与相互作用	13.工程设计与物化
（二级）学习内容	1.1物质具有一定的特性与功能	3.2电磁相互作用	13.1工程需要定义和界定 / 13.2工程的关键是设计 / 13.3工程是设计方案物化的结果
（三级）具体要求	③描述某些材料的透光性、导电性，说出它们的主要用途	⑦知道电源、导线、用电器和开关是构成电路的必要元件，说明形成电路的条件，切断闭合回路是控制电流的一种方法 ⑧知道有些材料是导体，容易导电；有些材料是绝缘体，不容易导电 ⑨列举电的重要用途，知道雷电、高压电、家庭电路中的交流电会对人体造成伤害，知道安全用电的常识	①描述简单的设计问题，包括材料、时间或成本等限制条件 ②借助表格、草图、实物模型、戏剧或故事等方式来说明自己的设计思路 ③根据需求和限制条件，比较多种可能的解决方案，并初步判断其合理性 ④利用常见工具，对常见材料进行简单的加工、处理 ⑤知道制作过程应遵循一定的顺序，制作简单的实物模型，尝试发现实物模型的不足，改进并展示

图4-3-1 单元对应的课程标准内容

（三）学习对象及学情分析

本单元的学习对象是小学四年级学生。

在学习本单元之前，学生已经从生活经验中学到了一些关于电的知识，知道电的应用广泛，能说出常见电器的名称，懂得一些安全用电的常识，认识一些电路元件的名称，比如电池、导线、灯泡；还知道有些物体会导电，有些物体不会导电。同时基于用电安全的考虑，学生平时对电的研究是比较有限的，因此他们对电很好奇。

小学四年级学生处于形象思维逐步向抽象思维过渡的阶段，和低年级学生相比，具有比较强的自行探究能力，学生在观察能力、思维能力、语言表达能力方面都有了较好的提升，动手操作能力相较低年级学生也有了显著的提升。他们喜欢在自己的探索中获取知识，喜欢在玩中学、在做中学，对周边的事物有越来越多的认识，也对未知产生浓厚的兴趣，有着强烈的学习欲望。但该年龄段的学生自主学习能力比较弱，也不能很好地把学到的科学知识运用于生活中。

（四）单元目标

表4-3-1 "发光礼物"单元目标

科学素养	学习目标
科学观念	1.知道电源、导线、用电器和开关是构成电路的必要元件。 2.能说出形成简单电路的基本条件及控制方法。 3.知道有些材料是导体，容易导电，有些材料是绝缘体，不容易导电，了解它们的主要用途。 4.知道雷电、高压电、交流电会对人体造成伤害，知道安全用电的常识。
科学思维	1.观察并描述构成电路的要素，分析形成电路的条件，找到能点亮小灯泡的共同特征。 2.根据实验现象对电流的流向做出大胆的想象与推测。 3.利用简单电路来比较不同材料的导电性。 4.能根据问题提出假设，并能提供支撑性的证据，通过电路实验来推测"发光礼物"亮与不亮的原因。 5.乐于尝试运用多种思路和方法来制作"发光礼物"，初步形成创新意识。
探究实践	1.会用简单的元件连接简单电路。 2.学会用电路检测器来检测电路中的故障。 3.懂得根据材料的导电性制作开关。 4.能绘制"发光礼物"的设计图，并按图制作。 5.在测试的过程中发现"发光礼物"的不足并进行改进。
态度与责任	1.能在探究过程中描述现象并如实记录。 2.能在动手连接电路等活动中，耐心操作、反复检查。 3.关注生活中电的重要作用。 4.对制作"发光礼物"产生操作兴趣，愿意动手实践。

（五）单元内容框架

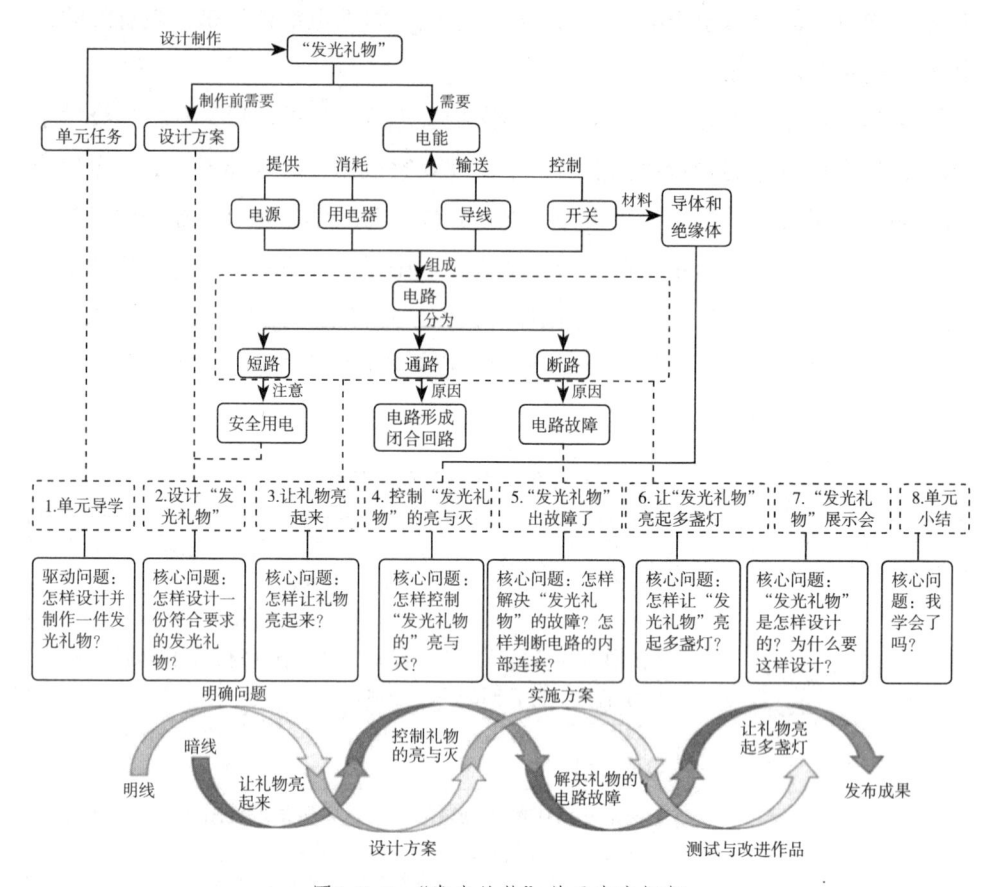

图4-3-2 "发光礼物"单元内容框架

（六）单元课时

一共8课，分9个课时，每课时40分钟。

（七）学习活动设计

表4-3-2 "发光礼物"单元学习活动设计表

课题	活动	学习目标	设计意图
1.单元导读（1课时）	活动一：提出问题	1.能在情境中发现问题，提出"点亮心中的梦的礼物"的设想，养成提出问题的习惯。	先出示驱动任务情境，然后让学生围绕"发光礼物"提出相关问题，帮助学生养成提出问题的习惯。

续 表

课题	活动	学习目标	设计意图
1.单元导读（1课时）	活动二：制订评价标准	2.通过小组讨论，能根据送礼物的对象、礼物的功能和运送的实际情况制订发光礼物的评价标准，意识到单元作品有设计与制作要求。	接下来学生根据送礼物的对象、礼物的功能和运送的实际情况等提出"发光礼物"的标准，紧接着思考制作一份"发光礼物"需要解决的问题并提出解决方法。梳理清楚上述这些内容后，学生会主动去思考"我要设计什么样的发光礼物""怎样点亮我的发光礼物"等问题。
	活动三：提出解决问题的方法	3.能根据"发光礼物"的评价标准，提出要解决的问题及解决的方法，明确解决问题的步骤。养成在解决问题前先要对问题进行全面思考的习惯。	
2.设计"发光礼物"（1课时）	活动一：绘制设计图	1.能根据评价标准，用图文结合的方式来绘制"发光礼物"的设计图，养成用成果标准来指导方案制订的习惯。	先让学生回忆设计、制作的基本步骤，再让学生绘制"发光礼物"的设计图，并标明使用的材料和标出灯亮的地方，学会采用图文结合的方式来表达自己的创意与构想。最后通过知识链接和做练习的方式，学生可以对"电"在生活中的应用、现象和安全用电有大致的了解，从而让学生认识到电是重要的能源，改变着我们的生活，形成安全用电的意识。课后为学生提供一些作品来参考，打开他们的设计思路。
	活动二：安全用电	2.在本单元实验中能列举电的重要用途，形成生活中安全用电的意识。	
3.让礼物亮起来（2课时）	活动一：认识电器元件	1.能通过阅读知识链接来获取信息，认识电源、导线、用电器和开关是构成电路的必要元件，逐步培养自主学习的能力。	本课要解决的问题是如何让礼物亮起来。课上先引导学生说出用到的电器元件，让学生认识灯泡、电池和导线的结构。紧接着根据电器元件的结构，猜想可能点亮小灯泡的连接方式并记录在学历案上。然后用实验去检验，最终总结点亮小灯泡的关键。同时也让学生建构短路和断路的概念。学生在点亮小灯泡的过程中，会发现导线与电池、灯泡之间的连接不稳固，提供电池盒、灯座等材料，让学生先认识它们的结构，再用这些材料来制作发光树。
	活动二：点亮小灯泡	2.在点亮小灯泡的探究中，能概括形成电路的条件，并能运用闭合回路的原理来点亮发光礼物，形成运用科学原理对现象进行分析的意识。	
	活动三：认识电池座和灯座的结构	3.能利用电池盒、灯座等电器元件，解决"发光礼物"电路中器元件稳固连接的问题，提升动手实践能力。	

145

续 表

课题	活动	学习目标	设计意图
3.让礼物亮起来（2课时）	活动四：点亮发光树	4.会用简易符号来表示一个电路的不同部分，能画出"发光礼物"的简易电路图，体验运用电路知识设计并制作发光礼物的乐趣。	制作前先画简易电路图再进行连接，不仅能进一步强化闭合回路的概念，还能让学生体验运用电路知识设计并制作发光树的乐趣，为"发光礼物"的成功制作奠定基础。
4.控制"发光礼物"的亮与灭（1课时）	活动一：观察开关	1.在小组合作探究中，知道有些材料是导体，容易导电；有些材料是绝缘体，不容易导电，并能运用材料的导电性对开关各部分的材料进行选择，意识到材料的选择具有一定的科学原理。	学生在制作的过程中会发现灯泡一直亮着，电池很快就没电了，因此需要想办法来控制灯泡的亮灭，也就是控制电路。怎样制作开关？开关用什么材料来做？这就涉及导体和绝缘体的学习。在选择材料、动手制作的过程中，学生建构起导体、绝缘体的概念。紧接着给发光树的电路增加开关，让学生再一次运用导体与绝缘体的概念，来选择合适的材料制作开关，并进行发光树电路的连接，再一次强化"闭合回路"的概念，学生更易理解开关控制电路的原理其实就是连接或切断了闭合回路。课的最后，让学生认识生活中更多类型的开关，了解不同开关控制电路的原理，为学生提供制作创意开关的思路，帮助学生养成用多种方法来解决问题的习惯。
	活动二：认识导体和绝缘体	2.通过观察，认识开关的结构，能说出各部分使用导体和绝缘体的原因，能运用开关控制电路的原理为发光树增加一个开关，解决长期亮灯导致电池很快没电的问题，提升动手实践能力。	
	活动三：制作开关	3.交流生活中开关的应用，感受开关为人类的生活带来便利，能用多种材料和方法为"发光礼物"制作一个合适的开关，养成用多种方法来解决问题的习惯。	
5."发光礼物"出故障了（1课时）	活动一：哪里出了故障	1.在合作探究中，认识排除故障电路的多种方法，学会用多种方法来解决问题。	在制作过程中，有些学生的"发光礼物"会出现灯不亮的情况，"哪里出了故障"是学生常遇到的问题。这节课就引导学生使用多种方法来排除故障电路，并通过小组合作自制电路检测器来检测电路故障。"发光礼物"通常为了美观而隐藏电路，电路是内置的，这个时候又如何检测内部电路呢？由此开展了检测接线盒内部电路的活动。
		2.能小组合作制作一个电路检测器来检测并排除"发光礼物"电路中的故障，体会到小组合作的重要性。	
	活动二：里面是怎样连接的	3.尝试用电路检测器来检测接线盒内部电路的连接情况，并根据实验结果推测内部电路的连接情况，能运用该方法来检查隐藏电路的"发光礼物"的故障。	

续 表

课题	活动	学习目标	设计意图
6. 让"发光礼物"亮起多盏灯（1课时）	活动一：认识新型电器元件	1.能通过阅读知识链接来获取信息，认识导线胶布、纽扣电池、发光二极管等新型电器元件，并使用这些新型电器元件连接一个简单电路。在活动中逐步培养自主学习的能力。	在学生原来的设计中，有些同学想要点亮多盏灯，那如何让礼物亮起多盏灯呢？教师给学生提供新型的材料，认识了这些新型材料后，学生尝试用新型材料来点亮更多的灯。这不仅可以让学生学会使用不同的材料来制作"发光礼物"，还学会了不同的电路连接方法，开拓了学生的思路。通过画简易电路图，学生会发现电路有不同的连接方式，并通过分析电流的流动，深化学生对闭合回路的认识。
	活动二：不同的连接方式	2.能根据"发光礼物"设计的需求，画简易电路图，尝试运用多种方法让"发光礼物"亮起第二盏灯，养成用不同思路来解决问题的习惯。	
7."发光礼物"展示会（1课时）	活动一：制作发光礼物说明书	1.能根据自己的"发光礼物"的实际情况从原理、操作方法、设计图等方面来写一份说明书，认识到说明书的作用。	通过与"发光礼物"的说明书，帮助学生梳理单元的知识。其中，绘制设计图和写发光原理可以帮助学生深化对电路的认识。引导学生根据评价标准对自己的作品以及他人的作品进行评价，学习他人的长处。通过小组交流评价，收集他人的建议并改进自己的"发光礼物"。
	活动二：展示与评价	2.能根据评价标准对自己的"发光礼物"进行自评，并写出待改进的方面，体会到根据标准进行自评和互评的意义。 3.在小组交流评价中，能够与他人介绍自己的"发光礼物"并乐于倾听他人的观点，改进和完善自己的"发光礼物"，初步形成交流、反思和评价探究过程和结果的意识。	
单元小结（1课时）	活动一：补充单元知识结构图	1.能正确地补充"电路"知识思维导图，养成梳理、强化知识之间的联系的习惯。	借助单元知识结构图，帮助学生梳理本单元的学习过程及电的知识，通过习题来检测本单元的学习效果，最后对本单元解决问题的能力进行评价。同时也要通过单元反思来回顾自己的学习过程，总结问题解决中使用的思路和方法。对于自己的不足，制订相应的解决方案和措施，为今后的学习积累经验。
	活动二：单元检测	2.通过"对'电'知识知多少"的习题练习，关注自己对本单元科学概念的掌握情况。	
	活动三：单元评价	3.利用单元学习评价表来客观地评价自己的整体表现，了解自己的问题解决能力的情况。	

续 表

课题	活动	学习目标	设计意图
单元小结（1课时）	活动四：单元反思	4.通过对本单元的学习过程和结果进行反思，总结解决问题的方法，养成良好的反思习惯。	

（八）单元学习成果评价

表4-3-3 "发光礼物"单元学习成果评价表

评价内容		1分	2分	3分
科学性	各部分材料连接稳固，没有出现短路现象，开关可以达到控制电路的效果。	没有短路，开关不能控制电路。	没有短路，开关可以控制电路。	各部分材料连接稳固，没有短路，开关可以控制电路。
表达交流	能介绍"发光礼物"的特点及设计原理，并能对别人的疑惑或建议做出反馈。	不能介绍"发光礼物"的特点及设计原理，也不能对别人的疑惑或建议做出反馈。	能粗略地介绍"发光礼物"的特点及设计原理，并能对别人的疑惑或建议做出简单反馈。	能流利地介绍发光礼物的特点及设计原理，并能对别人的疑惑或建议做出详细反馈。

附加分			
	配有说明书（1分）	创新性（1分）	美观性（1分）
	说明书包含作品设计图和简易电路图、原理、操作方法，图文并茂，排版合理。	作品能突出主题，能根据礼物的造型来设计与安装电路。	作品外表有一定的设计且美观，色彩和谐，能很好地隐藏导线、电池等元件。

二、"发光礼物"单元学历案设计

致同学们的一封信

亲爱的同学们：

我校和梅州的学校开展结对帮扶活动，想让同学们在六一儿童节时给梅州学校的同学们送上一份能点亮他们心中的梦的创意礼物，让他们的梦想发光、发热。你能根据情境设计并制作一份"发光礼物"吗？在本单元的学习中，同学们将自己动手设计并制作一份会发光的礼物。

在本单元，同学们将学习到：

1.能通过查阅资料、微视频、科学实验等方式，认识常见的电学材料电源、导线、用电器和开关，能说明形成简单电路的基本条件和控制方法，区分导体与绝缘体，运用闭合回路的原理设计并制作发光礼物，并尝试运用多种材料、多种思路、多种方法来优化、改进"发光礼物"，初步树立电是日常生活中不可缺少的一种能源的科学观念。

2. 能在动手连接电路、知识链接学习等活动中，关注生活中电的重要作用，列举电的重要用途，养成安全用电的意识。

3. 在师生合作下，能提出想要探究的问题，共同制订"发光礼物"的评价标准，依据评价标准绘制"发光礼物"的设计图，能根据制订的计划来制作"发光礼物"；能依据评价标准来评价自己和他人的"发光礼物"，反思和调整自己的"发光礼物"的设计与制作，同时也要对整个项目过程进行反思，全面提升问题解决的能力。

以下是本单元的学习内容与课时安排。

表4-3-4 "发光礼物"单元学习内容与课时安排

课题	核心素养	课时	阶段成果
1.单元导读（1课时）	创新思维、科学探究、科学态度	1	无
2.设计"发光礼物"（1课时）	具体观念、创新思维、科学探究、科学态度	1	"发光礼物"设计图
3.让礼物亮起来（2课时）	具体观念、科学本质、模型建构、推理论证、科学探究、自主学习、科学态度	2	"发光礼物"1.0作品
4.控制"发光礼物"的亮与灭（1课时）	具体观念、科学本质、推理论证、创新思维、科学探究、科学态度	1	为"发光礼物"增加开关
5."发光礼物"出故障了（1课时）	具体观念、推理论证、科学探究、科学态度	1	修复有故障的"发光礼物"
6.如何让"发光礼物"亮起多盏灯（1课时）	具体观念、模型建构、推理论证、科学探究、科学态度	1	亮起多盏灯的"发光礼物"
7."发光礼物"展示会（1课时）	科学探究、技术与工程实践、科学态度	1	"发光礼物"说明书、"发光礼物"2.0作品
8.单元小结（1课时）	科学探究、技术与工程实践、科学态度	1	无

为了帮助同学们更好地开展本单元的学习，老师有以下的建议：

第一，提前准备一些与电路相关的材料，包括电池、灯泡、开关、导线、纽扣电池、导线胶布、二极管（LED灯）等。充足的材料可以让我们更好地制作"发光礼物"。

第二，阅读与电相关的科普书籍，例如《电的科学史》《强大的电世界》《小牛顿科学馆——电》等。

第三，每节课都将你在实验中观察到的现象及时地记录在"发光礼物"单元学历案上，通过评价和练习，检测自己的学习情况；通过反思，调整自己学习的方法和进度，以更好地完成单元任务。当遇到问题时，尝试通过查阅资料、实验探究、与同学探讨、寻求家长或老师的帮助等方法来解决问题。

第四，在小组合作中，共同协商分工，确定好每个人的职责，让每个组员都有动手实践的机会，遇到问题要及时和组员沟通，交流、讨论时能够主动提出自己的想法，倾听他人的发言，共同寻求解决问题的办法。

让我们开启一段奇妙的科学之旅吧！

科学组

第1课 单元导学（1课时）

学习目标

1. 能在情境中发现问题，提出"点亮心中的梦的礼物"的设想，养成提出问题的习惯。

2. 通过小组讨论，能根据送礼物的对象、礼物的功能和运送的实际情况提出"发光礼物"的评价标准，意识到单元作品有设计与制作要求。

3. 能根据"发光礼物"的标准，提出要解决的问题及解决的方法，养成在解决问题前先要对问题进行全面思考的习惯。

学习评价

表4-3-5 学习评价表

评价内容	符合	不符合
1.我能在情境中发现问题并针对情境提出问题。（检测目标1）		
2.我能写出单元任务的3~4个评价标准。（检测目标2）		
3.我能根据"发光礼物"的评价标准写出要解决的问题及解决的方法。（检测目标3）		

学习过程

问题1：亲爱的同学们，我校正在和梅州的学校开展结对帮扶活动，想让同学们在六一儿童节时给梅州学校的同学们送上一份能点亮他们心中的梦的创意礼物，让他们的梦想发光、发热，对于符合标准的礼物你能提出什么问题？（评价内容1）

知识链接

在接下来的学习中，同学们可能会用到电，电是谁提供的呢？我们要用到哪些材料来供电呢？让我们一起来了解这些知识。

电是生产和生活的重要能源。生活中使用的电都是由电源提供的，像电灯、电视机等都是发电厂供电的，而像手机、石英钟等则是由_____供电的。

问题2：根据单元任务，我们的"发光礼物"有什么具体要求？（评价内容2）
提示：可以从原理、美观、创意等方面来提要求。

问题3：根据这些具体要求，我们需要解决什么问题？怎样解决？（评价内容3）

表4-3-6　制作"发光礼物"要解决的问题

需要解决的问题	解决的方法
1.发光礼物应该包含哪些材料？ 灯泡、电池、_____	

问题4：在本课中我们完成了解决问题的前3个步骤，接下来还要经历哪些步骤才能最终解决问题？

请按照问题解决的思路，给下面的步骤排序，将序号填写在下面的横线上。
①从情境中发现问题　②改进"发光礼物"　③明确"发光礼物"的具体标准
④反思、总结经验　⑤制作"发光礼物"
⑥提出制作"发光礼物"需要解决的问题
⑦展示、评价"发光礼物"，发现存在的问题
⑧制订发光礼物的方案（绘制"发光礼物"设计图和小组分工）

①→③→⑥→_____→_____→_____→_____

对"电"了解有多少

1. 如图4-3-3所示,观察小明制作的"发光礼物"雏形,①②③④代表的电路元件分别是(　　)。

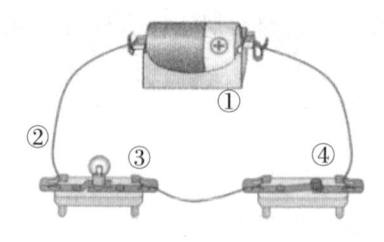

图4-3-3　小明的"发光礼物"雏形

A. 电源、导线、开关、用电器　　　B. 电源、用电器、导线、开关

C. 电源、导线、用电器、开关　　　D. 用电器、导线、开关、电源

2. 下列电池、导线和灯泡的连接方式中,(　　)能点亮小灯泡。

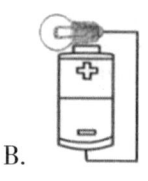

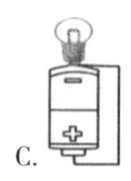

A.　　　B.　　　C.　　　D.

3. 电路中的小灯泡不亮了,换了一节电池,小灯泡又亮了,这是因为(　　)。

A. 导线内的铜丝断了　　　B. 电池没电了

C. 小灯泡坏了　　　D. 电路中开关的金属片接触不良

4. 下列做法,属于安全用电的是(　　)。

A. 用湿布清洁开关　　　B. 靠近变压器以及裸露的电线

C. 移动电器时切断电源　　　D. 直接用家里插座中220伏的电做实验

5. 下列装置中,能做开关的一组是(　　)。

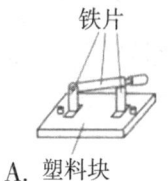

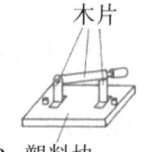

A. 塑料块　　　B. 塑料块　　　C. 铁块　　　D. 铁块

课后科学实践

搜集本单元需要使用的材料。

学后反思

在本单元的学习中，可以使用以下方法来解决问题。（在□中打"√"）

□①询问同学　□②询问家长　□③老师辅助　□④知识链接

□⑤小组讨论　□⑥实验探究　□⑦经验总结　□⑧学习反思

□⑨测试改进　□⑩查阅资料　□其他（具体方法）：_____

第2课　设计"发光礼物"（1课时）

学习目标

1. 能根据评价标准，用图文结合的方式来绘制发光礼物的设计图，养成用成果标准来指导方案制订的习惯。

2. 在本单元实验中能列举电的重要用途，养成安全用电的意识。

学习评价

表4-3-7　学习评价表

评价内容	符合	不符合
1.我能根据评价标准，采用图文结合的方式绘制发光礼物的设计图。（检测目标1）		
2.我能说出一些基本的安全用电知识。（检测目标2）		

学习过程

制作"发光礼物"属于一项工程，工程师在制作产品时是这样做的（图4-3-4）：

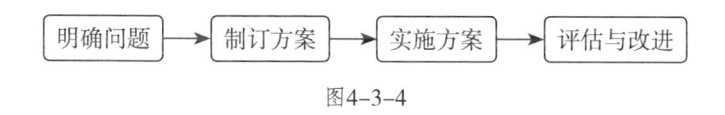

明确问题 → 制订方案 → 实施方案 → 评估与改进

图4-3-4

问题1：工程师在制作前都要先绘制设计图。你能根据评价标准和自己的想

法绘制出"发光礼物"的设计图吗？（评价内容1）

提示：设计图要图文并茂，标明使用的材料，还要记得标出灯的位置。

"发光礼物"的主题：_____

```
┌─────────────────────────────────┐
│                                 │
│              设计图              │
│                                 │
│                                 │
└─────────────────────────────────┘
```

问题2：让"发光礼物"发光需要用到电，电是一种重要能源，同时也有一定的危险性，你知道哪些安全用电的小知识吗？（评价内容2）

知识链接

电不但能发光、发热，还是我们生活和生产中的重要能源。我们不仅要节约用电，更要安全用电，让我们一起来了解安全用电的知识。

用电安全提示：

1. 墙壁插座内的电，是发电厂通过电网输送到各家各户的，一旦触及，能引发事故、致人死亡，所以千万不能直接触摸！

2. 不能用插座中的电做任何实验！

3. 不要靠近变压器以及断开或裸露的电线。

检测与练习（评价内容2）

1. 在设计并制作"发光礼物"的过程中，下列（　　）的做法是不对的。

A. "发光礼物"需要电池给它供电，让它亮起来

B. 在制作"发光礼物"之前我们要先绘制设计图

C. "发光礼物"可以使用插座中的电来让它亮起来

D. 不能用湿的手去触碰"发光礼物"的电路

2. 安全用电很重要。下列做法哪些是正确的？请在相应的□里打"√"。

□用湿手触摸开关　　□不靠近变压器　　□看到裸露的电线后报告给家长

□用干电池做实验　　□边充电，边使用手机　　□不碰墙壁插座内的电线

课后科学实践

课后按照设计图尝试制作你的"发光礼物"。

学后反思

1. 在制作前我们需要绘制设计图，这是为了让自己对学习成果有全面的规划，同时也方便与同学们交流想法。

2. 在与同学交流以及参考资源包中的资料后，最终确定你的"发光礼物"的外观设计和亮灯的地方。

第3课　让礼物亮起来（2课时）

学习目标

1. 能通过阅读知识链接来获取信息，认识电源、导线、用电器和开关是构成电路的必要元件，逐步培养自主学习的能力。

2. 在点亮小灯泡的探究中，能概括形成电路的条件，并能运用闭合回路的原理点亮"发光礼物"，形成运用科学原理对现象进行分析的意识。

3. 能利用电池盒、灯座等电器元件，解决"发光礼物"电路中电器元件稳固连接的问题，提升动手实践能力。

4. 会用简易符号表示一个电路的不同部分，能画出"发光礼物"的简易电路图，体验运用电路知识设计并制作"发光礼物"的乐趣。

学习评价

表4-3-8　学习评价表

评价内容	符合	不符合
1.我能说出电池、导线和小灯泡各部分的结构和作用。（检测目标1）		
2.我能画出点亮小灯泡的连接方式，并能写出让礼物发光的方法。（检测目标2）		
3.我能写出电池盒和灯座的结构，并将其连接到"发光礼物"的电路中点亮发光树。（检测目标3）		
4.我能画出"发光礼物"的简易电路图。（检测目标4）		

学习过程

问题1：发光礼物的核心材料就是电器元件，那让礼物发光需要哪些电器元件？（评价内容1）

1. 认识电器元件

提示：阅读课本P24，写出灯泡各部分的名称（见图4-3-5）。

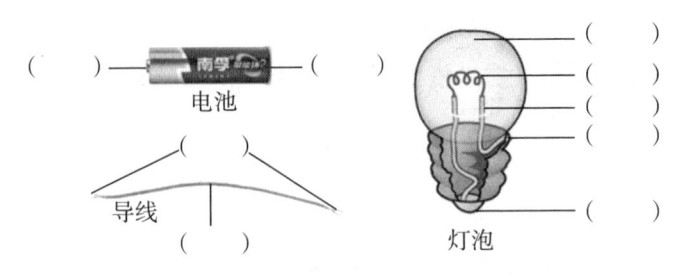

图4-3-5 认识电器元件

想一想：电池、导线、小灯泡各部分的结构有什么作用？

问题2：我们已经知道了"发光礼物"需要哪些电器元件，那电器元件怎样连接才能让礼物发光呢？（评价内容2）

2. 先猜想可能点亮小灯泡的连接方式，画在表格中，导线用"—"来代替。再进行检测，小灯泡亮的打"√"，不亮的打"×"。

表4-3-9 点亮小灯泡的连接方式

序号	①	②	③	④	⑤	⑥	⑦
连接方法							
猜想							
实际结果							

知识链接

电路连接时请避开以下连接方式——短路。

当导线直接与电池的正负极相连，而没有经过小灯泡时，就会造成短路（见图4-3-6）。短路时电池中的电会很快消耗完，并且电池还会在一瞬间发热变烫，甚至可能会发生爆炸。

安全提示

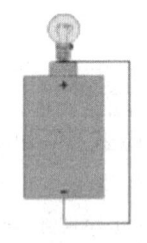

图4-3-6 短路

问题3：我们已经尝试让礼物发光，但是连接处非常容易断开，那有哪些电器元件可以让电路稳固连接呢？（评价内容3、4）

知识链接

灯座是指固定灯的位置和使灯触点与电源相连接

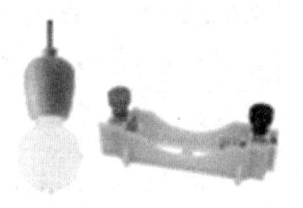

图4-3-7 灯座

的电子器件。

电池盒是用来固定电池,方便与电源连接的电子器件。

3.电池盒和灯座分别有哪些结构?请选择合适的词语写在方框中。

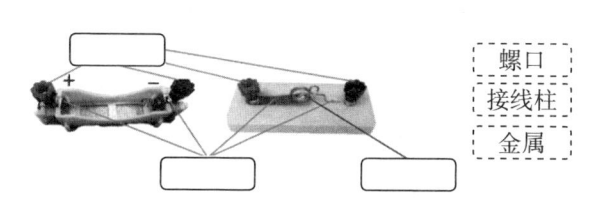

> 螺口
> 接线柱
> 金属

图4-3-8 电池盒和灯座结构图

问题4:电池盒和灯座能使电路连接得更稳固,那它们怎样连接才能让"发光礼物"亮起来呢?

4.试一试:使用这些电器元件可以让发光树亮起来,把你的想法画出来。

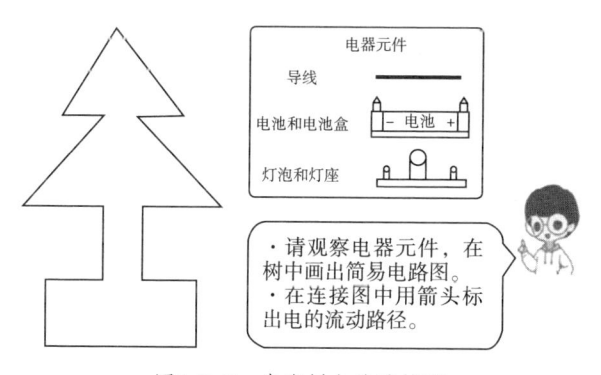

电器元件
导线
电池和电池盒
灯泡和灯座

· 请观察电器元件,在树中画出简易电路图。
· 在连接图中用箭头标出电的流动路径。

图4-3-9 发光树电路连接图

5.请根据以上电路连接图尝试制作发光树。

6.评一评:在制作发光树的过程中,请根据实际情况在对应的□中打"√"。

□是按图制作　　□不是按图制作
□灯泡正常发光　□灯泡不能正常发光

检测与练习

观察下面的连接图,哪些能点亮小灯泡,哪些不能点亮小灯泡?请在横线处打"√"或打"×"。(评价内容2)

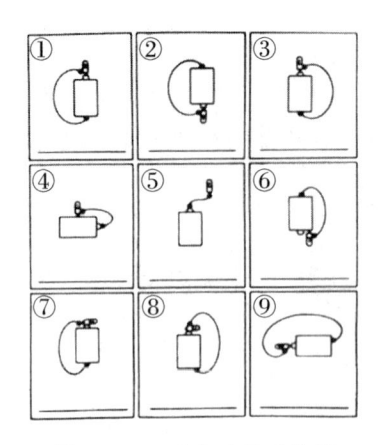

图4-3-10　小灯泡的连接图

课后科学实践

1. 课后尝试用实验室的电器元件或新型电器元件连接电路，让你的礼物发光。

2. 使用新型材料的同学可以先自学第六课的问题1，了解新型材料的知识。

学后反思

1. 为了让我的礼物发光，必须要用到的材料有_____。（评价内容1）

2. 让礼物中的灯泡亮起来的方法是_____。（评价内容2）

3. 通过学习，我知道发光树电路中的电流先后流经的电器元件是（评价内容2）：

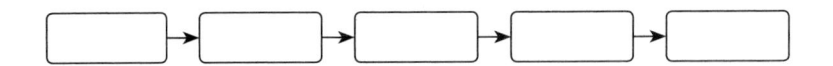

☐ → ☐ → ☐ → ☐ → ☐

4. 对照"发光礼物"的评价标准，你的"发光礼物"还需要实现什么功能？

第4课　控制"发光礼物"的亮与灭（1课时）

学习目标

1. 在小组合作探究中，知道有些材料是导体，容易导电；有些材料是绝缘体，不容易导电，并能运用材料的导电性对开关各部分的材料进行选择，意识到材料的选择具有一定的科学原理。

2. 通过观察，认识开关的结构，能说出各部分使用导体和绝缘体的原因，并能运用开关控制电路的原理为发光树增加一个开关，解决长期亮灯导致电池很快没电的问题，提升动手实践能力。

3. 交流生活中开关的应用，感受开关为人类的生活带来便利。

学习评价

表4-3-10　学习评价表

评价内容	符合	不符合
1. 我能用电路检测器来检测材料的导电性。（检测目标1）		
2. 通过观察，我能写出开关每部分的材料和作用。（检测目标2）		
3. 我能在小组合作中利用身边的材料制作一个简单的开关来控制发光树的亮与灭，并写出开关控制电路的原理。（检测目标2）		
4. 我能说出生活中各式各样的开关应用的场所。（检测目标3）		

学习过程

问题1："发光礼物"一直亮着，导致电池很快会没电，那用什么可以灵活地控制"发光礼物"的亮与灭呢？（评价内容2）

1. 小组合作：观察开关，写出各部分的材料名称。

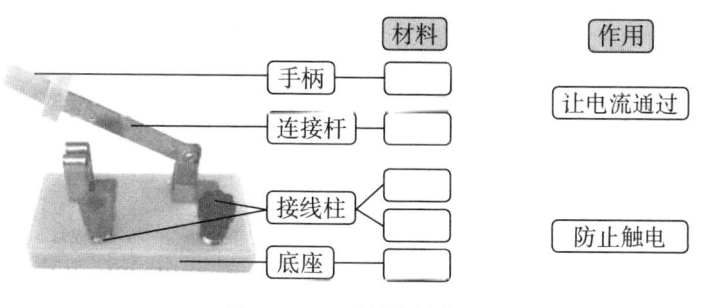

图4-3-11　开关的结构

2. 把开关连接到发光树的电路中，用开关来控制灯泡的亮与灭。思考开关各部分的作用，在图4-3-11中连线表示。

3. 通过实验，我发现开关各部分的作用与材料的<u>导电性/颜色/厚薄</u>有关。（勾选其中1个）

问题2：为了控制"发光礼物"的亮与灭，我们可以为"发光礼物"制作一个开关。那怎样为开关的不同部位选择合适的材料呢？如何用它来控制"发光礼物"的亮与灭呢？（评价内容1、3）

知识链接

电路检测器

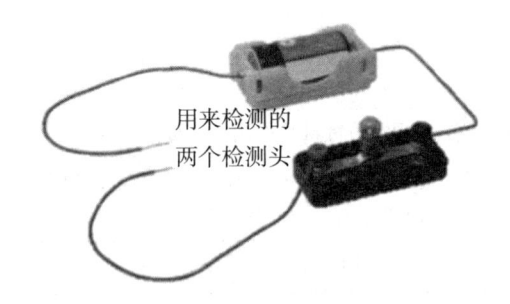

如何检测材料的导电性呢？可以用电路检测器来进行检测（见图4-3-12）。检测时将两个检测头接触被检测物体，检测时灯_____说明检测物体是导体，检测时灯_____说明检测物体是绝缘体。

图4-3-12　电路检测器

4. 检测下面哪些物体容易导电，哪些物体不容易导电？为开关选择合适的材料。（请在对应的位置上打"√"）

表4-3-11　检测物体的导电性能

物体	预测 亮	预测 不亮	第1次检测 亮	第1次检测 不亮	第2次检测 亮	第2次检测 不亮	检测表明 容易导电	检测表明 不容易导电
①回形针								
②橡皮擦								
③铜片								
④导线橡胶皮								
⑤图钉								
⑥硬纸片								
⑦木块								
⑧铝片								
⑨铅笔芯								

知识链接

根据材料的导电性可以将材料分为导体和绝缘体。导体：容易_____的物体，如金属。绝缘体：_____的物体，如塑料。在潮湿的空气中或较强的电流下，人体、自然界中的水和大地等都将成为导体。

5. 查找并学习资料，了解开关控制电路的原理。

6. 选一选：请选择合适的材料来制作开关，并说说你选择的理由。
□塑料回形针　□金属回形针　□图钉　□橡皮擦

7. 做一做：小组合作制作一个简易开关来控制发光树的亮与灭。

8. 连一连：请将制作好的开关连接到发光树的电路中，检验开关能否控制发光树的亮与灭。

9. 写一写：开关是这样控制电路的，当_____，电路就_____，形成了一个_____，灯就亮了；当_____，电路就_____，灯就灭了。

拓展

根据不同的需求，我们会选择不同的开关。如在漆黑的门口通道中，我们会选择声控开关；为了既可以开启风扇，又可以调节风量，教室的风扇选择旋钮开关。查找并学习资料，了解生活中各式各样的开关，并和同学说说它们应用在什么地方。（评价内容4）

按压开关　　旋转开关　　闸刀开关

图4-3-13　几种常见开关

检测与练习

请判断哪些组合可以制作开关，可以的打"√"，不可以的打"×"。（评价内容2、3）

回形针与橡皮擦（　　）　　塑料与铁片（　　）

木头与铜片（　　）　　铝片与铁皮（　　）

课后科学实践

课后请选择合适的材料给你的发光礼物增加开关，并改进你的发光礼物。

学后反思

1. 制作开关的流程与设计并制作物品的流程相似，回顾并补充开关的制作流程图。

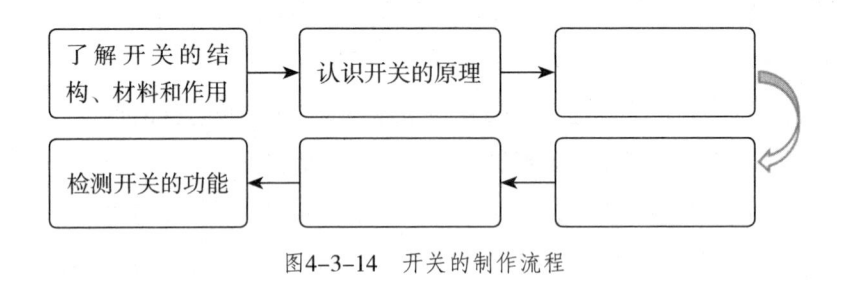

```
了解开关的结构、材料和作用 → 认识开关的原理 → [      ]
                                              ↓
检测开关的功能 ← [      ] ← [      ]
```

图4-3-14 开关的制作流程

2. 确定你的"发光礼物"开关的使用方法，并选择合适的材料来制作。

第5课 "发光礼物"出故障了（1课时）

学习目标

1. 在合作探究中，认识排除故障电路的多种方法，学会用多种方法来解决问题。

2. 能小组合作制作一个电路检测器来检测并排除"发光礼物"电路中的故障，体会到小组合作的重要性。

3. 尝试用电路检测器来检测接线盒内部电路的连接情况，并根据实验结果来推测内部电路的连接情况，能运用该方法来检查隐藏电路的"发光礼物"的故障。

学习评价

表4-3-12 学习评价表

评价内容	符合	不符合
1.我能写出检测电路故障的方法。（检测目标1）		
2.我能使用电路检测器来检测并排除"发光礼物"的故障。（检测目标2）		
3.我能使用电路检测器来检测接线盒内电路的连接情况，根据实验结果来推测电路内部的连接情况，并解决问题。（检测目标3）		

学习过程

问题1：在"发光礼物"制作的过程中，有些同学发现有时候"发光礼物"会出现不亮的情况，你认为故障可能出在哪里？（评价内容1、2）

1. 请检查你的发光树的电路出现了什么故障。

提示：电路检测器也可以检测电路故障（表4-3-13）。

表4-3-13 检测电路故障

可能出现的故障	检测故障的方法	无故障打"√"，有故障打"×"
小灯泡坏了		
小灯泡与灯座接触不良		
电池没有电了		

问题2：如果我们看不到"发光礼物"的电路连接情况，怎么知道故障出在哪里呢？（评价内容3）

2. 让我们来做个检测师，看看接线盒内部的连接是怎样的。请你检测接线盒4个接线柱之间是通路还是断路。

表4-3-14 检测接线盒

	1-2	1-3	1-4	2-3	2-4	3-4
通路						
断路						

3. 请你根据实验的结果来推测接线盒内部可能存在的连接方式，并在图4-3-15中表示出来。（评价内容3）

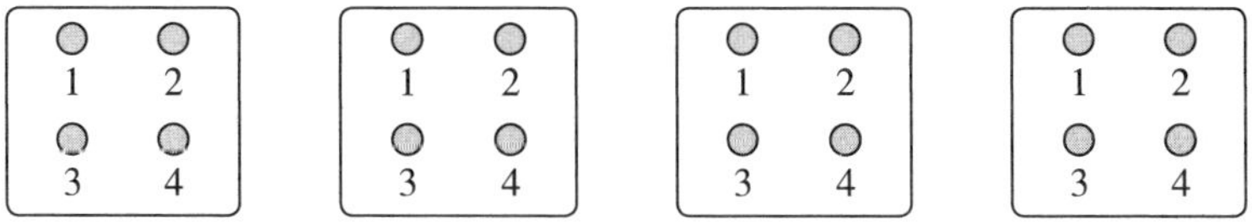

图4-3-15 接线盒内部可能的连接方式

检测与练习

1. （　　）不是制作电路检测器必须要用到的。（评价内容2）

A. 开关　　　　B. 小灯泡　　　　C. 电池　　　　D. 导线

2. 如图4-3-16所示，闭合开关后，发现电路中的小灯泡不亮，下列可能的原因是（　　）。（评价内容3）

A. 灯泡坏了

B. 有些地方接触不良

C. 电池没电了

D. 以上选项都有可能

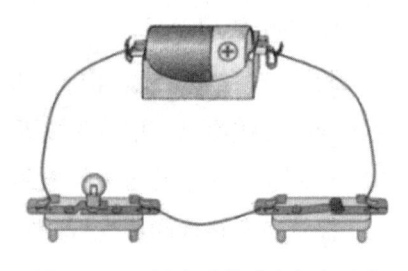

图4-3-16　闭合开关后小灯泡不亮

课后科学实践

根据你的"发光礼物"连接的情况，课后排查你的发光礼物的故障。

学后反思

1. 通过本节课的学习，当你的"发光礼物"出故障了，你可以采用什么方法来排除故障？请将方法写在图4-3-17中。（评价内容1）

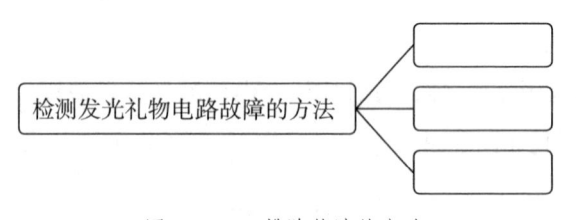

图4-3-17　排除故障的方法

2. 你的"发光礼物"还存在什么问题？＿＿＿＿＿＿＿＿＿＿＿＿＿＿＿

第6课　让发光礼物亮起多盏灯（1课时）

学习目标

1. 能通过阅读知识链接来获取信息，认识导线胶布、纽扣电池、发光二极管等新型电器元件，并使用这些新型电器元件连接一个简单电路。在活动中逐步培养自主学习的能力。

2. 能根据"发光礼物"设计的需求，画出简易电路图，尝试运用多种方法让"发光礼物"亮起第二盏灯，养成用不同思路来解决问题的习惯。

学习评价

表4-3-15 学习评价表

评价内容	符合	不符合
1.我能使用新型材料让发光礼物亮灯。（检测目标1）		
2.我能画出简易电路图并让"发光礼物"亮起第二盏灯。（检测目标2）		

学习过程

问题1：随着技术的发展，根据不同的需求生产了新型电器元件，它们如何连接能让礼物发光？（评价内容1）

知识链接

连接电路时，除了可以使用实验室中常用的电器元件外，还可以用导电胶布、纽扣电池和发光二极管等新型电器元件，它们和原来的电器元件作用相同。注意：发光二极管有正负极，长引脚是正极，与纽扣电池的正极（+）连接，短引脚是负极，与纽扣电池的负极（-）连接。

1. 请用新型电器元件尝试点亮"发光礼物"。先尝试画出简易电路图，再进行连接。

问题2：我们已经尝试让"发光礼物"亮起一盏灯，那如何让"发光礼物"亮起第二盏灯呢？（评价内容2）

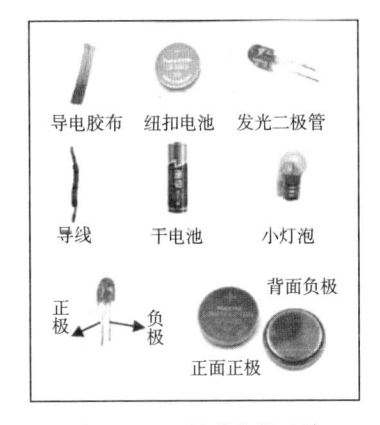

图4-3-18 新型电器元件

2. 请用新型电器元件尝试点亮两盏灯。先尝试画出简易电路图，再进行连接。

检测与练习（评价内容1）

我的"发光礼物"按照（　　　）的电路连接可以达到利用两个开关分别控制两盏灯。

A. B. C.

课后科学实践

课后尝试让你的"发光礼物"亮起第二盏灯。

学后反思

"发光礼物"能够点亮两盏灯的关键是电器元件连接起来后能形成_____。

第7课 "发光礼物"展示会（1课时）

学习目标

1. 能根据自己的"发光礼物"的实际情况从原理、操作方法、设计图等方面来写一份说明书，并认识到说明书的作用。

2. 能根据评价标准对自己的"发光礼物"进行自评，并写出待改进的方面，体会到根据标准进行自评和互评的意义。

3. 在小组交流评价中，能够跟他人介绍自己的"发光礼物"并乐于倾听他人的观点，改进和完善自己的"发光礼物"，初步形成交流、反思和评价探究过程和结果的意识。

学习评价

表4-3-16 学习评价表

评价内容	符合	不符合
1. 我能根据自己的"发光礼物"来写发光礼物说明书。（检测目标1）		
2. 我能结合评价标准对自己的"发光礼物"进行自评。（检测目标2）		
3. 我能主动地介绍自己的"发光礼物"并倾听他人的建议、记录他人的评价，改进"发光礼物"。（检测目标3）		

学习过程

问题1：展示会能让别人了解"发光礼物"的设计构思，这样才能让别人对你的"发光礼物"提出更好的建议，怎么跟同学们介绍自己的"发光礼物"呢？（评价内容1）

请根据自己的"发光礼物"撰写说明书。（表4-3-17）

表4-3-17 "发光礼物"说明书

"发光礼物"的名称	
发光原理及开关如何控制电路	
"发光礼物"的设计	在设计图中标出灯泡、开关、电池的位置和所用材料，同时用箭头来表示电流的流动：

问题2：我的"发光礼物"符合标准吗？请先完成自评，再邀请其他同学进行评价。（评价内容2、3）

表4-3-18 "发光礼物"评价表

评价内容	具体内容	自评	他评
科学性	连接稳固，没有短路，开关可以控制电路。	☐	☐
	没有短路，开关可以控制电路。	☐	☐
	没有短路，开关不可以控制电路。	☐	☐
表达交流	流利介绍，详细解释。	☐	☐
	粗略介绍，简单解释。	☐	☐
	不能介绍，不能解释。	☐	☐
创新性（加分项）	作品能突出主题，能根据礼物的造型来设计与安装电路。	☐	☐
美观性（加分项）	作品的外表有设计且美观，色彩和谐，能隐藏导线、电池等元件。	☐	☐
有说明书（加分项）	包含作品设计图和简易电路图、原理、操作方法，图文并茂，排版合理。	☐	☐

检测与练习

根据本节课的学习内容，我认为下列做法中（　　）是正确的。（评价内容3）

A. "发光礼物"没达标但不再改进

B. 能根据同学们的建议对"发光礼物"重新进行评价

C. 在介绍"发光礼物"时只介绍外观

D. 同学做得比我好，故意不进行客观评价

课后科学实践

根据他人的建议，课后尝试继续改进、完善你的发光礼物。

学后反思（评价内容3）

1. 通过本节课的学习，你认为有哪些方法可以帮助你改进、完善自己的发光礼物？请在对应的□中进行勾选。

□①自我评价　　□②小组评价　　□③教师评价　　□④经验总结

□⑤学习反思

2. 我还想这样改进我的"发光礼物"：_____

_____

_____。

第8课　单元小结（1课时）

学习目标

1. 能正确地补充单元知识思维导图，养成梳理、强化知识之间的联系的习惯。

2. 通过"对'电'了解有多少"的习题练习，检测自己对本单元科学概念的掌握情况。

3. 通过单元学习评价表来客观地评价自己的整体表现，了解自己的问题解决能力情况。

4. 通过对本单元学习过程和结果进行反思，总结解决问题的方法，养成良好的反思习惯。

学习过程

根据本单元所学的内容，请补充以下的思维导图（图4-3-19）。

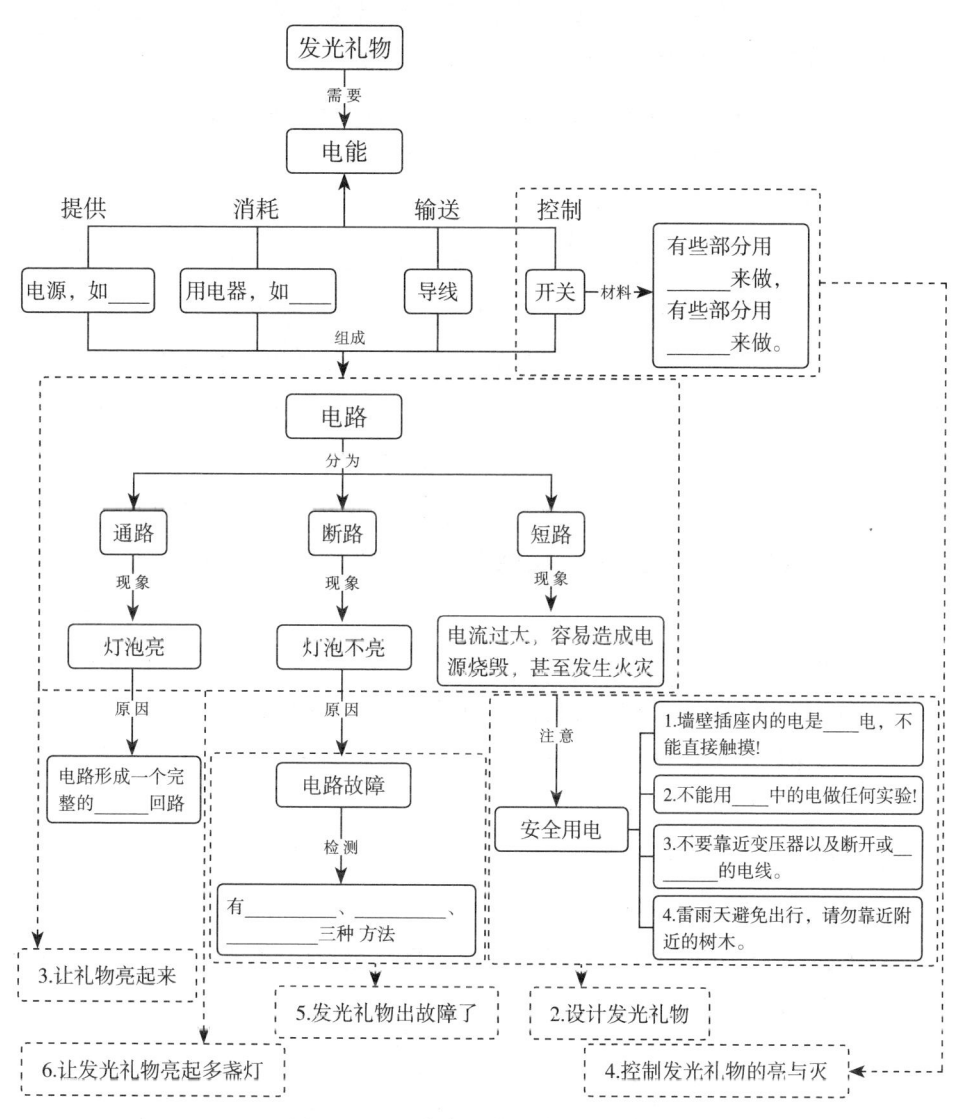

```
                    ┌─发光礼物─┐
                         │需要
                    ┌───电能───┐
         ┌─提供──┬──消耗──┬──输送──┬──控制──┐
      电源，如__  用电器，如__  导线    开关──材料──┤有些部分用____来做，
                         │组成                    有些部分用____来做。
                    ┌───电路───┐
                         │分为
              ┌──────────┼──────────┐
            通路        断路        短路
             │现象       │现象       │现象
           灯泡亮      灯泡不亮   电流过大，容易造成电
                                源烧毁，甚至发生火灾
             │原因       │原因              │注意
        电路形成一个完   电路故障     ┌─1.墙壁插座内的电是__电，不
        整的____回路      │检测         能直接触摸!
                       有__、__、__   2.不能用__中的电做任何实验!
                        三种方法    安全用电
                                    3.不要靠近变压器以及断开或__
                                        的电线。
                                    4.雷雨天避免出行，请勿靠近附
                                        近的树木。

     3.让礼物亮起来     5.发光礼物出故障了    2.设计发光礼物

     6.让发光礼物亮起多盏灯         4.控制发光礼物的亮与灭
```

图4-3-19 "发光礼物"单元思维导图

对"电"了解有多少

家庭电路我知道

家庭电路一般由电源线、电能表、闸刀开关、保险设备、插座、用电器、导线、开关等组成。

电线是指传导电流的导线。隐藏在墙里的电线绝对是牵一发而动全身的"主动脉"，与家庭安全息息相关。如果电线在空气中长期暴露，会加速老

化，甚至会起火引起火灾。同时如果电线过细，大电流也会引起电线发热、发烫，加速电线老化，严重时会引发火灾，后果是相当严重的！

当电线入户的时候，要经过一个配电箱。配电箱中并排着许多开关，家庭电路一般是空气开关和漏电开关相互结合进行使用。空气开关主要作用是保护线路；而漏电开关主要作用是保证人的安全。

家庭照明电路在使用时免不了会出故障而导致用户不能用电，常见的电路故障有：1. 开路（断路），如灯丝断了、电线接头断开等。2. 短路，如插座或插头内的两根接线相碰而造成短路，短路会把熔丝熔断而使整个照明电路断电，严重者会烧毁线路引发火灾。3. 电路接触不良，如灯座、开关接触不良等，这样会使灯忽明忽暗，用电器不能连续正常工作。

——摘自福建省电机工程学会公众号，有删改

1. 家庭电路一般由电源线、电能表、闸刀开关、保险设备、（　　）等组成。

    A. 用电器　　　　B. 导线　　　　C. 开关　　　　D. 以上均是

2. 电给我们的生活带来了便利，下列属于安全用电的是（　　）。

    A. 家庭电路中使用过细的电线

    B. 家庭电路中使用空气开关来保护线路

    C. 电线长期暴露在空气中

    D. 用湿抹布擦亮着的灯

3. 小彭想要给房间电路模型安装一个开关，他可以使用下列哪些材料组合来制作开关？（　　）

| 材料 | ①木块 | ②回形针 | ③铜钥匙 | ④橡皮擦 | ⑤铁钉 |

    A. ①④　　　　　　　　　　　　B. ③⑤

    C. ②③　　　　　　　　　　　　D. ②④

4. 小彭家里的台灯突然忽明忽暗，他将插头与插座的连接处按紧，灯又亮了，故障可能是（　　）。

    A. 导线内的铜丝断了　　　　　　B. 插头与插座的连接处接触不良

    C. 灯丝断了　　　　　　　　　　D. 插头内的两根接线相碰而造成短路

单元学习评价

请同学们根据自己的问题解决情况做出真实回答，并填写自评分数。

表4-3-19 "发光礼物"单元问题解决能力评价表

一级维度	二级维度	0分	1分	2分	3分	自评
问题表征	发现问题	不能在情境中提出问题	能在情境中提出1个问题	能在情境中提出2个问题	能在情境中提出3个或3个以上的问题	
	澄清问题	不能写出"发光礼物"的评价标准	能写出1个"发光礼物"的评价标准	能写出2个"发光礼物"的评价标准	能写出3个或3个以上"发光礼物"的评价标准	
方案制订	拆解问题	不能写出"发光礼物"制作需要解决的具体问题	能写出1个"发光礼物"制作需要解决的具体问题	能写出2个"发光礼物"制作需要解决的具体问题	能写出3个或3个以上"发光礼物"制作需要解决的具体问题	
	方案制订	不能根据要求绘制出"发光礼物"的设计图	能够根据要求和材料等限制条件来绘制出"发光礼物"的设计图	能够根据要求和材料、亮灯位置等限制条件绘制出设计图	能够根据要求和材料、亮灯位置、作品设计等限制条件绘制出设计图	
方案执行	方案试验	不能根据设计图制作"发光礼物"，很难按照研究方法进行实验	能够根据设计图制作"发光礼物"，并进行1~2个探究礼物发光的相关实验，收集数据、记录现象	能够根据设计图制作"发光礼物"，并进行3~4个探究礼物发光的相关实验，收集数据、记录现象	能够根据设计图制作"发光礼物"，并进行5个或5个以上探究礼物发光的相关实验，收集数据、记录现象	
	优化方案	不能对"发光礼物"进行修改	能根据要求，粗略地改进自己的"发光礼物"	能根据要求和部分同学的反馈，改进自己的"发光礼物"	能根据要求和反馈，对"发光礼物"的具体问题提出更优的解决方案，乐于修改、完善作品	
评价反思	成果评价	不能完成"发光礼物"的自评和他评	只能完成"发光礼物"的部分自评和他评	能够完成"发光礼物"的自评和他评	能够完成"发光礼物"的全部自评和他评并有针对性地写出修改意见	

续表

一级维度	二级维度	0分	1分	2分	3分	自评
评价反思	监督过程	不能填写解决问题思路图的内容	能填写解决问题思路图中1个框的内容	能填写解决问题思路图中2个框的内容	能填写解决问题思路图中3个或3个以上框的内容	

单元反思

1. 我对本单元的学习：□感兴趣　□比较感兴趣　□不感兴趣

2. 写出三个在解决问题过程中用得最多的方法：_____。

3. 在本单元学习中，我最大的进步是_____。

4. 在本单元学习中，我有待提高的地方是_____。

5. 在设计并制作发光礼物的过程中，我们是这样解决问题的：

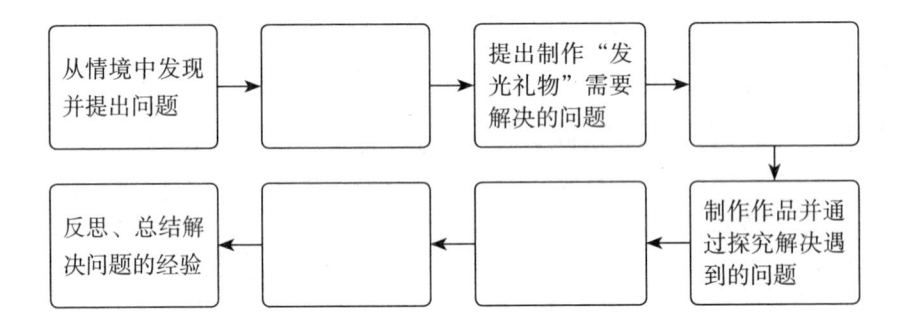

```
┌──────────┐    ┌──────┐    ┌──────────┐    ┌──────┐
│从情境中发现│ →  │      │ →  │提出制作"发│ →  │      │
│并提出问题 │    │      │    │光礼物"需要│    │      │
│          │    │      │    │解决的问题 │    │      │
└──────────┘    └──────┘    └──────────┘    └──────┘
                                                  ↓
┌──────────┐    ┌──────┐    ┌──────────┐    ┌──────────┐
│反思、总结解│ ←  │      │ ←  │          │ ←  │制作作品并通│
│决问题的经验│    │      │    │          │    │过探究解决遇│
│          │    │      │    │          │    │到的问题   │
└──────────┘    └──────┘    └──────────┘    └──────────┘
```

第四节 "我的养蚕秘籍"单元学历案设计

一、"我的养蚕秘籍"单元基本信息

（一）教材版本

教科版《科学》（2019年版）二年级下册"动物的一生"单元。

（二）单元对应的课程标准内容

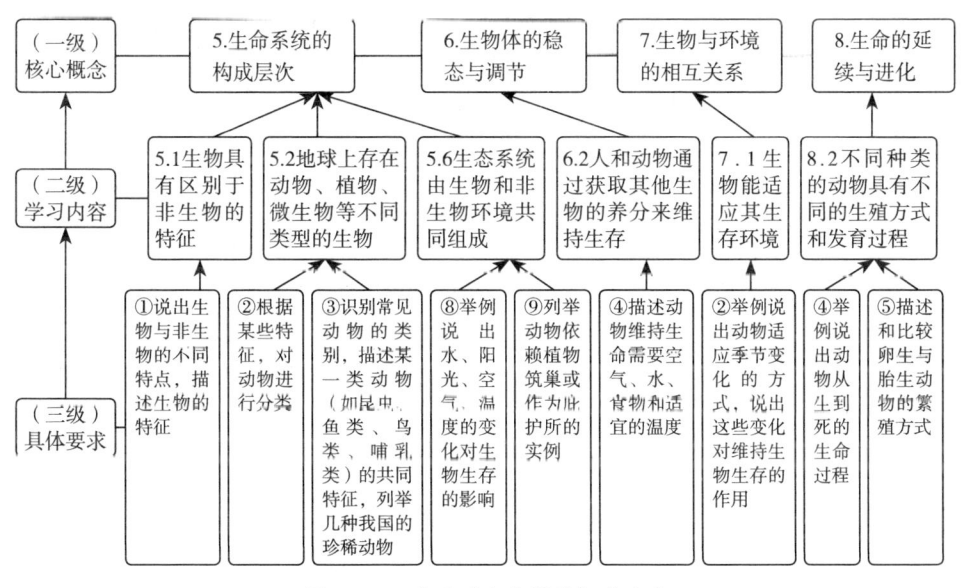

（一级）核心概念	5.生命系统的构成层次			6.生物体的稳态与调节	7.生物与环境的相互关系	8.生命的延续与进化
（二级）学习内容	5.1生物具有区别于非生物的特征	5.2地球上存在动物、植物、微生物等不同类型的生物	5.6生态系统由生物和非生物环境共同组成	6.2人和动物通过获取其他生物的养分来维持生存	7.1生物能适应其生存环境	8.2不同种类的动物具有不同的生殖方式和发育过程
（三级）具体要求	①说出生物与非生物的不同特点，描述生物的特征	②根据某些特征，对动物进行分类	③识别常见动物的类别，描述某一类动物（如昆虫、鱼类、鸟类、哺乳类）的共同特征，列举几种我国的珍稀动物	⑧举例说出水、阳光、空气、温度的变化对生物生存的影响 ⑦列举动物依赖植物筑巢或作为庇护所的实例	⑥描述动物维持生命需要空气、水、食物和适宜的温度	②举例说出动物适应季节变化的方式，说出这些变化对维持生物生存的作用 ④举例说出动物从生到死的生命过程 ⑤描述和比较卵生和胎生动物的繁殖方式

图4-4-1 单元对应的课程标准内容

（三）学习对象及学情分析

本单元的学习对象是小学三年级学生。

三年级学生对生物区别于非生物的特征有了一些了解，对动物的特征、分类和生命周期也有了一定的认识，但认识相对零散、不够全面。他们没有系统地观察过蚕的身体结构，对蚕各部位的名称以及对应的功能、蚕的一生是如何变化的还不太了解，对观察到的现象也不能很好地进行科学的解释。

三年级学生在一、二年级的时候已经对蜗牛、金鱼等动物有了初步的观察和了解，平时也饲养各种各样的小动物，他们对动物的饲养和观察兴趣是非常浓厚的，但饲养和观察大多无目的性、无计划性。同时，三年级的学生也不具备独立制订观察计划的能力，比较难坚持长期饲养和观察活动。此外，学生观察、记录的信息比较零散、不够全面，对细节的观察也常常忽略。

（四）单元目标

表4-4-1 "我的养蚕秘籍"单元目标

科学素养	学习目标
科学观念	1. 说出蚕从生到死的生命过程。 2. 说出生物与非生物的不同特点。 3. 描述昆虫、鸟类和哺乳类动物的共同特征。 4. 说出动物基本的生存需求，认识到动物的某些结构与行为具有帮助维持自身生存的相应功能。 5. 举例说出动物适应季节变化的方式，并说出这些变化对维持动物生存的作用。 6. 描述胎生与卵生动物的繁殖方式。
科学思维	1. 能根据某些特征，对动物进行分类。 2. 能分析蚕幼虫的身体结构与取食、运动等功能相适应。 3. 能比较蚕生命周期的各个阶段的不同特点。 4. 提供支撑性证据，证明蚕蛹、蚕蛾是蚕幼虫发育而来的。
探究实践	1. 观察蚕的身体结构和生长变化，搜集蚕生存、生长所需条件的证据。 2. 能记录、整理和描述蚕从生到死的生命过程，制作一份养蚕秘籍。 3. 通过查阅资料等方式，知道动物依赖植物筑巢或作为庇护所，并列举相关实例。 4. 能调查动物适应季节变化的方式。
态度责任	1. 对饲养蚕和观察蚕的生命周期产生兴趣。 2. 能如实记录蚕生长过程中出现的各种现象，并坚持不懈地对蚕的一生进行长期观察。 3. 愿意分享自己的观察发现，并具有问题意识。 4. 认同热爱自然、保护环境以及保护当地动植物资源的积极意义。

（五）单元内容框架（图4-4-2）

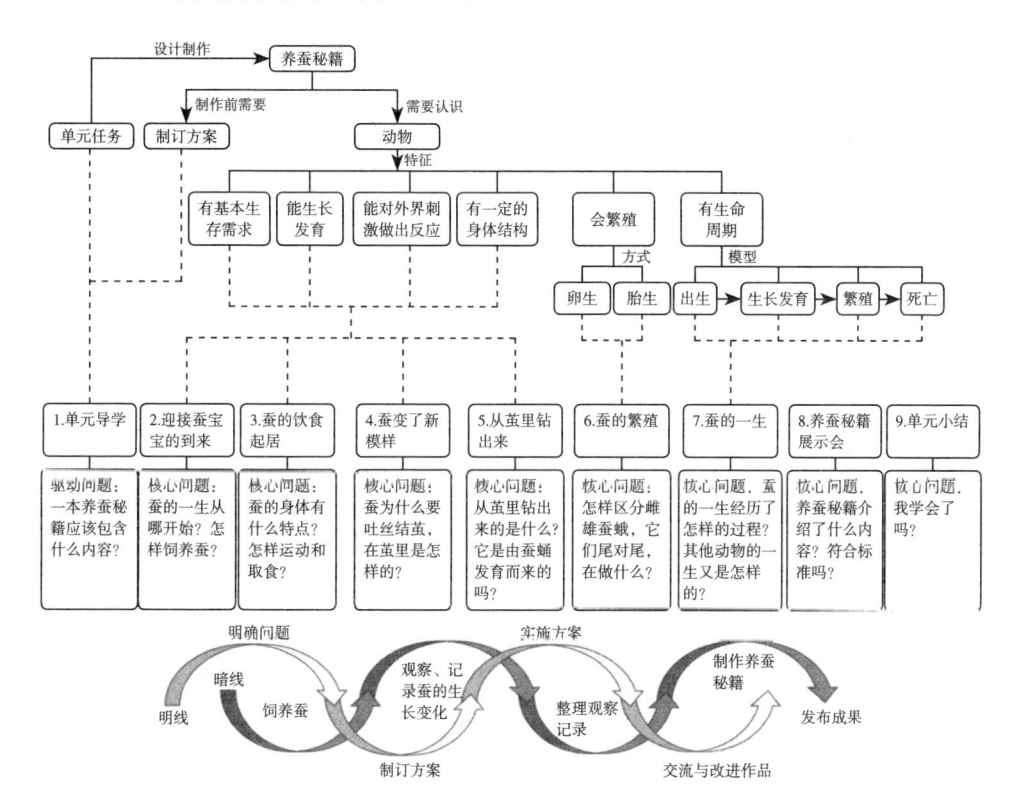

图4-4-2 "我的养蚕秘籍"单元内容框架

（六）单元课时

一共9课，分11个课时，每课时40分钟。

（七）学习活动设计（表4-4-2）

表4-4-2 "我的养蚕秘籍"单元学习活动设计

课题	活动	学习目标	设计意图
1.单元导学（1课时）	活动一：提出问题	1.能在单元的驱动情境中提出问题，养成提出问题的习惯，对本单元的学习内容产生兴趣。	创设驱动情境，引导学生确定本单元的驱动任务：制作一本养蚕秘籍。围绕单元任务，让学生提出相关问题，明确单元目标。
	活动二：制订评价标准	2.能根据养蚕秘籍中读者想了解的内容提出养蚕秘籍的评价标准，意识到单元学习成果有一定的要求。	围绕单元目标，先让学生通过头脑风暴来制订养蚕秘籍的评价标准，再引导学生归纳、总结养蚕秘籍必须具备的评价标准。

续 表

课题	活动	学习目标	设计意图
1.单元导学（1课时）	活动三：提出解决问题的方法	3.能根据养蚕秘籍的评价标准，写出需要观察的内容和观察方法，明确解决问题的步骤。养成在解决问题前先要对问题进行全面思考的习惯。	根据标准，学生制订可行的"蚕的一生"的观察计划，包括具体的观察内容和观察方法。接着明晰问题解决步骤和可以使用的解决问题的方法。
2.迎接蚕宝宝的到来（2课时）	活动一：观察蚕卵	1.观察蚕卵，记录蚕卵的外部形态特征，知道蚕的一生从卵开始，对饲养和观察蚕产生兴趣。	本课从"观察蚕卵"学习活动展开，认识蚕卵的外部形态特征，知道蚕的一生从卵开始，提出研究问题：要让蚕卵顺利孵化并健康成长，需要注意些什么？通过资料、视频的学习，学生学会从资料中找到饲养蚕的相关信息的方法，并根据蚕生长发育所需的环境，给它建一个"家"。学生会觉得好奇：蚕卵里有什么，卵能给生命提供什么？因为鸡卵的结构与蚕卵相似，可以借助观察鸡卵的内部结构来了解蚕卵的内部结构和功能。最后，根据卵的发育过程来确定蚕卵什么时候孵化，从而为蚁蚕准备好食物。
	活动二：了解养蚕注意事项	2.能通过养蚕的资料和视频，写出养蚕的注意事项，知道蚕生长发育需要食物、空气等环境条件，逐渐培养从资料中提取信息的能力。	
	活动三：观察鸡卵	3.观察鸡卵，知道鸡卵的结构与功能，认识到鸡卵为鸡的生命发育提供了所需的条件；知道不同动物的卵的外部形态不同，但内部结构相似，具有如实记录观察到的现象的科学态度。	
3.蚕的饮食起居（1课时）	活动一：观察蚕的幼虫	1.观察蚕的幼虫，通过文字和图画等方法来描述其形态特征，意识到观察记录的重要性。	从上一节课开始学生就开启了蚕的饲养活动，通过在家饲养与观察蚕，学生会提出许多问题，其中就包括蚕形态特征的问题。课堂上引导学生按顺序观察并记录蚕的身体结构，观察其运动、取食等行为特征，从而认识到蚕的身体结构与功能相适应。最后通过学后反思，引导学生总结蚕生存和生长发育所需的条件，也在这个过程中让学生体会到我们的行为会影响动物的生存，如喂养不及时导致蚕生长速度缓慢，喂养不正确导致蚕拉肚子或死亡等问题。最后引导学生对蚕的生长变化进行预测，为五龄蚕的吐丝结茧做好准备。
		2.通过观察，知道蚕的幼虫身体分为头、胸、腹三部分，包括口、眼、足、气门等结构，这些结构与取食、运动、呼吸等功能相适应，并掌握按顺序观察事物的方法。	
	活动二：归纳蚕生存和生长发育所需的条件	3.在养蚕活动中，知道蚕的生长发育需要适宜的温度、水分、氧气和食物，体会到人类行为会影响动物的生存。	

续 表

课题	活动	学习目标	设计意图
4.蚕变了新模样（1课时）	活动一：吐丝结茧	1.基于课前观察，概括蚕吐丝结茧的过程，并与同学进行交流；知道蚕茧具有保护蚕蛹的作用；通过蚕丝与人类的关系，初步理解人类的生活依赖自然。	通过课前的观察，学生已知此时的蚕包裹在蚕茧之中。同学之间交流蚕吐丝结茧的过程，并观察蚕茧，了解蚕结茧的原因，提出研究问题：蚕在蚕茧里是怎样的？解剖蚕茧，观察并认识蚕蛹的身体结构，比较分析蚕蛹和蚕幼虫的相同与不同之处，寻找支撑蚕蛹是由蚕幼虫发育而来的证据。最后再让学生根据蚕蛹的身体特点对蚕蛹身体可能发生的变化进行预测，产生继续观察的兴趣。
	活动二：观察蚕蛹	2.通过观察，知道蚕蛹的身体分为头、胸、腹三部分，蚕蛹是蚕生长发育过程中的一个重要阶段；能依据蚕蛹的身体特点对蚕蛹身体可能发生的变化进行预测。	
		3.通过对比和分析，知道蚕蛹由蚕的幼虫发育而来，蚕蛹身体的外部特征与幼虫区别很大，掌握对比观察的方法。	
5.从茧里钻出来（1课时）	活动一：观察蚕蛾	1.能基于对蚕蛾和蚕蛹的观察比较，推测蚕蛾身体的各部分结构与蚕蛹的联系，初步具备依据事物特征进行推理的能力。	本课顺着蚕的生命发育过程，继续进行观察活动。通过对蚕蛾的观察，认识蚕蛾的外部形态特征，比较蚕蛾和蚕蛹的外部特征，寻找蛹和蛾的联系，与前面的学习形成对蚕发育过程的完整认识。最后提出蚕蛾与什么动物形态结构相似的问题，从而让学生归纳昆虫类的共同特征，初步形成动物分类的意识。
		2.通过观察，能描述蚕蛾身体分为头、胸、腹三部分，头上长有一对触角、胸部长有两对翅膀和三对足，是蚕的成虫阶段，在活动中感受生命的神奇。	
	活动二：总结昆虫的特征	3.能基于蚕蛾的结构特征，总结出昆虫类动物具有的共同特征，并根据昆虫类动物的特征来判断哪些动物是昆虫，初步形成动物分类的意识。	
6.蚕的繁殖（1课时）	活动一：比较雌蚕蛾和雄蚕蛾	1.通过观察，能根据外部形态特征来识别雄性蚕蛾和雌性蚕蛾；知道雌雄蚕蛾交配后，雌蛾产卵繁殖，对动物的繁殖方式产生探究兴趣。	对于蚕蛾，学生会想知道：怎么区分雌蚕蛾和雄蚕蛾？雌雄蚕蛾尾对尾在做什么？围绕问题展开课堂观察，对比雌雄蚕蛾，找到它们的不同之处。认识蚕蛾的交尾行为其实是为了繁殖后代。

续表

课题	活动	学习目标	设计意图
6.蚕的繁殖（1课时）	活动二：认识卵生和胎生	2.知道卵生动物和胎生动物的区别，能基于动物的繁殖方式，将动物分成胎生和卵生动物两类，初步掌握根据特征对动物分类的能力。	蚕蛾通过产卵繁殖后代，让生命延续，哪些动物的繁殖方式与蚕相似？哪些动物与蚕不同？课堂上引导学生根据卵生和胎生两种繁殖方式对动物进行分类，认识生物繁殖后代的方式是多种多样的，建立多样性与共同性相统一的认识。本课的最后引导学生来分析动物和植物生存需求的差异，列举动物生存依赖植物的例子，让学生体会到保护环境以及保护当地动植物资源的积极意义。
	活动三：分析动物和植物生存需求的差异	3.列举动物生存依赖植物的例子，对比分析动物和植物生存需求的差异，认同热爱自然、保护环境以及保护当地动植物资源的积极意义。	
7.蚕的一生（2课时）	活动一：整理蚕的生命过程	1.基于观察记录，整理蚕在每个阶段的身体形态和行为表现等信息，用数学的方法来统计蚕的不同阶段经历的时间，总结蚕的一生经历卵、幼虫、蛹、成虫四个阶段，体验到持续观察记录的艰辛和乐趣。	学生根据自己的观察来记录、整理蚕在每个阶段的身体形态、行为表现和经历的时间，总结蚕的一生经历卵、幼虫、蛹、成虫四个阶段，算出蚕一生经历的时间，进一步加深对蚕生长发育的认识。除了蚕，其他动物的一生又是怎样的？通过阅读资料，形成对鸟类动物的一生、哺乳类动物的一生及我们人类自己一生的认识，进而总结动物都要经历出生、生长发育、繁殖、死亡的过程。在这个基础上再通过对比生物与非生物的特征，加深对生物特征的认识。课的最后探究动物为了更好地维持生存需求而做出的变化，让学生举出动物适应季节变化的例子，并关注到动物与环境之间的关系。
	活动二：认识动物的生命周期	2.通过观察蚕的一生，来了解常见动物的一生，并总结出动物生命周期的特点，体会到生命的可延续性。	
	活动三：认识生物与非生物的不同	3.能描述常见动物的共同特征，说出生物与非生物的不同特点，体会到生命的可贵。	
	活动四：认识动物适应季节变化的方式及作用	4.能列举动物适应季节变化的方式，并说出这些变化对维持动物生存的作用。	
8.养蚕秘籍展示会（1课时）	活动一：展示养蚕秘籍	1.能够向他人介绍自己的作品，乐于倾听他人的观点，改进和完善自己的养蚕秘籍，初步形成交流、反思和评价探究过程和结果的意识。	作为单元的成果展示课，要回归到单元的驱动问题和驱动任务上。本课通过展示会，学生可以介绍"养蚕秘籍"的内容和亮点，引导学生根据评价标准对自己的作品以及他人的作品做出全面、合理的评价，

续表

课题	活动	学习目标	设计意图
8.养蚕秘籍展示会（1课时）	活动二：评价养蚕秘籍	2.根据评价标准对自己的"养蚕秘籍"作品进行自评，并能对自己的养蚕秘籍进行反思。	学习别人的长处，收集改进建议。
9.单元小结（1课时）	活动一：补充单元知识结构图	1.能正确地补充单元知识结构图，加强知识间的联系，乐于梳理已学知识。	授课开始先让学生补充单元知识结构图，对整个单元的学习形成知识网络。接着通过单元习题来检测本单元知识点的掌握程度，让学生关注自己的学习情况。然后根据自己的真实表现填写单元学习评价表和绘制雷达图，了解自己的问题解决能力，也为教师提供可靠的目标达成评价证据。最后，学生通过单元反思来回顾自己的学习过程，总结和提炼各种学习策略，提升迁移能力。
	活动二：单元检测	2.完成"看看对蚕了解多少"的习题，检测本单元知识点的掌握程度，关注自己的学习情况。	
	活动三：单元学习评价	3.填写单元学习评价表，了解自己的问题解决能力，客观地评价自己的整体表现。	
	活动四：单元反思	4.回顾饲养蚕的全过程，总结制作"养蚕秘籍"过程中遇到的问题和解决方法，体会到学习反思的重要性。	

（八）单元学习成果评价

表4-4-3 "我的养蚕秘籍"单元学习成果评价表

评价内容		1分	2分	3分
真实性（3分）	内容来源于观察和学习，真实、可靠，不是从网络上直接摘抄的。	一部分	大部分	全部
科学性（3分）	对蚕的生长变化过程描述正确。	有2处或2处以上错误	有1处错误	全部正确
完整性（3分）	包含封面、目录、蚕一生（卵—幼虫—蛹—成虫）的变化记录和饲养方法。	欠缺大部分	欠缺少部分	内容完整
表达交流（3分）	介绍作品的主要内容及使用方法。	不能介绍	粗略地介绍	清晰、流利地介绍
趣味美观性（3分）	图文结合，作品呈现新颖、有趣、美观、吸引人。	不能吸引人	能吸引人	非常吸引人

二、"我的养蚕秘籍"单元学历案设计

致同学们的一封信

亲爱的同学们:

本学期我们要开展养蚕活动,每一届三年级的同学在养蚕的过程中都会遇到各种各样的问题,老师要回答每位同学的疑问,效率低且很烦琐,同学们能不能帮老师想一个办法,减轻老师负担的同时也能帮助他们把蚕养好呢?在本单元的学习中,同学们将通过亲自养蚕的方式,总结经验,动手制作一份对同学们有帮助的养蚕秘籍。

在本单元,同学们将学到:

1. 能针对项目情境提出问题,对养蚕活动产生兴趣,能够在"我的养蚕秘籍"单元学历案的指导下,制订和执行方案,尝试用多种思路来完成养蚕秘籍的制作。

2. 通过观察,知道蚕的一生经历卵—幼虫—蛹—成虫四个阶段,养成持之以恒地观察的科学态度与精神。

3. 通过观察、探究实践等方法,认识蚕等生物具有区别于非生物的特征,并能描述某类动物的共同特征,认识更多动物的一生,感受到生命的意义,产生热爱动物和保护动物的情感。

4. 在教师的指导下,能运用摄像、拍照、画图、写观察日记、使用观察记录表等方式来记录蚕的生长变化,意识到观察记录对科学发现的重要性。

5. 能向他人介绍自己的养蚕秘籍,依据评价标准来评价自己和他人的养蚕秘籍,并能根据评价意见反思和完善养蚕秘籍,提升元认知能力。

以下是本单元学习内容与课时安排:

表4-4-4 "我的养蚕秘籍"单元学习内容与课时安排

课题	核心素养	课时	阶段成果
1.单元导学	科学本质、创新思维、自主学习、科学态度	1	无
2.迎接蚕宝宝的到来	具体观念、推理论证、科学探究、科学态度	2	蚕卵的观察日记
3.蚕的饮食起居	具体观念、推理论证、科学探究、科学态度	1	蚕幼虫的观察日记
4.蚕变了新模样	具体观念、推理论证、科学探究、社会责任	1	蚕蛹的观察日记

续 表

课题	核心素养	课时	阶段成果
5.从茧里钻出来	具体观念、推理论证、科学探究、科学态度	1	蚕蛾的观察日记
6.蚕的繁殖	具体观念、创新思维、自主学习、社会责任	1	蚕蛾的观察日记
7.蚕的一生	实际运用、创新思维、自主学习、社会责任	2	养蚕秘籍
8.养蚕秘籍展示会	实际运用、自主学习、科学态度	1	改进后的养蚕秘籍
9.单元小结	科学本质、创新思维、自主学习、科学态度	1	无

单元学习建议：

1. 和父母一起准备养蚕的相关材料和观察工具。材料和工具包括：蚕卵、放大镜、尺子、养蚕用的小盒、桑叶等。

2. 在家养蚕，及时地将发现记录在《养蚕观察日记》中。每节课及时地将实验现象记录在"我的养蚕秘籍"单元学历案上。最后结合你的《养蚕观察日记》和"我的养蚕秘籍"单元学历案的内容整理成一份养蚕秘籍。

3. 在养蚕的过程中遇到问题，尝试通过查阅资料、实验探究、与同学探讨、寻求家长或老师的帮助等方法来解决问题。推荐阅读与蚕和昆虫相关的科普书籍，例如《蚕宝成长日记》《昆虫记》《昆虫漫话》等。

4. 在小组合作中，要确定好每个人的职责，让每个组员都有动手实践的机会，交流讨论时能够主动提出自己的想法，倾听他人的发言，乐于动笔记录，善于发现同学回答的精彩之处，及时地进行肯定、评价。

第1课　单元导学（1课时）

学习目标

1. 能在情境中发现问题，并提出问题解决的设想，养成提出问题的习惯。

2. 能根据养蚕秘籍中读者想了解的内容提出养蚕秘籍的评价标准，意识到单元学习成果有一定的要求。

3. 能根据养蚕秘籍的评价标准，写出需要观察的内容和观察方法，养成在解决问题前先要对问题进行全面思考的习惯。

学习评价

表4-4-5 学习评价表

评价内容	符合	不符合
1. 我能提出问题解决的设想。（检测目标1）		
2. 我能根据养蚕秘籍中读者想了解的内容提出养蚕秘籍的评价标准。（检测目标2）		
3. 关于蚕的生长变化，我能写出需要观察的内容，并能根据内容写出合适的观察方法。（检测目标3）		
4. 我能对问题解决过程进行准确的排序。（检测目标4）		

学习过程

问题1：每一届三年级的同学在养蚕的过程中都会遇到各种各样的问题，老师要回答每位同学的疑问，效率低且很烦琐，同学们能不能帮老师想一个办法，在减轻老师负担的同时也能帮助他们把蚕养好呢？（评价内容1）

_____

问题2：对读者有帮助的养蚕秘籍有什么要求？（评价内容2）

_____

问题3：根据养蚕秘籍的要求，需要观察蚕的哪些方面？可以使用哪些观察记录的方法呢？（评价内容3）

请选择合适的观察方法，如观察日记、测量、画图、拍照和视频等，填在横线上。

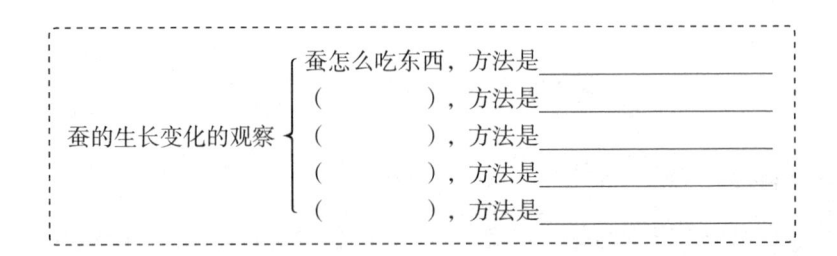

蚕的生长变化的观察
- 蚕怎么吃东西，方法是_____
- （　　　　），方法是_____
- （　　　　），方法是_____
- （　　　　），方法是_____
- （　　　　），方法是_____

问题4：在本课中我们完成了解决问题的前3个步骤，接下来还要经历哪些步骤才能最终解决问题？（评价内容4）

请按照问题解决的思路，给下面的步骤排序，将序号填写在下面的横线上。

①从情境中发现问题　②反思、总结经验　③整理观察记录，制作养蚕秘

籍 ④明确养蚕秘籍的具体要求 ⑤改进养蚕秘籍 ⑥制订观察"蚕的生长变化"计划（明确观察内容和观察方法） ⑦展示、评价养蚕秘籍，发现存在的问题 ⑧观察、记录蚕的生长变化

①→④→⑥→　　　→　　　→　　　→　　　

看看对蚕了解多少

1.下列动物中繁殖方式与蚕不同的是（　　）。

A.天鹅　　　　　　　　　　B.蝙蝠

C.鳄鱼　　　　　　　　　　D.蚂蚁

2.下列动物的形态结构与蚕蛾相似的是（　　）。

A.蚂蚁　　　　　　　　　　B.蜘蛛

C.蜗牛　　　　　　　　　　D.壁虎

3.下列特征不属于蚕的是（　　）。

A.需要食物　　　　　　　　B.用棉签触碰它会有反应

C.会死亡　　　　　　　　　D.不会繁殖

4.如图4-4-3，蚕的一生的四个阶段排列顺序正确的是（　　）。

蚕卵　　　蚕蛹　　　幼虫　　　蚕蛾

图4-4-3 蚕生命周期的四个阶段排序

A.蚕卵→蚕蛹→幼虫→蚕蛾　　B.蚕卵→幼虫→蚕蛹→蚕蛾

C.蚕卵→蚕蛾→幼虫→蚕蛹　　D.幼虫→蚕蛹→蚕蛾→蚕卵

5.下列关于蚕的说法错误的是（　　）。

A.蚕的新生命是从卵开始的

B.蚕卵的孵化需要适宜的温度和湿度

C.蚕生活需要一个栖息地（蚕的"家"）

D.蚕结茧将自己包裹起来变成蛹，不吃不喝，所以蛹是没有生命的

课后科学实践

准备好养蚕的材料和观察记录的工具，如养蚕的盒子、放大镜、尺子等。

学后反思

在本课的学习中，可以使用以下方法来解决问题。（在□中打"√"）

□①询问同学　　□②询问家长　　□③询问老师　　□④看知识链接

□⑤小组讨论　　□⑥实验探究　　□⑦查阅资料　　□⑧学习反思

其他（具体方法）：_____

第2课　迎接蚕宝宝的到来（2课时）

学习目标

1. 观察蚕卵，记录蚕卵的外部形态特征，知道蚕的一生从卵开始，对饲养和观察蚕产生兴趣。

2. 能通过养蚕的资料和视频，写出养蚕的注意事项，知道蚕生长发育需要食物、空气等环境条件，逐渐培养从资料中提取信息的能力。

3. 观察鸡卵，知道鸡卵的结构与功能，认识鸡卵为鸡的生命发育提供了所需的条件。知道不同动物的卵的外部形态不同，但内部结构相似。具有如实记录观察到的现象的科学态度。

学习评价

表4-4-6　学习评价表

评价内容	符合	不符合
1.我能画出蚕卵，并用简单的文字来描述蚕卵。（检测目标1）		
2.我能写出3点以上养蚕的注意事项。（检测目标2）		
3.我能画出生鸡卵的内部结构，并标注结构名称。（检测目标3）		
4.我能举例说明不同动物的卵的外部形态不同。（检测目标3）		

学习过程

前置学习：根据经验在正确选项的□中打"√"。

1. 鸡的新生命从哪开始：□鸡蛋　　□小鸡

2. 鱼的新生命从哪开始：□鱼卵　　□小鱼

3. 蚕的一生从_____开始。

问题1：蚕的一生从卵开始，那蚕卵是怎样的？它有什么特点？用图画和文字记录下来。（评价内容1）

画出你看到的蚕卵	描述你看到的蚕卵 大小： 形状： 颜色： 其他：

问题2：查找并学习资料，要想让蚕卵顺利地孵化并健康成长，需要注意什么？（评价内容2）

知识链接

生物区别于非生物的特征之一是生物有基本的生存需求，例如蚕需要空气、蚕卵的孵化和蚕的生长都需要适宜的温度、蚕需要吃桑叶来获取营养和水分等。

问题3：蚕卵里面有什么？卵能给生命提供什么呢？鸡卵的结构和蚕卵相似，我们用放大镜观察一下鸡卵。（评价内容3）

画一画我观察到的生鸡卵的内部结构

练习与检测

请将卵的结构和对应功能用线连起来。

卵壳	提供胚胎呼吸需要的氧气
气室	提供保护
卵白	发育成新生命
卵黄	提供水分和部分营养
胚	提供胚胎发育所需的主要营养

课后科学实践

请给蚕建一个"家"，观察并记录蚕卵孵化成蚁蚕的过程。

学后反思（评价内容4）

1. 不同动物的卵的外部形态有什么不同，请举例说明。

2. 关于蚕的生长变化，你有哪些想知道的问题？

第3课 蚕的饮食起居（1课时）

学习目标

1. 观察蚕的幼虫，通过文字和画图等方法来描述其形态特征，意识到观察记录的重要性。

2. 通过观察，知道蚕幼虫的身体分为头、胸、腹三部分，包括口、眼、足、气门等结构，这些结构与取食、运动、呼吸等功能相适应，并掌握按顺序观察事物的方法。

3. 在养蚕活动中，知道蚕的生长发育需要适宜的温度、水分、空气和食物，体会到人类行为会影响动物的生存。

学习评价

表4-4-7 学习评价表

评价内容	符合	不符合
1.我能认真地观察蚕的幼虫的外形并画出来。（检测目标1）		
2.我能标出蚕各部位的名称并圈出蚕吃桑叶部位和运动部分。（检测目标2）		
3.我能写出蚕的生长发育需要适宜的温度、水分、空气和食物。（检测目标3）		

学习过程

问题：养蚕秘籍需要记录蚕的身体结构，蚕的身体有什么特点？用什么吃桑叶？用什么爬行？（评价内容1、2）

技能链接

观察一棵树，我们可以先观察整体，再观察局部。观察蚕也一样哦！（图

4-4-4）

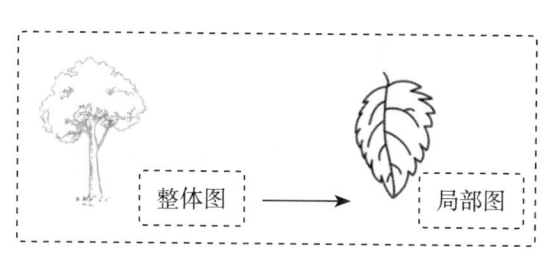

图4-4-4 树的整体图与局部图

1. 请观察蚕的外形并画出来，标出蚕各部位的名称。

2. 通过观察，请给蚕以下部位结构和功能进行连线。

胸足　　运动

腹足　　抓住桑叶帮助取食

图4-4-5 蚕的身体部分结构与功能

3. 试着用棉签轻轻碰一下蚕，观察它的反应。

通过实验观察，我发现蚕的幼虫对外界刺激□ 有　□ 没有反应。

知识链接

生物区别于非生物的特征之一是能对外界刺激做出反应，例如乌贼，在遇到敌害时会迅速喷出墨汁，将周围的海水染黑，掩护自己逃生。植物也会对外界刺激做出反应，例如含羞草的叶片受到刺激就会合拢。

练习与检测

1. 蚕两侧身体的小黑点的作用是（　　）。

A. 呼吸　　　　　　　　B. 吃桑叶

C. 排出粪便　　　　　　D. 装饰

2. 观察蚕幼虫的外形，发现（　　）。

A. 身体分为头、胸两部分，身体上没有体节

B. 身体分为头、胸两部分，身体上有体节

C. 身体分为头、胸、腹三部分，身体上没有体节

D. 身体分为头、胸、腹三部分，身体上有体节

课后科学实践

1. 在蚕房中搭些小架子，或用纸做些小格子为蚕宝宝结茧做准备。

2. 观察蚕吐丝的过程，并用图画记录下来。

学后反思（评价内容3）

蚕的生存和生长发育需要_____，人类的行为会影响动物的生存，例如_____。

第4课 蚕变了新模样（1课时）

学习目标

1. 基于课前观察，概括蚕吐丝结茧的过程，并与同学进行交流；知道蚕茧具有保护蚕蛹的作用；通过蚕丝与人类的关系，初步理解人类的生活依赖自然。

2. 通过观察，知道蚕蛹的身体分为头、胸、腹三部分，是蚕生长发育过程中的一个重要阶段；能依据蚕蛹的身体特点对蚕蛹身体可能发生的变化进行预测。

3. 通过对比和分析，知道蚕蛹由蚕的幼虫发育而来，蚕蛹身体的外部特征与幼虫区别很大，掌握对比观察的方法。

学习评价

表4-4-8 学习评价表

评价内容	符合	不符合
1.知道蚕茧具有保护蚕蛹的作用。（检测目标1）		
2.我能认真地观察蚕蛹并标注其结构。（检测目标2）		
3.对比蚕幼虫和蚕蛹，我能说出蚕蛹是由什么发育而来的。（检测目标3）		

学习过程

前置学习

经过一段时间，养蚕秘籍上已经记录了蚕从卵到幼虫的变化，现在蚕有发

生变化吗？（评价内容3）

图4-4-6 蚕的生长变化

知识链接（评价内容1）

蚕吐丝结茧是为了将自身包裹在严密的茧壳当中，既可以躲避天敌保护自己，又可以放心地在蚕茧里变成蚕蛹。

问题：蚕在蚕茧里是怎样的？为什么要保护起来？蚕蛹是由蚕的幼虫发育而来的吗？请写出你观察到的证据。蚕蛹还会发生变化吗？它会变成什么？（评价内容2、3）

1.我推测：蚕蛹 □是 □不是蚕幼虫发育而来的，理由是_____。

2.轻轻剪开蚕茧，观察蚕蛹的结构，将蛹和蚕共同的部位用线段连接起来。

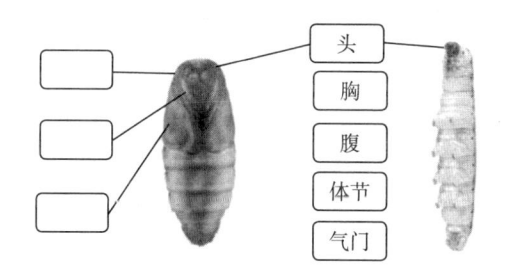

图4-4-7 蚕蛹与蚕身体结构对比

3.用棉签轻轻触碰蚕蛹，观察它有什么反应，这说明了什么？

练习与检测

1.蚕在蚕茧里的这种状态叫作（　　　）。

A.蚕卵　　　　　　　　　B.蚕的幼虫

C.蚕蛾　　　　　　　　　D.蚕蛹

2.不属于蚕蛹与蚕的幼虫的共同特征的是（　　　）。

A.有头、胸、腹三部分　　B.有体节、足

C.有复眼、触角

3.蚕为什么要做个茧把自己包裹起来呢？（　　　）

A. 保护 B. 伪装
C. 求偶 D. 繁殖

课后科学实践

课后同学们进行调查，还有哪些动物一生中也会经过蛹的阶段。

学后反思（评价内容2）

依据蚕蛹的身体特点，请推测蚕蛹接下来会发生什么变化。

第5课 从茧里钻出来（1课时）

学习目标

1. 通过观察，能描述蚕蛾的身体分为头、胸、腹三部分，头上长有一对触角，胸部长有两对翅膀和三对足，是蚕的成虫阶段。在活动中感受生命的神奇。

2. 能基于对蚕蛾和蚕蛹的观察比较，推测蚕蛾身体的各部分结构与蚕蛹的联系，初步具备依据事物特征进行推理的能力。

3. 能基于蚕蛾的结构特征，总结出昆虫类动物具有的共同特征，并根据昆虫类动物的特征来判断哪些动物是昆虫，初步形成动物分类的意识。

学习评价

表4-4-9 学习评价表

评价内容	符合	不符合
1.我能认真地观察蚕蛾并标注其结构。（检测目标1）		
2.对比蚕蛾和蚕蛹，我能推测出蚕蛾是由什么发育而来的。（检测目标2）		
3.根据昆虫类动物的特征，我能准确地判断哪些动物是昆虫。（检测目标3）		

学习过程

前置学习

根据经验判断下列动物哪些属于昆虫，请在□中打"√"。

□蚂蚁　□蚕蛾　□蜻蜓　□蝙蝠　□蜂鸟　□蝴蝶　□壁虎

问题1：这段时间蚕又发生了新变化并从蚕茧里钻出来了。它是什么？是蛹吗？请在图4-4-8中找答案吧！（评价内容1、2）

1. 我推测：蚕蛾□是 □不是蚕发育而来的，理由是：_____。

2. 观察蚕蛾，在框中填写蚕蛾的头、胸、腹三部分结构。与蚕蛹的结构进行对比，将对应的结构用线连接起来。

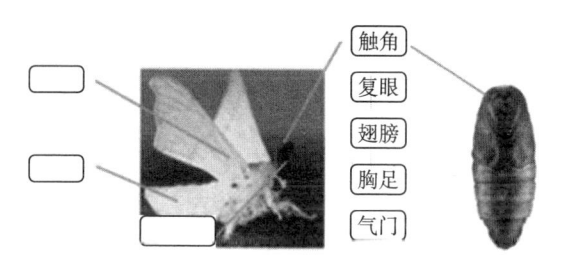

图4-4-8 蚕蛾与蚕蛹身体结构对比

问题2：哪些动物的形态结构与蚕蛾相似？它们有什么共同特征？（评价内容3）

判断下列动物是不是昆虫。如果不是，请写出理由。

1. 蝙蝠（　　）昆虫，理由是_____。
2. 蜘蛛（　　）昆虫，理由是_____。
3. 壁虎（　　）昆虫，理由是_____。

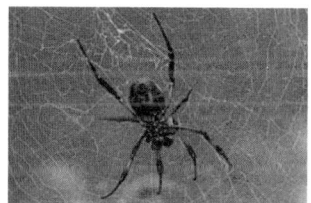

图4-4-9 蝙蝠、壁虎、蜘蛛

知识链接

昆虫类动物的特征：身体分为头、胸、腹三部分，头上有一对触角、胸部有三对足。

练习与检测

见图4-4-10，仔细观察蚕蛾和下列动物，它们身体的共同特征是（　　）。

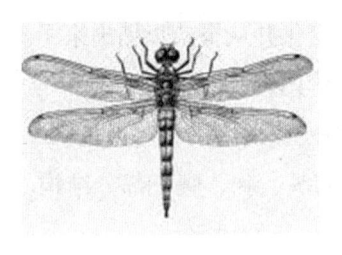

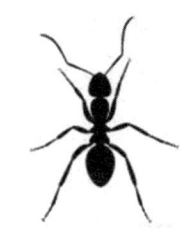

图4-4-10 蜻蜓和蚂蚁

A. 身体分为头、胸、腹三部分 　　B. 头上有一对触角

C. 胸部有三对足 　　D. 有翅膀

学后反思

观察我们周围的动物，在横线上至少写出6种昆虫：_____。

第6课　蚕的繁殖（1课时）

学习目标

1. 通过观察，能根据外部形态特征来识别雄性蚕蛾和雌性蚕蛾；知道雌雄蚕蛾交配后，雌蛾产卵繁殖，对动物的繁殖方式产生探究兴趣。

2. 知道卵生动物和胎生动物的区别，能基于动物的繁殖方式，将动物分成胎生和卵生动物两类，初步掌握根据特征对动物分类的能力。

3. 列举动物生存依赖植物的例子，对比、分析动物和植物生存需求的差异，认同热爱自然、保护环境以及保护当地动植物资源的积极意义。

学习评价

表4-4-10　学习评价表

评价内容	符合	不符合
1.我能写出雄蛾和雌蛾的区别。（检测目标1）		
2.我能将动物分成卵生和胎生动物。（检测目标2）		
3.我能列举动物依赖植物筑巢，作为庇护所的例子。（检测目标3）		

学习过程

问题1：每只从茧里钻出来的蚕蛾都一样吗？它们有什么不同？（评价内容1）

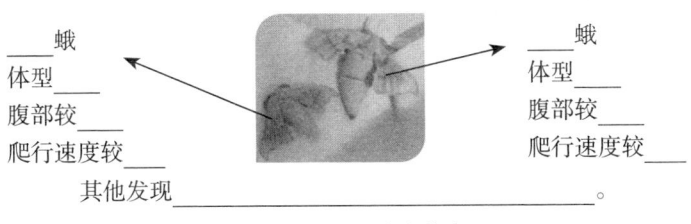

　　___蛾　　　　　　　　　　　　　　___蛾
　　体型___　　　　　　　　　　　　　体型___
　　腹部较___　　　　　　　　　　　　腹部较___
　　爬行速度较___　　　　　　　　　　爬行速度较___
　　　其他发现_____。

图4-4-11　蚕蛾的特点

知识链接

雌蚕蛾和雄蚕蛾尾对尾，它们在做什么？

生物区别于非生物的特征之一就是会繁殖。大多数动物和蚕一样，雌性动物会和雄性动物进行交配（见图4-4-12）。交配后雌性动物会繁殖后代，从而让生命得以延续。

问题2：蚕通过产卵繁殖下一代，让生命延续下去。哪些动物繁殖方式与蚕相似？哪些动物与蚕不同呢？（评价内容2）

图4-4-12　蚕蛾交配

①鸡　　②鳄鱼　　③天鹅　　④猫　　⑤蝙蝠　　⑥大熊猫
⑦鲸鱼　　⑧人　　⑨企鹅　　⑩蚂蚁　　⑪蜗牛　　⑫羊

跟蚕的繁殖方式相似的有：_____，像这样产卵繁殖后代的叫作卵生。
跟蚕的繁殖方式不一样的有：_____，它们直接生下胎儿，叫作胎生。

练习与检测

1.雄蛾和雌蛾尾对尾，它们是在进行（　　　）。

　A.决斗　　　　　　　　B.交配　　　　　　　　C.游戏

2.繁殖方式 { ☐ ，如_____、_____、_____。
　　　　　　 ☐ ，如_____、_____、_____。

学后反思（评价内容3）

动物和植物有不同的生存需求，大部分动物的生存依赖于植物。有些动物以植物为食，有些动物依赖植物筑巢，作为庇护所。请在横线上写出具体的例子。

_____

第7课 蚕的一生（1课时）

学习目标

1. 基于观察记录，整理蚕在每个阶段的身体形态和行为表现等信息，用数学的方法来统计蚕的不同阶段经历的时间，总结蚕的一生经历卵、幼虫、蛹、成虫四个阶段，体验到持续观察记录的艰辛和乐趣。

2. 通过观察蚕的一生，了解常见动物的一生，并总结出动物生命周期的特点，体会到生命的可延续性。

3. 描述常见动物的特征，总结它们的共同特征，说出生物与非生物的不同特点，体会到生命的可贵。

4. 能列举动物适应季节变化的方式，并说出这些方式对维持动物生存的作用。

学习评价

表4-4-11 学习评价表

评价内容	符合	不符合
1.我能对蚕的生长变化顺序进行排序并统计各个阶段经历的时间。（检测目标1）		
2.我能总结出动物的一生经历的四个过程。（检测目标2）		
3.我能写出生物与非生物的不同特点。（检测目标3）		
4.我能以蚕为例说出动物适应季节变化的方式。（检测目标4）		

学习过程

前置学习

见图4-4-13，蚕的生长变化顺序是_____。

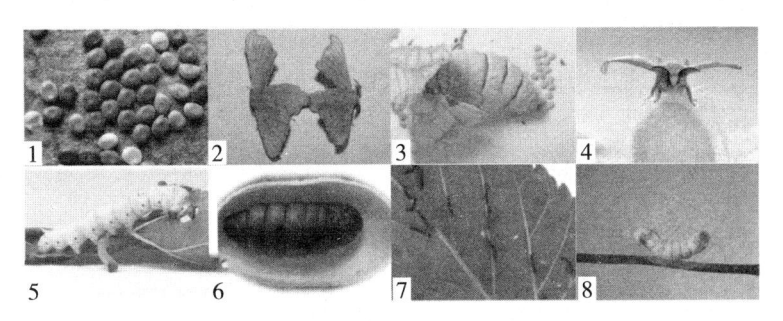

图4-4-13 蚕的生长变化排序

问题1：养蚕秘籍需要记录蚕的一生，那从蚕卵直至蚕蛾死亡，蚕的一生经历了怎样的过程？（评价内容1）

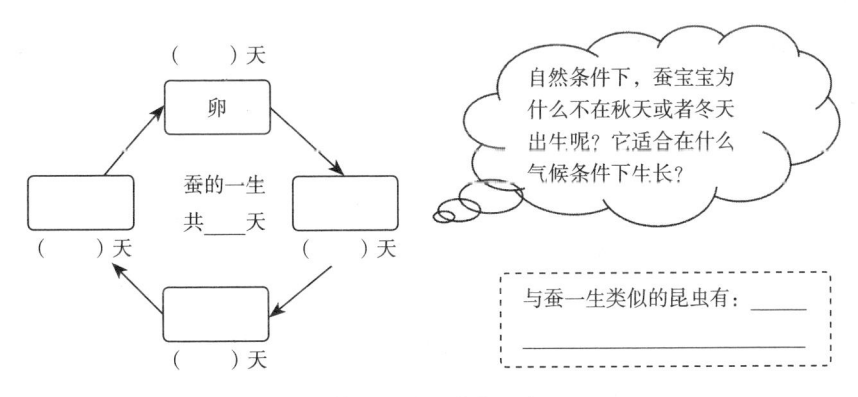

自然条件下，蚕宝宝为什么不在秋天或者冬天出生呢？它适合在什么气候条件下生长？

与蚕一生类似的昆虫有：_____

图4-4-14 蚕的一生

问题2：动物具有一定的身体结构，根据身体结构的不同分为昆虫类、鸟类、哺乳类等，这些动物的一生又是怎样的呢？（参考课本P39~41）（评价内容2）

1.像鸡那样，卵生、身上长有羽毛和翅膀的动物，属于鸟类。

鸟类的一生要经历：_____。

2.像狗那样，身上长毛、胎生、吃妈妈乳汁长大的动物叫作哺乳动物。

哺乳动物出生后要经历：_____。

3.我们人的一生和_____相似。

4.通过观察思考，发现所有动物的一生都要经历这样的过程：

（　　　）—（　　　）—（　　　）—（　　　）

> **知识链接**
> 生物区别于非生物的特征之一是生物会生长发育。

问题3：通过这个单元的学习，你发现生物（动物）区别于非生物的特征有哪些吗？（评价内容3）

表4-4-12 生物与非生物的区别

生物（动物）	非生物

练习与检测

1. 与蚕的一生相似的动物是（　　）。

A. 蝴蝶　　　　B. 小鸡　　　　C. 狗　　　　D. 人类

2. 适合蚕卵孵化的季节是（　　）。

A. 春季　　　　B. 夏季　　　　C. 秋季　　　　D. 冬季

3. 我们小学生处在动物一生中的（　　）过程。

A. 出生　　　　B. 生长发育　　　　C. 繁殖　　　　D. 死亡

4. 下列动物的共同特征中，不包括（　　）。

A. 需要空气、食物等　　　　B. 会生长发育

C. 没有生命　　　　D. 对外界刺激做出反应

学后反思（评价内容4）

动物会发生一些变化来帮助其更好地维持生存需求，例如动物通过换毛、迁徙或冬眠等方式来适应季节变化。你能给下列动物适应季节变化的方式连线吗？

兔子　　　　大雁　　　　蛇

换毛　　　　迁徙　　　　冬眠

图4-4-15 动物适应季节变化的行为方式连线图

第8课　养蚕秘籍展示会（1课时）

学习目标

1. 根据评价标准对自己的"养蚕秘籍"作品进行自评，能对自己的养蚕秘籍进行反思。

2. 能够向他人介绍自己的作品，乐于倾听他人的观点，改进和完善自己的养蚕秘籍，初步形成交流、反思和评价探究过程和结果的意识。

学习评价

表4-4-13　学习评价表

评价内容	符合	不符合
1.我能结合评价标准对自己的作品进行自评。（检测目标1）		
2.我能主动介绍自己的作品，倾听、记录他人的建议。（检测目标2）		
3.我能改进自己的作品。（检测目标2）		

学习过程

问题1：展示会可以让大家更好地了解你的养蚕秘籍，也可以学习到其他同学的优秀经验。怎样可以更好地介绍你的养蚕秘籍呢？（评价内容2）

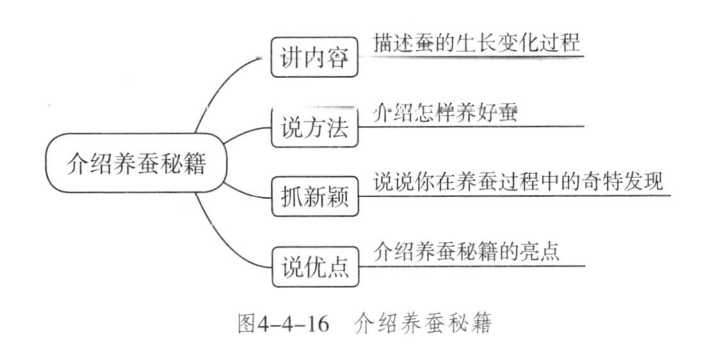

图4-4-16　介绍养蚕秘籍

问题2：你的养蚕秘籍符合标准吗？请先完成自评，再邀请其他同学评价一下自己的作品吧！（评价内容1、2）

表4-4-14　自评与他评

评价内容		自评	他评	具体改进建议
真实性（3分）	内容来源于观察和学习，真实、可靠，不是从网络上直接摘抄的。	□一部分 □大部分 □全部分	□一部分 □大部分 □全部分	
科学性（3分）	对蚕的生长变化过程描述正确。	□有2处或2处以上的错误 □有1处错误 □全部正确	□有2处或2处以上的错误 □有1处错误 □全部正确	
完整性（3分）	包含封面、目录、蚕的一生（卵—幼虫—蛹—成虫）的变化记录和饲养方法。	□欠缺大部分 □欠缺少部分 □内容完整	□欠缺大部分 □欠缺少部分 □内容完整	
表达交流（3分）	介绍作品的主要内容及使用方法。	□不能介绍 □粗略介绍 □清晰、流利介绍	□不能介绍 □粗略介绍 □清晰、流利介绍	
趣味美观性（3分）	图文结合，作品呈现新颖、有趣、美观、吸引人。	□不能吸引人 □能吸引人 □非常吸引人	□不能吸引人 □能吸引人 □非常吸引人	

练习与检测

1. 根据本节课的学习，你认为下列做法正确的是（　　　）。

A. 知道自己的养蚕秘籍还有没达标的项目，但是不再进行改进

B. 能根据同学们的建议对自己制作的养蚕秘籍进行修改

C. 同学的养蚕秘籍制作比较好，故意不给出客观评价

D. 为防止他人抄袭，在介绍养蚕秘籍的时候只展示部分内容

2. 我们可以从（　　　）方面来评价同学的养蚕秘籍。

A. 科学性　　　　　　　　　　B. 真实性

C. 表达交流　　　　　　　　　D. 以上都是

学后反思（评价内容3）

1. 通过"养蚕秘籍展示会"活动，我的收获是：

2. 我还想这样改进我的养蚕秘籍：
_____

第9课　单元小结（1课时）

学习目标

1. 能正确地补充单元知识结构图，加强知识间的联系，乐于梳理已学知识。

2. 完成"看看对动物了解有多少"的习题，检测本单元知识点的掌握程度，关注自己的学习情况。

3. 填写单元学习评价表，了解自己的问题解决能力，客观地评价自己的整体表现。

4. 回顾饲养蚕的全过程，总结制作"养蚕秘籍"过程中遇到的问题和解决方法，体会到学习反思的重要性。

学习评价

表4-4-15　学习评价表

评价内容	符合	不符合
1.我能正确地补充"动物的一生"单元思维导图相关内容（检测目标1）		
2.我能完成"看看对动物了解有多少"的习题。（检测目标2）		
3.我能填写单元学习评价表，了解自己的问题解决能力。（检测目标3）		
4.我能总结制作"养蚕秘籍"过程中出现的问题和解决方法。（检测目标4）		

学习回顾（评价内容1）

回顾蚕的一生及你知道的知识，补充以下思维导图（见图4-4-17）：

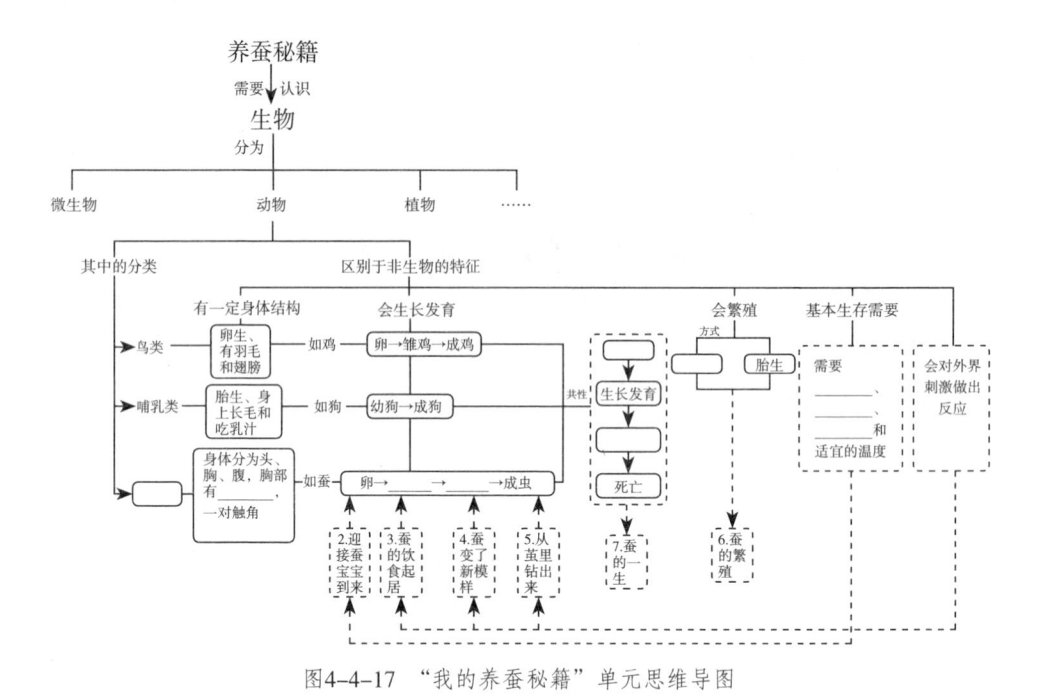

重构"教"与"学"：
支持问题解决的小学科学单元学历案

图4-4-17 "我的养蚕秘籍"单元思维导图

看看我对动物了解多少（评价内容2）

"昆虫美术家"金凤蝶的一生

伞形花科植物——独活，在夏季的沼泽边上开出洁白的花，成片或三三两两。晨光柔和，散漫着晨雾的花下，偶尔会有几粒比露珠还细小的卵（如图4-4-18），貌似和这个世界没有什么关系地悄然出现。

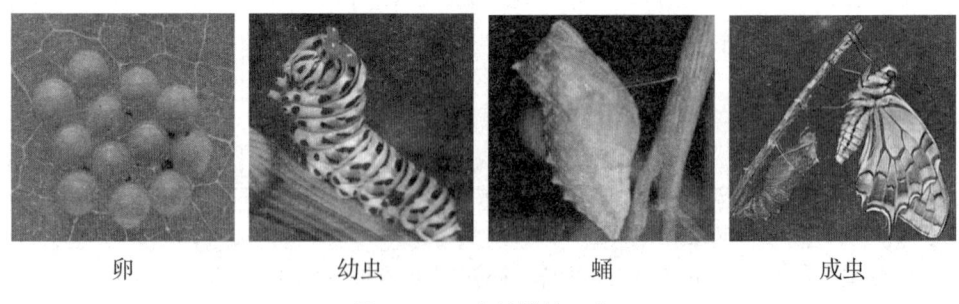

| 卵 | 幼虫 | 蛹 | 成虫 |

图4-4-18 金凤蝶的一生

稍过几日，在最嫩的花茎上，便会有几条蠕虫轻微爬动，这便是"花中精灵"——金凤蝶的生命起始。

花儿如伞，越开越大，而金凤蝶"小宝宝"的胃口也越来越大，它们的成长需要经过五次蜕皮，外表的色彩愈发迷人、惊艳。虽是亘古不变的一身"套装"，却是如此完美而无须修饰。美，自然天成！自我升华是无法阻挡的原力。是啊，需要翅膀，需要飞翔，需要去花间穿梭，需要去爱，需要去被爱。在恰当的时机，痛苦地做茧包裹自己，让带着生命积淀的翅膀悄无声息地发育，期待那个披着霞光、生机盎然的黎明，羽化成蝶，让生命、让世界再一次惊呼……

（摘自：《学习强国》杭州学习平台2019-09-18）

1. 金凤蝶的繁殖方式是（　　　）。

A. 哺乳　　　　　　　　　　B. 卵生

C. 胎生　　　　　　　　　　D. 卵胎生

2. 金凤蝶属于昆虫，因为（　　　）。

A. 有一对触角　　　　　　　B. 身体分为头、胸、腹三部分

C. 有三对胸足　　　　　　　D. 前面三个都是

3. 下列特征不属于金凤蝶的是（　　　）。

A. 需要食物　　　　　　　　B. 不会对外界刺激作出反应

C. 会死亡　　　　　　　　　D. 会繁殖

4. 金凤蝶的生命过程依次是（　　　）。

A. 出生—繁殖—生长发育—死亡

B. 出生—生长发育—繁殖—死亡

C. 死亡—出生—生长发育—繁殖

D. 繁殖—出生—生长发育—死亡

5. 下列对金凤蝶的描述错误的是（　　　）。

A. 金凤蝶的生命从卵开始

B. 金凤蝶的卵在夏天孵化是因为夏天有适宜的温度和湿度

C. 金凤蝶不需要栖息地

D. 金凤蝶做茧将自己包裹起来，是为了创造一个蜕变的安全环境

单元学习评价（评价内容3）

请根据评价标准对自己本单元学习的问题解决情况打上自评分数（表4-4-16）。

表4-4-16 "我的养蚕秘籍"单元问题解决能力评价表

一级维度	二级维度	评价内容				自评
		0分	1分	2分	3分	
问题表征能力	发现问题	不能在情境中发现问题。	能在情境中发现并提出1个问题。	能在情境中发现并提出2个问题。	能够识别情境中的有用信息，提取关键问题。	
	澄清问题	无法提出养蚕秘籍作品的要求。	能提出养蚕秘籍作品的1个要求。	能提出养蚕秘籍作品的2个要求。	能提出养蚕秘籍作品的3个或3个以上要求。	
方案制订能力	拆解问题	不能提出需要解决的具体问题。	能提出1个需要解决的具体问题。	能提出2个需要解决的具体问题。	能提出3个或3个以上需要解决的具体问题。	
	方案制订	不能写出观察记录的方案。	能写出1种观察蚕变化的内容和记录方法	能写出2种观察蚕变化的内容和记录方法	能写出3种或3种以上观察蚕变化的内容和记录方法。	
方案执行能力	方案试验	不能观察和记录蚕的生长变化。	只能够观察和记录蚕的小部分生长变化。	能够观察和记录蚕的大部分生长变化。	能够观察并完整记录蚕的所有生长变化过程。	
	优化方案	不能对养蚕秘籍进行补充、完善。	能对养蚕秘籍的内容进行简单的补充、修改。	能根据要求和反馈，对养蚕秘籍的大部分内容进行补充、修改。	能够根据要求和反馈，积极地对养蚕秘籍的内容进行补充、修改。	
元认知能力	成果评价	不能对自己和他人的作品做出评价	能够按照标准对自己的作品做出评价，但不能对他人的作品做出评价。	能够按照标准对自己和他人的作品做出评价，但不能写出建议。	能够按照标准对自己和他人的作品做出评价，且能写出合理的建议。	
	监督过程	不能填写问题解决思路流程图。	能填写问题解决思路流程图中1个框的内容。	能填写问题解决思路流程图中2个框的内容。	能填写问题解决思路流程图中3个框的内容。	

单元反思（评价内容4）

1. 我对本单元的学习：□感兴趣　□比较感兴趣　□不感兴趣。

2. 写出在解决问题过程中最常用到的三个方法：_____。

3. 本单元学习中我最大的进步是_____。

4. 本单元学习中我有待提高的地方是_____。

5. 在制作养蚕秘籍的过程中，我们是这样解决问题的：

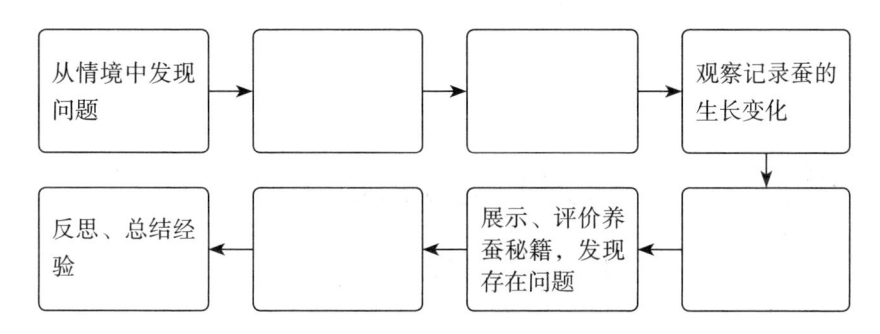

| 从情境中发现问题 | → | | → | | → | 观察记录蚕的生长变化 |

| 反思、总结经验 | ← | | ← | 展示、评价养蚕秘籍，发现存在问题 | ← | |

第五节 "我为广东地质景点做代言"单元学历案设计

一、"我为广东地质景点做代言"单元基本信息

（一）教材版本

教科版《科学》（2020年版）五年级上册"地球表面的变化"单元。

（二）单元对应的课程标准内容

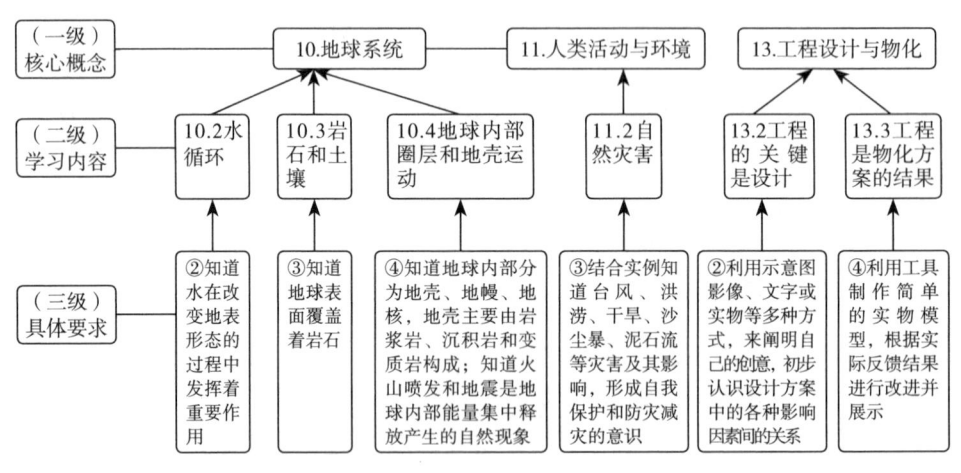

图4-5-1 单元对应的课程标准内容

（三）学习对象及学情分析

本单元的学习对象是小学五年级学生。

学生通过平时的阅读和其他渠道，对地球的内部结构有了一定的了解，也知道了一些典型的地形地貌，但是对于地形地貌形成的原因还不是很清楚。比

如，学生虽然知道有地震、火山喷发等自然现象，但是对于地震、火山喷发发生在地球的哪个部分以及力量的来源并不清楚。此外，学生对地球的探索产生天然的兴趣。

小学五年级的学生处于皮亚杰的儿童认知发展理论的具体运算阶段，他们的分类和理解概念的能力较前一阶段都有了明显的提升，但仍然需要借助具体事物的支持来进行学习。而本单元的概念相对抽象，因此，需要采用模型、模拟实验、视频等手段来辅助学生建构概念。同时该年段的学生也处于小学高年级阶段，学生的好奇心强，愿意主动尝试新鲜事物，有较强的责任感和使命感，且动手能力和信息素养高于三、四年级的学生，进行小组合作探究学习的能力有所提升，乐于接受有挑战性的任务。

（四）单元目标

表4-5-1 "我为广东地质景点做代言"单元目标

核心素养	目标描述
科学观念	1.知道水在改变地表形态的过程中发挥着重要作用。 2.知道地球表面覆盖着岩石。 3.知道地球内部分为地壳、地幔和地核，地壳主要由岩浆岩、沉积岩和变质岩构成。 4.知道火山喷发和地震是地球内部能量集中释放产生的自然现象。 5.掌握防灾减灾和应急逃生的基本方法。 6.知道简单工程存在一定的约束条件和验收标准。
科学思维	1.运用观测、调查、模型建构等方法来认识地球现今的面貌是因为地球内因和外因的共同作用而形成的。 2.运用分析、比较、推理等方法来解释典型地形的形成原因。 3.尝试采用不同的思路和方式来呈现广东地质景点宣传作品。
探究实践	1.制作实物模型，模拟地球内部的圈层结构。 2.通过模拟实验，探究火山和地震的成因。 3.通过模拟实验，探究水、风、植物等对地表形态的影响。
态度责任	1.在好奇心的驱使下，表现出对广东地质景点做代言产生兴趣。 2.体会到人类自身的活动也在改变着地表的形态，形成保护环境的意识。 3.形成关爱生命、防灾减灾的意识。

重构"教"与"学"：
支持问题解决的小学科学单元学历案

（五）单元内容框架

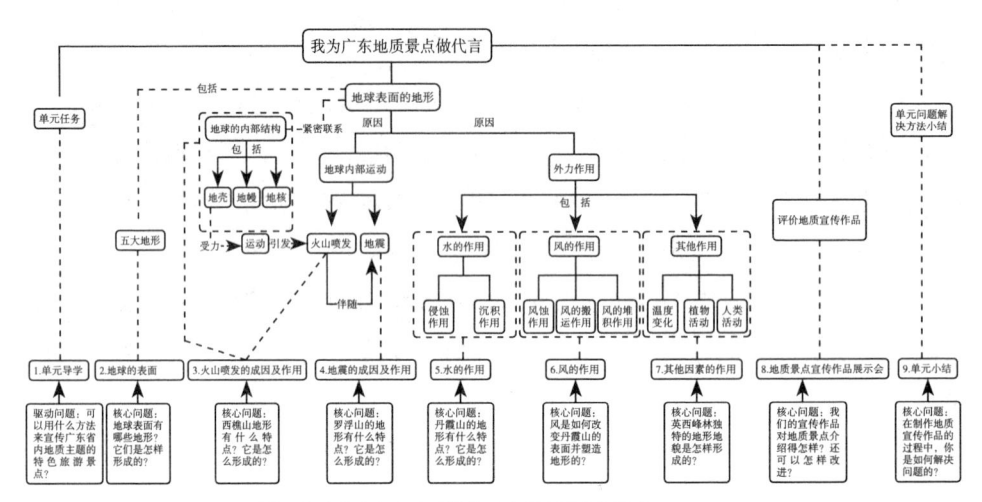

图4-5-2 "我为广东地质景点做代言"单元内容框架

（六）单元课时

一共9节，分10个课时，每课时40分钟。

（七）学习活动设计

表4-5-2 "我为广东地质景点做代言"学习活动设计

课题	活动	学习目标	设计意图
1.单元导学（1课时）	活动一：提出问题	1.能在情境中发现问题，提出"为广东地质景点做代言"的设想，养成提出问题的习惯。	先给学生出示广东著名的地质景点，然后提出作为小主人要"为广东地质景点做代言"的驱动任务，让学生提出对宣传作品想要研究的问题，并根据单元任务，讨论并提出宣传作品的具体要求。学生组建学习共同体并制订研究计划，明确要介绍的地质景点和小组分工。
	活动二：确定宣传作品的要求	2.通过小组讨论，能根据宣传的内容、形式和制作的实际情况提出地质景点宣传作品的评价标准，意识到单元作品有设计与制作要求。	

续表

课题	活动	学习目标	设计意图
1.单元导学（1课时）	活动三：制订计划	3.能根据地质景点宣传作品的标准，提出解决的方法，明确解决问题的步骤。养成在解决问题前先要对问题进行全面思考的习惯。	
2.地球的表面（1课时）	活动一：了解地球表面的主要地形（以我国为例）	1.通过观看视频、观察中国地形图，知道地球表面的地形是复杂多样的，常见的陆地地形有平原、高原、山地、丘陵和盆地等，并能说出平原、高原、山地、丘陵和盆地的特点，对进一步探究地球表面产生兴趣。	通过地形地图等资料，学生可以直观地认识到地球表面有各种各样的地形，建构"地形"的概念，而整个单元正是围绕地球表面地形地貌的变化展开的。紧接着聚焦一些特殊景点的地形地貌，猜测它们的形成原因，了解学生的前概念，也让学生带着思考进行后面整个单元的探究。
	活动二：猜测特殊的地形地貌的形成原因	2.尝试对地形地貌变化的原因进行有依据的猜测，养成证据意识和推理习惯。	
3.火山喷发的成因及作用（第1课时）	活动一：了解地球的内部结构	1.通过阅读资料、观看视频、制作实物模型来了解地球从表面到地心分为地壳、地幔、地核三个圈层，养成主动探索的习惯。	通过向学生介绍西樵山曾是一座火山，引发学生对火山喷发产生探究兴趣。火山喷发时岩浆来自地球内部，由此引导学生先认识地球的内部结构，再了解地壳的组成并通过视频与模拟实验来认识地壳运动，把火山喷发的成因和地球表面的变化与地球的内部结构联系起来，帮助学生理解地壳运动会改变地形的概念。
	活动二：了解地壳的组成	2.通过资料阅读、观看视频，知道组成地壳的岩石可分为岩浆岩、沉积岩和变质岩三大类及这三大类岩石的典型代表，逐步培养自主学习的能力	
	活动三：认识地壳运动	3.通过资料阅读、观看视频和模拟实验，理解地壳在不断地运动着，体会通过间接经验进行学习的重要性。	
3.火山喷发的成因及作用（第2课时）	活动一：探究火山喷发的成因	1.通过小组合作完成模拟实验，理解地壳运动是火山喷发的原因。认同模拟实验的意义和作用，体会小组合作的重要性。	借助模拟实验，帮助学生印证对火山喷发原因的猜测，并提供文字资料，让学生通过阅读形成火山运动会改变地形地貌（形成火山湖和火山锥体）的

207

续表

课题	活动	学习目标	设计意图
3.火山喷发的成因及作用（第2课时）	活动二：火山喷发给地表带来的改变	2.通过阅读资料、观察图片，知道火山喷发会如何改变地球表面的地形，感受大自然的力量。 3.能通过日常经验和推理，说出火山喷发对环境、人类生活产生的影响，学会辩证地看待事物。 4.能够基于所学知识，运用分析、比较、推理等方法来解释某典型地形的形成原因，体验运用所学知识来解释生活现象的乐趣。	认识，并尝试解释西樵山、长白山天池的形成原因。 最后引导学生认识到火山喷发是一种自然灾害，会给自然环境、人类的生活带来灾害，但同时也会产生一些积极影响。在学习的过程中，不仅让学生认识了火山喷发的成因及作用，同时也帮助了学生不断丰富他们对地质景点的认识，从而促进他们丰富和完善宣传作品。
4.地震的成因及作用（1课时）	活动一：了解地震给地表带来的影响	1.了解罗浮山的地形特点。通过阅读资料、观察图片来分析地震后给地表带来的改变，体会地球内部力量对地表的影响是剧烈的，感受大自然的力量，认同人类需要敬畏大自然。	通过向学生介绍罗浮山地处地震断裂带，以资料阅读的方式，聚焦构造断裂活动对罗浮山地形地貌形成的影响，引发改变地形地貌与地震的关系的探究。 紧接着通过设计和进行模拟实验，验证推测，理解地壳运动是地震形成的原因。通过模拟实验，加深学生对模拟实验的作用和意义的认识。 最后，呈现一些具体情境，让学生感受地震给地表带来的变化，同时也让学生掌握在不同的地震情境中如何进行自救和逃生，形成生命至上的意识。
	活动二：探究地震的成因	2.通过设计并进行模拟实验，结合真实情境及模拟实验中获得的证据，理解地壳运动是地震形成的原因，进一步提升探究能力。	
	活动三：地震的作用及逃生自救的方法	3.根据日常积累说出抗震防灾的常识，提升自救能力、树立生命至上的意识。	
5.水的作用（1课时）	活动一：丹霞山地形地貌形成原因	1.通过阅读资料认识丹霞山地形的形成原因。	通过资料阅读，聚焦流水对丹霞山地形地貌形成的影响。通过模拟实验的方式直观地认识降雨、河流对地表的侵蚀作用。同时补充资料阅读也让学生认识了河流对地表的影响，丰富学生对水改变地表的认识。
	活动二：水对丹霞山地表的影响	2.通过模拟实验和资料阅读，认识到雨水降落到地面会侵蚀土地，河流对土地的侵蚀和沉积作用会形成许多不同的地形地貌，初步培养获取和处理信息并得出结论的能力。	

续表

课题	活动	学习目标	设计意图
5.水的作用（1课时）	活动二：水对丹霞山地表的影响	3.能结合生活实际来解释丹霞山、黄土高原等地形地貌形成的原因，具有运用科学原理对现象进行分析的意识，意识到调整人类不合理的生活和生产方式可以减少对环境的影响。	最后了解黄土高原沟壑、珠三角平原的形成原因，修正并强化之前的认知，意识到人类不合理的生活和生产方式会对环境产生影响，树立环保观念。
6.风的作用（1课时）	活动一：猜测风对地质景点地貌的影响 活动二：分析风是怎样改变丹霞山的表面的	1.能根据已有知识和生活经验对"风对地形的作用"提出自己的看法，并且与其他同学进行交流和分享，养成与小组合作交流的学习习惯。 2.能通过"模拟风卷起沙子对岩石的影响"的实验及资料阅读，解释风蚀蘑菇、戈壁滩、雅丹地貌等地貌形成的原因，意识到保护环境的重要性，逐步培养自主学习的能力。	以问题"丹霞山的形成除了地壳运动和流水的作用，还有其他力量参与让其变成如今这个样子吗"来引发学生思考，从而让学生认识到一种地形地貌的形成可能由多种因素共同作用。通过猜测蘑菇石的形成原因，让学生聚焦到风也会改变地形地貌。 接着通过模拟实验，学生可以体会风卷起沙子对岩石产生的影响，继而再对敦煌雅丹地貌的形成做出解释，同时也加深了学生对侵蚀概念的理解。 通过学习，学生意识到一个地质景点的地形地貌是由多方面的原因共同作用形成的，丰富他们对地质景点形成原因的认识。
7.其他因素的作用（1课时）	活动一：推测英西峰林形成的原因 活动二：温度变化、植物活动对英西峰林地表形成的影响	1.通过已有生活经验和视频学习，知道风化作用会改变地球表面的形态，逐步培养自主学习能力。	先向学生展示英西峰林的地形特征，再通过视频，学生认识到水能通过风化侵蚀石灰岩改变地形地貌，从而分析英西峰林地形地貌的成因。 通过视频、图片、模拟实验等，让学生认识到多种外部力量能改变地球的表面地形，自然力量在重塑地表形态的过程中会影响人类的生产生活，人类自身的活动也在改变着地表的形态，让学生形成保护环境、减少对土地的侵蚀意识。

续 表

课题	活动	学习目标	设计意图
7.其他因素的作用（1课时）	活动三：植物覆盖、人类活动对地表形态的影响	2.通过模拟实验视频，探究植被对侵蚀的影响，认识到人类自身的活动也在改变着地表的形态，我们要尽量减少对土地的侵蚀，形成保护环境的意识。	在本课的最后，梳理本单元改变地表形态的因素，树立地球表面的地形地貌变化是地球内部和外部力量共同作用的观念，同时也要改进、完善自己的宣传作品。
8.地质景点宣传作品展示会（1课时）	活动一：撰写宣传作品说明书	1.能根据自己的地质景点宣传作品的实际情况从原理、操作方法、设计图等方面来写一份说明书，认识到可以用说明书来表达自己的设计思路。	学生先根据自己的作品完成"我为广东地质景点做代言"介绍书，并完成作品的自评，为展示做好准备。紧接着开展成果展示会，让学生介绍自己的宣传作品，小组的其他成员根据展示情况对作品提出建议并进行评价。
通过展示会，学生可以相互学习、相互启发。在这个过程中让学生体会到作品是经过不断地修改才形成的。
	活动二：展示、评价与改进宣传作品	2.能根据评价标准对自己的地质景点宣传作品进行自评，并写出待改进的方面，体会到根据标准进行自评和互评的意义。	
		3.在小组交流评价中，能够跟他人介绍自己的地质景点宣传作品并乐于倾听他人的观点，改进和完善自己的作品，初步形成交流、反思和评价探究过程和结果的意识。	
9.单元小结（1课时）	活动一：补充单元知识结构图	1.能正确地补充"制作地质景点作品"知识思维导图，养成梳理、强化知识之间的联系的习惯。	首先利用单元知识结构图，让学生梳理本单元所学的知识，形成"地球现今的面貌不是本来就有的，而是因为地球内因和外因的共同作用而形成的"这一认识，深化对核心概念"地球内部圈层和地壳运动"的理解。通过单元检测题，学生可以对所学知识进行迁移、运用。紧接着通过单元学习评价表，学生可以从问题表征、方案制订、方案执行、评价反思四个方面进行自评，并根据自评方式绘制雷达图，在这个过程中了解自己的问题解决能
	活动二：单元检测	2.通过完成"'地质'知识知多少"的习题，来关注自己对本单元科学概念的掌握情况。	
	活动三：单元学习评价	3.通过单元学习评价表来客观地评价自己的整体表现，了解自己的问题解决能力的情况，客观地评价自己的整体表现。	

续表

课题	活动	学习目标	设计意图
9.单元小结（1课时）	活动四：单元反思	4.对本单元的学习过程进行反思，总结解决问题的方法，养成良好的反思习惯。	力的优势与不足。最后通过单元反思，总结本单元学习中问题解决的过程，反思自己的进步与有待提高的地方。在这个过程中，不断提升学生的总结与反思能力。

（八）单元学习成果评价

表4-5-3 "我为广东地质景点做代言"单元学习成果评价

分数 项目	1分	2分	3分
科学描述	宣传作品能介绍景点基本的地形地貌特点但有2项错误，缺乏独特性。	宣传作品能比较准确地介绍景点的地形地貌特点但有1项错误，独特性不突出。	宣传作品能准确地介绍景点的地形地貌特点并突出独特性。
科学解释	能简单地解释景点的地形地貌形成的原因但有2项错误。	能解释景点的地形地貌形成的原因但有1项错误。	能正确地解释景点的地形地貌形成的原因。
表达与交流	能从宣传内容和作品特点进行介绍但缺少反馈。	能从宣传内容和作品特点进行介绍但有较少反馈。	能从宣传内容和作品特点进行介绍，并对别人的疑惑或建议做出反馈。
加分项（根据作品类型进行评价）			
美观性（1分）	作品内容图文并茂、色彩和谐、画面感强。		
环保性（1分）	能对该景点的保护或开发提出有针对性的建议或者倡议。		

二、"我为广东地质景点做代言"单元学历案设计

致同学们的一封信

亲爱的同学们：

你们参观过西樵山、湛江湖光岩、广东大峡谷吗？广东有许多地质景点，作为小主人的我们，可以用什么方法来宣传广东省内地质主题的特色旅游景

点，吸引更多的同学和家长发现我们广东的地质美呢？在本单元的学习中，我们将以广东地质景点小代言人的身份，用我们的方法去介绍和宣传广东的地质景点。

在本单元中，同学们将学习到：

1. 能通过查阅资料、观看视频、模拟实验等方式，来了解地球表面复杂多样的地形、地球的内部结构和地壳的组成，并探究我国及广东省内一些典型的地形地貌特征形成的原因，初步树立地壳运动和外力作用会改变地形地貌的科学观念。

2. 通过查阅资料，知道自然灾害对人类的影响，具有防灾减灾的常识，能认识到调整人类不合理的生产和生活方式，可以减少对地球环境产生的影响。

3. 在师生的合作下，能提出想要探究的问题，共同制订作品的评价标准；制订具体可行的计划，能根据制订的计划制作宣传作品；能依据评价标准来评价自己和他人的作品；能对整个项目过程进行反思和调整自己的想法，全面提升解决问题的能力。

以下是本单元的学习内容与课时安排：

表4-5-4 单元学习内容与课时安排

课题	核心素养	课时	阶段成果
1.单元导学	创新思维、科学探究、科学态度	1	
2.地球的表面	具体观念、模型建构、推理论证、科学探究、科学态度	1	
3.火山喷发的成因及作用	具体观念、科学本质、模型建构、推理论证、科学探究、科学态度	2	
4.地震的成因及作用	具体观念、科学本质、模型建构、推理论证、科学探究、科学态度	1	地质宣传作品1.0
5.水的作用	具体观念、科学本质、模型建构、推理论证、创新思维、科学探究、科学态度、社会责任	1	
6.风的作用	具体观念、科学本质、模型建构、推理论证、科学探究、科学态度	1	
7.其他因素的作用	具体观念、科学本质、模型建构、推理论证、创新思维、科学探究、科学态度、社会责任	1	

续 表

课题	核心素养	课时	阶段成果
8.地质景点宣传作品展示会	科学探究、技术与工程实践、科学态度	1	地质宣传作品2.0
9.单元小结	具体观念、科学本质、自主学习	1	

为了帮助同学们更好地开展本项目的学习，老师有以下的建议：

1. 在家完成一些科学小实验，拍摄照片、视频，为制作宣传作品积攒相关的素材。

2. 在合理安排、控制时间的前提下，利用电脑等电子设备上网搜集与本项目相关的资料。

3. 向家长或者同学请教制作作品需要用到的技术。

4. 阅读与地球科学（地球内部结构、地壳运动、地球表面地形地貌等）相关的科普书籍。例如《TOP权威探秘百科——火山和地震》《神奇校车——地球内部探秘》《尤斯伯恩看里面——揭秘地球》《乐乐趣揭秘翻翻书系列——揭秘地球》《给孩子看的科普书：百大地球之谜》等。

期待同学们的精彩表现！

科学组

第1课　单元导学（1课时）

学习目标

1. 能在情境中发现问题，提出"为广东地质景点做代言"的设想，养成提出问题的习惯。

2. 通过小组讨论，并根据宣传的内容、形式和制作的实际情况提出地质景点宣传作品的评价标准，意识到单元作品有设计与制作要求。

3. 能根据地质景点宣传作品的标准，提出相应要解决的问题及解决的方法，养成在解决问题前先要对问题进行全面思考的习惯。

4. 能够根据作品要求和小组特点制订具体可行的计划，养成制订计划的习惯。

学习评价

表4-5-5 学习评价表

评价内容	符合	不符合
1.我能在情境中发现问题并针对情境提出问题。（检测目标1）		
2.我能写出单元任务的3~4个评价标准。（检测目标2）		
3.我能根据地质景点宣传作品的评价标准，写出要解决的问题及解决的方法。（检测目标3）		
4.我能和小组讨论，制订具体可行的计划。（检测目标4）		

学习过程

问题1：亲爱的同学们，你们参观过西樵山、湛江湖光岩、广东大峡谷吗？这些都是广东著名的地质景点，我们广东地处祖国东南沿海，地形地貌多样，拥有较多特别的地质景点，但是很多人不了解，作为小主人的我们，可以用什么方法来宣传广东省内地质主题的特色旅游景点，吸引更多的同学和家长发现我们广东的地质美呢？

请写下对于宣传作品你能提出的问题。（评价内容1）

_____

问题2：根据单元任务，我们的宣传作品有什么具体要求？（评价内容2）

_____

问题3：根据这些具体要求，我们需要解决什么问题？怎样解决？（提示：可以从表现形式、内容、创意等方面来提要求。）（评价内容3）

表4-5-6 制作宣传作品需解决的问题

需要解决的问题	解决的方法
1.我们小组要宣传什么景点？ 参考知识链接，我们小组选择宣传的景点是： _____	

问题4：在本课中我们完成了解决问题的前3个步骤，接下来还要经历哪些步骤才能最终解决问题？（评价内容4）

请按照问题解决的思路，给下面的步骤排序，将序号填写在下面的横线上。

①从情境中发现问题　②改进宣传作品　③明确宣传作品的具体标准

④反思、总结经验　⑤制作宣传作品　⑥展示、评价作品，发现存在的问题

⑦制订制作宣传作品方案（确定宣传作品的表现形式、小组分工）

⑧提出制作宣传作品需要解决的问题

①→③→⑧→　　　→　　　→　　　→　　　→

知识链接

广东著名的地质景点有：

□广东大峡谷（韶关）　　□惠州市罗浮山　　□湛江市玛珥湖

□佛山市西樵山　　　　　□韶关市丹霞山　　□肇庆市鼎湖山

□清远市英西峰林　　　　□深圳市大鹏半岛　□其他＿＿＿＿＿＿

对"地质"了解有多少

1. 图4-5-3是地球的内部构造，你认为从地球表面到地心分别是（　　）。

A. 地幔、地壳、地核

B. 地壳、地幔、地核

C. 地核、地幔、地壳

D. 地表、地心、地幔

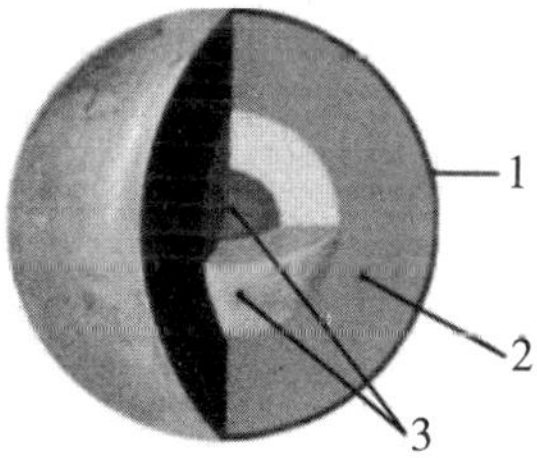

图4-5-3　地球内部构造

2. 你认为，是什么导致了地震的发生和火山的喷发呢？（　　）

A. 地壳运动　　　　　　B. 风的作用

C. 人们建造房屋　　　　D. 水的作用

3. 下列说法错误的是（　　）。

A. 河流会侵蚀河床底部和两岸

B. 雨水会把地表的泥沙带走，使土地受到侵蚀

C. 在河流的入海口容易形成平地

D. 雨水侵蚀不会改变地形地貌

4. 你认为下列哪些因素会改变地球表面的地形？（　　）

A. 地震和火山　　　　　B. 风和水的流动

C. 人类活动　　　　　　D. 以上都是

5. 下列说法中，你认为正确的是（　　）。

A. 地震时我们应该乘坐电梯迅速到达室外

B. 如果森林被砍伐了，暴雨会冲刷土地，让土质变得更好

C. 组成地壳的岩石有岩浆岩、沉积岩和变质岩三大类

D. 地球表面的地形永远都不会发生变化

课后科学实践

小组讨论：确定宣传作品形式并制订关于"广东地质景点的宣传作品的制作"的计划。（评价内容4）

我们计划小组宣传作品的形式是_____（作品形式有宣传片、宣传推文、模型制作等）。

学后反思

在本单元的学习中，可以使用以下方法来解决问题。（在□中打"√"）

□①询问老师　□②向身边的同学、亲友了解

□③查阅书籍、上网搜索资料　□④知识链接

□⑤小组讨论　□⑥实验探究　□⑦学习反思　□⑧改进作品

□⑨去博物馆参观　□⑩实地参观　□其他（具体方法）：_____

第2课　地球的表面（1课时）

学习目标

1. 观察中国地形图，知道地球表面的地形是复杂多样的，常见的陆地地形有平原、高原、山地、丘陵和盆地等，并能说出平原、高原、山地、丘陵和盆地的特点，对进一步探究地球表面产生兴趣。

2. 尝试对地形地貌变化的原因进行有依据的猜测，养成证据意识和推理习惯。

学习评价

表4-5-7　学习评价表

评价内容	符合	不符合
1.我能在中国地形图上找到并跟小组成员说出中国比较典型的地形，如平原、高原、山地、丘陵和盆地，能说出1~2个典型地形的特点。（检测目标1）		
2.我能对特殊地形地貌变化的原因进行有依据的猜测。（检测目标2）		

学习过程

问题1：我们要为广东地质景点做代言，先要了解地球表面，地球表面有哪些地形呢？（评价内容1）

1. 观察中国地形图，找一找有哪些特殊的地形。（每种地形填两个即可）

我找到的平原有：华北平原、_____

高原有：_____

盆地有：_____

丘陵有：_____

山地有：_____

问题2：一些特殊的地形地貌可能是怎样形成的呢？（评价内容2）

2. 请选择2个或2个以上地点，观察图片，说说该地形地貌的特点并猜测其形成的原因（图见课本P22~P23）。

表4-5-8　不同地形地貌特点及形成原因猜测

地点	地形特点（可画图表示）	猜测形成的原因

检测与练习

1.（多选题）你知道广东省内有哪些地形地貌？（　　　）（评价内容1）

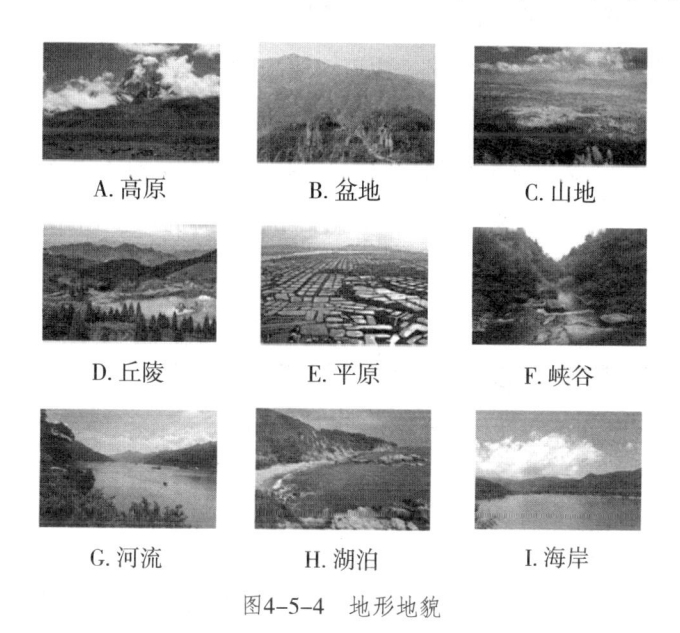

A. 高原　　B. 盆地　　C. 山地

D. 丘陵　　E. 平原　　F. 峡谷

G. 河流　　H. 湖泊　　I. 海岸

图4-5-4　地形地貌

2. 我们小组负责宣传的景点是_____，该景点的地形地貌属于_____地貌，猜测其主要形成的原因可能是_____。（评价内容1、2）

课后科学实践

查找小组负责宣传的景点的相关资料（地形地貌特点、照片、形成原因等），列举国内外与本小组所宣传的景点具有相似成因的景点。

学后反思

在制作宣传作品前，我们需要_____，这是为了让自己对学习成果有全面的规划，同时也方便与同学们交流想法。

第3课　火山喷发的成因及作用（2课时）

第1课时

学习目标

1. 通过阅读资料、观看视频和制作实物模型来了解地球从表面到地心分为地壳、地幔、地核三个圈层，养成主动探索的习惯。

2. 通过资料阅读、观看视频，知道组成地壳的岩石可分为岩浆岩、沉积岩和变质岩三大类及这三大类岩石的典型的代表，逐步培养自主学习的能力。

3. 通过资料阅读、观看视频和模拟实验，理解地壳在不断地运动着，体会通过间接经验进行学习的重要性。

学习评价

表4-5-9　学习评价表

评价内容	符合	不符合
1.我能通过资料主动探索地球的结构，并能准确地写出三个圈层的位置。（检测目标1）		
2.我能通过视频和阅读资料知道组成地壳的岩石，并将三大类岩石与它们的典型代表进行连线。（检测目标2）		
3.我能模拟地壳运动，理解地壳在不断地运动着。（检测目标3）		

学习过程

问题1：樵山是广东的四大名山之一，曾经是一座火山。你了解火山吗？火山喷发跟地球的构造有关吗？地球的内部结构是什么样的？（评价内容1）

1. 思考：火山喷发时喷涌而出的岩浆来自_____。

2. 请写出地球内部结构的名称（见图4-5-5）。

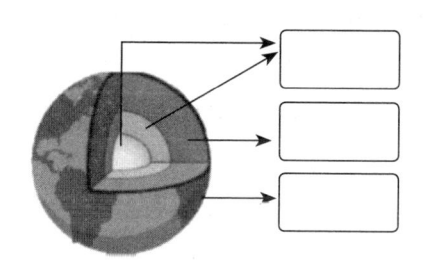

图4-5-5　地球内部结构

问题2：地球的地壳部分由岩石组成，组成地壳的岩石分为哪几类呢？（评价内容2）

3. 了解地壳的岩石种类及典型岩石。将下列岩石种类与相应的典型岩石连线。

岩石种类　　　　　　　　　　典型岩石

岩浆岩　　　　　　　　　　　砂岩

　　　　　　　　　　　　　　大理岩

沉积岩　　　　　　　　　　　玄武岩

　　　　　　　　　　　　　　板岩

变质岩　　　　　　　　　　　花岗岩

　　　　　　　　　　　　　　页岩

问题3：地壳在不断地运动着。地壳的运动会形成什么地形呢？（评价内容3）

知识链接

遇到难以拿研究对象来做实验的实验，我们往往会用一些模型来模拟，这样的实验我们叫作模拟实验。

4. 尝试使用多层海绵来模拟地壳运动。

观察发现：当用力将海绵向中间挤压时，_____。

分析：地壳发生挤压运动，地球表面可能会形成_____，地球表面的形态与地球的内部结构＿＿＿＿＿＿＿＿＿＿＿＿（有关/无关）。

检测与练习

1.如果把地球比作鸡蛋，鸡蛋的蛋壳相当于地球的（　　）。（评价内容1）

A.地核　　　　　　　　　　B.地壳

C.地幔　　　　　　　　　　D.大气层

2.（判断）地壳主要由岩浆岩、沉积岩和变质岩三大类岩石构成。（　　）（评价内容2）

3.（判断）地球地壳有时运动，有时静止。（　　）（评价内容3）

课后科学实践

1.按照教科书第25页的方法，用橡皮泥制作地球结构模型。（评价内容1）

2.小组成员分享寻找到的有关火山形成的景点资料，列举国内外主要由火山喷发而形成的地质景点。

学后反思

学习完本课，对你制作宣传片有什么帮助？

第2课时

学习目标

1.通过小组合作完成模拟实验，理解地壳运动是火山喷发的原因；认同模拟实验的意义和作用，体会小组合作的重要性。

2.通过阅读资料、观察图片，知道火山喷发会改变地球表面的地形，感受大自然的力量。

3.能通过日常经验和推理，说出火山喷发对环境、人类生活产生的影响，学会辩证地看待事物。

4.能够基于所学知识，运用分析、比较、推理等方法来解释某典型地形的形成原因，体验运用所学知识来解释生活现象的乐趣。

学习评价

表4-5-10 学习评价表

评价内容	符合	不符合
1. 我能小组合作完成火山喷发的模拟实验，并如实记录实验现象，通过资料和实验现象来解释火山喷发的原因。（检测目标1）		
2. 我能说出火山喷发给地表带来的影响。（检测目标2）		
3. 我能举例说明火山喷发对环境和人类生活的坏处和好处。（检测目标3）		
4. 我能解释西樵山山顶的天湖形成的原因。（检测目标4）		

学习过程

问题1：我们了解了地球的内部结构，知道地壳是不断运动的，这与火山喷发有什么关系？火山喷发的成因是什么？（评价内容1）

1. 模拟火山喷发的实验（注意实验安全！）：

图4-5-6 模拟火山喷发实验装置图

表4-5-11 模拟火山喷发实验记录表

材料	模拟的物质或状态	观察到的现象
土豆泥		
番茄酱		
酒精灯加热		
根据实验现象分析：火山喷发的原因是_____		

问题2：火山喷发后会改变地形吗？能形成西樵山那样的地形地貌吗？（评价内容2、4）

知识链接

你了解西樵山的地形地貌特点吗？让我们一起来看看。

图4-5-7　西樵山的地形地貌

西樵山位于广东省佛山市南海区的西南部，平地拔起的古山锥体，方圆14平方千米，是一座熄灭了千万年的古火山。在四五千万年以前，西樵山所在的位置是古海湾。一次火山喷发后，喷出的大量熔岩在海水中凝结，形成了西樵山的雏形。此后，在旧山体下，火山又陆续发生了几次喷发，形成了今天的西樵山。

西樵山自然风光美轮美奂，景区有72座山峰，形成众多水景，232处泉眼，28处瀑布，其中西北部的山顶上有一个面积庞大的天湖非常出名，更有"半山扒龙船"的特别民俗活动。

2. 观察模拟实验冷却后的"火山口"，推测喷出去的岩浆冷却后会形成什么？

西樵山天湖形成的原因可能是＿＿＿＿＿＿＿＿＿＿＿＿＿＿＿＿＿＿＿。

检测与练习

1. 火山喷发是由于＿＿＿＿＿＿运动导致地壳下的＿＿＿＿＿＿在高温、高压的作用下，冲破＿＿＿＿＿＿薄弱的部分喷涌而出的。（评价内容1）

2. 火山喷发后对地形带来的改变有：形成火山岛、＿＿＿＿＿＿、＿＿＿＿＿＿等。（评价内容2）

3. （判断）火山对地形地貌的影响是剧烈的，带给人们的影响是毁灭性的，火山对人类和地球产生的影响都是有害的。（　　）（评价内容3）

课后科学实践

分享关于景点的资料，并根据小组宣传作品的形式和内容对资料进行整理、筛选，对作品进行初步构思。

学后反思（评价内容3）

1. 火山喷发还给环境和人类带来了哪些影响？

（1）说一说火山喷发除了改变地形地貌外，还给人类带来了哪些影响。

（2）查找并学习资料，了解火山喷发给人类带来的灾难和益处。

2. 宣传作品已经完成了＿＿＿＿＿＿＿＿＿＿（内容），这个过程中遇到的问题有：＿＿＿＿＿＿＿＿＿＿＿＿＿＿＿＿＿＿＿，我们是这样解决的或者我们计划这样解决：＿＿＿＿＿＿＿＿＿＿＿＿＿＿＿＿＿＿＿＿＿＿＿＿

第4课　地震的成因及作用（1课时）

学习目标

1. 了解罗浮山的地形特点。通过阅读资料、观察图片来分析地震给地表带来的改变，体会地球内部力量对地表的影响是剧烈的，感受大自然的力量，认同人类需要敬畏大自然。

2. 通过设计并进行模拟实验，结合真实情境及模拟实验中获得的证据，理解地壳运动是地震发生的原因，进一步提升探究能力。

3. 根据日常积累说出抗震防灾的常识，提升自救能力，形成生命至上的意识。

学习评价

表4-5-12　学习评价表

评价内容	符合	不符合
1. 我能说出地震会给地表带来哪些影响和变化，并认同人类需要敬畏大自然。（检测目标1）		
2. 我能进行模拟地震实验，认真地观察实验的现象，通过实验现象及资料说出地震发生的成因。（检测目标2）		
3. 我能说出两条以上抗震防灾的方法或做法。（检测目标3）		

学习过程

问题1：罗浮山素有"岭南第一名山"之称，位于广东博罗，地处地震断裂

带，罗浮山独特的地貌是怎样形成的？（评价内容1）

知识链接

罗浮山独特的地貌的形成可能与什么有关？请圈出它独特的地貌形成的主要原因。

罗浮山山体古老，侏罗纪至白垩纪的燕山运动导致大规模的花岗岩侵入和构造断裂活动，形成了东北—西南走向的断裂带。第三纪到第四纪喜马拉雅运动期间发生的间歇性上升运动，使得罗浮山成为四周陡峭、山势雄伟突兀的奇异地形。在长期的风雨洗礼中，大部分燕山运动期侵入的花岗岩上覆盖的地层被剥蚀，花岗岩露出地表，形成了花岗岩穹隆山体。

问题2：断裂活动会引起地震吗？地震给罗浮山地表带来了哪些变化？（评价内容2）

知识链接

（1）地球分为六大板块。这些板块都漂浮在具有流动性的地幔软流层之上。随着软流层的运动，各个板块也会发生相应的水平运动。当两个板块在地下深处移动并相互碰撞时，板块就会变形。当两个板块之间的挤压达到一定程度时，就会发生断裂，断裂释放的能量会传递到地面。

（2）地壳运动的一些形式（见图4-5-8）。

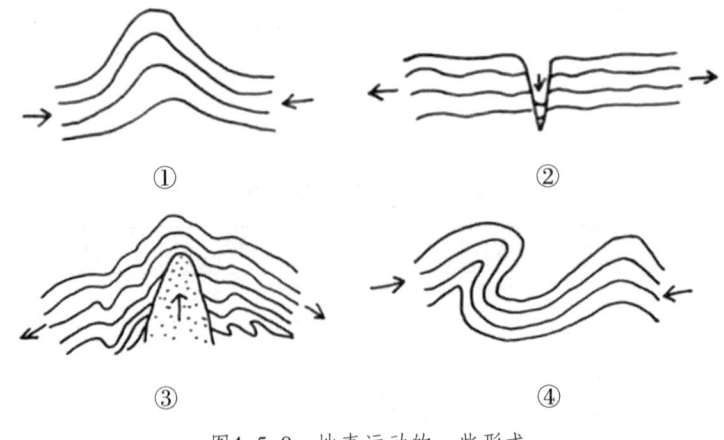

图4-5-8 地壳运动的一些形式

1. 阅读上述知识链接，小组讨论：发生地震的原因是什么？
2. 设计模拟实验：地壳怎样运动会导致地震的发生？

温馨提示：在设计实验时，请思考使用什么材料，材料模拟的是什么，怎样模拟地壳运动，实验要观察什么。

把你的想法用简单的文字或者图画表示：

_____

3. 实验并记录观察到的现象（用文字或图画记录下来：

表4-5-13　模拟地壳运动实验记录表

板块挤压碰撞	
板块拉开分离	

4. 总结地震发生的原因：_____会导致岩层断裂、错位等，出现地震的现象。板块的_____（什么位置）容易发生地震。

问题3：地震会释放很大的能量，给环境和人类造成很大的影响。遇到地震我们应该如何自救和逃生呢？（评价内容3）

5. 阅读课本P28资料，写下地震给地表带来的变化：

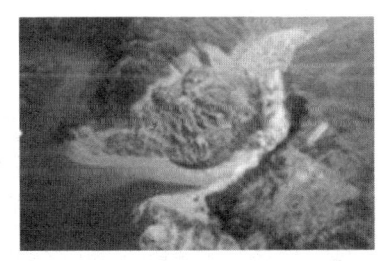

图4-5-9　地震带来的变化

地面_____，地震还会形成_____。

6. 你能说出或模拟面对地震我们能做什么吗？

（1）在教室上课突然发生地震　　　（2）在高楼层遇到地震

225

（3）被掩埋在废墟中　　　　（4）在平房或楼层的一层遇到地震

强烈的地震会使一个地区的地形地貌发生巨大改变，同时也会威胁到人类的安全，我们在制作宣传作品时也可以提醒大家遇到地震时可以自救哦！

检测与练习

1.下列关于地震的说法不正确的是（　　）。（评价内容1、2）

A.地壳运动是地震发生的原因

B.地震给地表带来的变化都是缓慢的

C.地震对人类有一定的影响

D.地震后可能会出现地面塌陷、山体滑坡等现象

2.地震发生时，下列做法正确的是（　　）。（评价内容3）

A.打开手机看地震的影响

B.跑到窗户附近，大声呼救

C.马上乘坐电梯，以最快的速度跑到室外

D.用手护住头部，迅速撤离到空旷处

课后科学实践

完善地质景点宣传作品，列举国内外主要由于地震而形成的地质景点。

学后反思

1.为什么我们平时要进行地震演习呢？

2.尝试运用今天所学知识，解释图4-5-10岩层发生这样的变化的原因是什么。

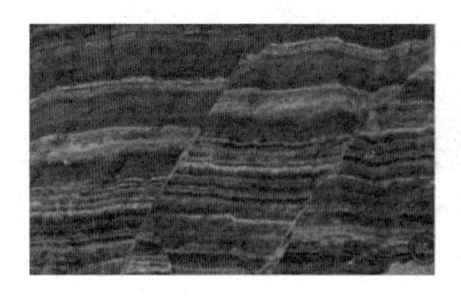

图4-5-10　岩层变化

3.通过本课学习，对于难以直接对研究对象做实验的实验时，可以进行＿＿＿实验。

第5课 水的作用（1课时）

学习目标

1. 通过资料阅读来认识丹霞山地形形成的原因。

2. 通过模拟实验和资料阅读，认识到雨水降落到地面会侵蚀土地，河流对土地的侵蚀和沉积作用会形成许多不同的地形地貌，初步培养获取和处理信息并得出结论的能力。

3. 能结合生活实际解释丹霞山、黄土高原等地形地貌形成的原因，形成运用科学原理对现象进行分析的意识，意识到调整人类不合理的生活和生产方式可以减少对环境的影响。

学习评价

表4-5-14 学习评价表

评价内容	符合	不符合
1. 我能通过资料阅读写出丹霞山地形形成的主要原因。（检测目标1）		
2. 我能和小组成员进行河流对地表的影响的模拟实验，能分析并写出黄河入海口沙洲的形成原因。（检测目标2）		
3. 我能通过查找并学习资料说出黄土高原形成的原因，并写出保护环境的方法。（检测目标3）		

学习过程

问题1：丹霞山位于广东省韶关市仁化县境内，是广东省面积最大的以丹霞地貌景观为主的风景区和世界自然遗产地。丹霞山独特的地貌是怎样形成的？（评价内容1）

知识链接

你了解丹霞山的地形地貌特点吗？请在下文中圈出它独特的地貌形成的主要原因。

丹霞山的丹霞地貌的典型特征为身陡、顶平、麓缓，造成这种形态是因为有多种外力条件共同作用的结果，如流水作用、风化作用、重力作用等。

其中主要的是流水作用，流水沿着断层和垂直节理下切侵蚀，形成深狭的切沟。其在丹霞地貌发育和演化中的主导性表现为流水是下切和侧蚀的主动力；而同时流水也不断地侵蚀着坡面上的风化物质，使风化继续进行。

问题2：在丹霞山地表变化的过程中，水是怎样发挥作用的？（评价内容2）

1. 模拟实验探究"降水对地表的影响"。

表4–5–15 "降水对地表的影响"实验记录表

材料	模拟的物质或状态	观察到的现象	
		降雨前	降雨后
泥土		☐平整 ☐凹凸不平 ☐有沟壑 ☐无沟壑 ☐有塌陷 ☐无塌陷	☐平整 ☐凹凸不平 ☐有沟壑 ☐无沟壑 ☐有塌陷 ☐无塌陷
有颜色的沙子			
自制喷壶		☐清澈 ☐浑浊 ☐透明 ☐不透明 ☐不含沙 ☐含沙	☐清澈 ☐浑浊 ☐透明 ☐不透明 ☐不含沙 ☐含沙

根据实验现象分析：降水对地表_____。

2. 模拟实验探究"模拟河流对地表的影响"。

（1）小组设计一条河流，要求水能从河流上游流到下游，画在下面的方框内，标记河流的上、下游。

（2）小组推测：_____会有侵蚀现象，_____会发生沉积。（选填"上游"或"下游"）

（3）模拟实验：小组根据设计图在沙池挖建一条河流，在河流上游处倒水，观察河流流经后地表的变化，在设计图中标记出来。

3. 阅读教材P36资料，完成资料卡的填写并说说黄河入海口的沙洲的形成原因。

资料卡

河水及其携带的岩屑土粒会侵蚀河床底部和两侧河岸，使河谷、河岸常被＿＿＿＿＿＿＿＿＿＿＿＿＿＿＿＿＿＿＿＿＿＿＿＿＿＿＿＿。

河流注入湖泊或者海洋时，河水携带的泥沙会＿＿＿＿，形成向湖或海洋伸展的平地。这种平地的外形像三角形，叫作＿＿＿＿。

检测与练习

1. 由于河流对土地有（　　）作用，所以丹霞山形成深狭的切沟。（评价内容2）

　A. 分解　　　　　　　　B. 沉积

　C. 侵蚀　　　　　　　　D. 风力

2. （判断）只有流水能对丹霞山的地形有侵蚀和沉积作用。（　　）（评价内容1）

3. （判断）和火山、地震相比，水对地形地貌的影响是剧烈的。（　　）（评价内容2）

课后科学实践

继续完善地质景点宣传作品，列举国内外主要由于流水作用而形成的地质景点。

学后反思（评价内容3）

1. 请你根据本节课的学习内容，说一说为什么黄土高原会千沟万壑。

2. 这节课我了解了黄土高原的形成原因，如果我是当地的人民或者政府，我应该＿＿＿＿＿＿＿＿＿＿＿＿＿＿＿＿＿＿（写两条以上的做法）。

3. 请解释与水的作用有关的广东地质景点的形成原因。

（1）我们小组负责的地质景点是＿＿＿＿＿＿＿＿，通过前期资料收集，该地的地貌形成的主要原因与水的作用＿＿＿＿＿＿＿＿（选填"有关"或"无关"）。

（2）若有关，请在你的宣传作品中增加这部分内容，标注该地的地貌形成原因。

第6课 风的作用（1课时）

学习目标

1. 能根据已有知识和生活经验对"风对地形的作用"提出自己的看法，并且与其他同学进行交流和分享，养成与小组合作交流的学习习惯。

2. 能通过"模拟风卷起沙子对岩石的影响"的实验及资料阅读，解释风蚀蘑菇、戈壁滩、雅丹地貌等地貌形成的原因，意识到保护环境的重要性，逐步培养自主学习的能力。

学习评价

表4-5-16　学习评价表

评价内容	符合	不符合
1. 我能与小组同学交流猜测并写出沙漠蘑菇石形成的原因。（检测目标1）		
2. 我能进行模拟实验，仔细观察并记录实验现象，并能说出风蚀蘑菇形成的原因。（检测目标2）		
3. 通过阅读资料卡片，我能写出戈壁滩、沙漠、雅丹地貌形成的原因。（检测目标2）		

学习过程

问题1：丹霞山的形成除了水的作用，风会不会影响地质景点的地形地貌呢？（评价内容1）

1. 认真观察沙漠蘑菇石的外形特点（见图4-5-11），和小组同学交流猜测并写出蘑菇石形成的原因。

_____

_____

_____

图4-5-11　沙漠蘑菇石

问题2：风是怎样改变丹霞山的表面的呢？（评价内容2、3）

2.模拟实验，理解风卷起的沙子对岩石的影响。

实验步骤：①观察　②用砂纸打磨　③再观察

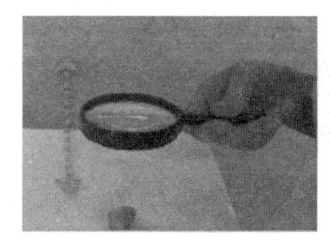

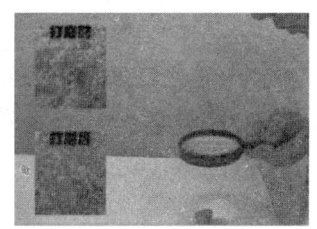

图4-5-12　模拟实验操作示意图

表4-5-17　"模拟风卷起沙子对岩石的影响"实验记录表

材料	模拟的物质或状态	观察到的现象
砂纸		
岩石		
打磨过程		
根据实验现象分析：风对岩石＿＿＿＿＿＿＿＿＿＿＿＿＿＿＿＿＿＿。		

3.结合实验，小组内说一说为什么风蚀蘑菇上大下小。

知识链接

风还会对地球表面产生哪些影响？请阅读教材P33以及下面的资料，一起来了解。

雅丹地貌现泛指干燥地区的一种风蚀地貌，河湖像土状沉积物所形成的地面，经风化作用、间歇性流水冲刷和风蚀作用，形成与盛行风向平行、相间排列的风蚀土墩和风蚀凹地（沟槽）地貌组合。

4.阅读课本P33，了解更多风对地球表面的影响，并完成以下资料卡。

资料卡

风可以把细小的沙、土＿＿＿＿＿＿到远方，只留下大大小小的砾石，这便形成了＿＿＿＿＿＿＿＿。被带走的沙子在风或流水速度减慢时＿＿＿＿＿＿＿，日积月累，就形成了＿＿＿＿＿＿＿＿。雅丹地貌现泛指＿＿＿＿＿＿地区的一种＿＿＿＿蚀地貌。

检测与练习

1. 将地形形成的原因与风的作用连接起来。（评价内容3）

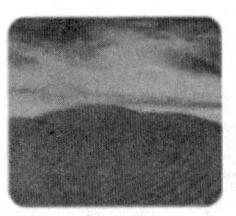

| 沙漠 | 戈壁滩 | 雅丹地貌 | 风蚀蘑菇 |

风的侵蚀作用　　　　　　　　　　　风的堆积作用

图4-5-13　地形形成原因与风的作用连线图

2.（判断）和火山、地震相比，风对地形地貌的影响是缓慢的。（　　）

课后科学实践

继续完善地质景点宣传作品，列举国内外主要由于风的作用而形成的地质景点。

学后反思

请解释与风的作用有关的广东地质景点的形成原因。

（1）我们小组负责的地质景点是_____，通过前期资料收集，该地的地貌的形成原因与风的作用_____（选填"有关"或"无关"）。

（2）若有关，请在你的宣传作品中增加这部分内容，标注该地的地貌形成原因。

_____

第7课　其他因素的作用（1课时）

学习目标

1. 通过已有生活经验和资料的学习，知道风化作用会影响地球表面的形态，逐步培养自主学习能力。

2. 通过模拟实验，探究植被对侵蚀的影响，认识到人类自身的活动也在改变着地表的形态，我们要尽量减少对土地的侵蚀，形成保护环境的意识。

学习评价

表4-5-18 学习评价表

评价内容	符合	不符合
1. 我能通过查找并学习资料，分析解释温度变化、植物活动等对地表形成产生的影响。（检测目标1）		
2. 我能通过模拟实验，分析得出植被对侵蚀的影响，并举例说出人类活动对地表形态的影响。（检测目标2）		

学习过程

问题1：英西峰林位于广东英德市的西南地区，是群山环抱的一片谷地，喀斯特地貌，自然景观似桂林，故有"英西小桂林"之称。英西峰林是怎样形成的呢？

1. 对比不同地方的岩石滴上稀盐酸后的反应，写下你的发现。

我们会发现把稀盐酸滴在_____上会产生气泡。由此推测英西峰林地区主要的岩石种类是_____，这种岩石遇到呈酸性的水会/不会发生岩溶作用。英西峰林地区的地表水和地下水含量_____，经过长时间的作用，地表和地下的岩石逐渐被溶蚀，形成了峰林。

问题2：温度变化、植物生长等会改变英西峰林的地表形态吗？（评价内容1）

2. 了解温度变化对地表形态的影响。

3. 请观察图片（见图4-5-14），说一说植物根系变化对地表形态的影响。

图4-5-14 植物根系对地表的影响

问题3：植物覆盖会影响英西峰林的地表形态吗？人类活动会对地形地貌有影响吗？（评价内容2）

4.土地表面覆盖的植物对雨水的侵蚀有影响吗?

(1)请你观看模拟实验,记录两个小山丘"降雨"前后的变化(表4-5-19)。

表4-5-19 模拟降雨实验记录表

	降雨前		降雨后	
无植物覆盖的小山丘	□平整 □有沟壑 □有塌陷	□凹凸不平 □无沟壑 □无塌陷	□平整 □有沟壑 □有塌陷	□凹凸不平 □无沟壑 □无塌陷
有植物覆盖的小山丘	□平整 □有沟壑 □有塌陷	□凹凸不平 □无沟壑 □无塌陷	□平整 □有沟壑 □有塌陷	□凹凸不平 □无沟壑 □无塌陷

(2)通过实验得出结论:经过比较,_____。为了减少水土流失,人类应该_____。

(3)你还知道人类的哪些活动会对英西峰林的地形地貌产生影响?

请列举1~2个例子:_____。

检测与练习

1.下列( ),英西峰林的土地最不容易发生侵蚀。(评价内容1)

A.土质疏松　　　　　　　　B.土地坡度大

C.当地早晚温差大　　　　　D.土地植被覆盖率高

2.人类的( )可以减少对英西峰林土地的侵蚀。(评价内容2)

A.植树造林　　　　　　　　B.乱砍滥伐

C.乱丢垃圾　　　　　　　　D.以上均可

3.地球表面的地形地貌的变化是由地球的_____和_____力量共同作用形成的。(评价内容2)

课后科学实践

改进、完善地质景点宣传作品。

学后反思

1.通过本单元的学习,我知道改变地球表面地形地貌的因素有许多,图4-5-15所示各地形地貌主要是由于什么因素引起的?请将10种地形地貌与对应的主要因素用线连起来。

广东大峡谷		长白山天池	
湛江市玛珥湖	地壳运动	敦煌雅丹地貌	
丹霞山	火山喷发	香港地质公园——弯曲的岩层	
清远英西峰林	风的作用	黄河第一湾——乾坤湾	
惠州罗浮山	水的作用	黄土高原的沟壑	

图4-5-15 各地形地貌的形成原因

2. 我想给负责制作宣传英西峰林的小组提出以下建议：_____。

第8课 地质景点宣传作品展示会（1课时）

学习目标

1. 能根据自己的地质景点宣传作品的实际情况，从原理、操作方法、设计图等方面来写一份说明书,认识到可以用说明书来表达自己的设计思路。

2. 能根据评价标准对自己的地质景点宣传作品进行自评,并写出有待改进的方面,体会到根据标准进行自评和互评的意义。

3. 在小组交流评价中,能够跟他人介绍自己的地质景点宣传作品并乐于倾听他人的观点,改进和完善自己的作品,初步形成交流、反思和评价探究过程和结果的意识。

学习评价

表4-5-20 学习评价表

评价内容	符合	不符合
1. 我能根据自己的地质景点宣传作品写介绍书。(检测目标1)		
2. 我能结合评价标准对自己的地质景点宣传作品进行自评。(检测目标2)		
3. 我能主动介绍自己的地质景点宣传作品并倾听他人的建议、记录他人的评价,改进自己的宣传作品。(检测目标3)		

学习过程

问题1:展示会能让别人了解我的地质景点宣传作品的设计构思,这样才能对我的宣传作品提出更好的建议,那么应该怎么跟同学们介绍自己的宣传作品呢?(评价内容1)

1. 请根据自己的作品完成"我为广东地质景点做代言"介绍书。

表4-5-21 "我为广东地质景点做代言"作品介绍书

宣传作品介绍的景点	
宣传作品介绍的形式	
该景点属于什么地形地貌	
该景点地形地貌形成的主要原因	□地壳运动 □地震 □火山喷发 □风的作用 □流水的作用 □水的岩溶作用 □海浪侵蚀 □人类活动 □其他_____
列举与该景点地形地貌具有相似成因的景点	
地质景点推荐理由	
宣传作品的亮点(用一句话表述)	

问题2:宣传作品有一定的评价标准,你的宣传作品符合评价标准吗?(评

价内容2、3）

2. 请同学们根据评价标准对自己的宣传作品进行自评，并在小组间介绍自己的作品，小组同学之间进行评价并针对作品提出改进建议。

表4-5-22 "我为广东地质景点做代言"作品评价表

评价项目		评价内容	自评	他评
科学描述		能准确地描述景点的地形地貌特点并突出独特性	□能准确地介绍并突出独特性 □有1项错误，独特性不突出 □有2项错误，缺乏独特性	□能准确地介绍并突出独特性 □有1项错误，独特性不突出 □有2项错误，缺乏独特性
科学解释		能正确地解释景点地形地貌形成的原因	□能正确地解释 □有1项错误 □有2项错误	□能正确地解释 □有1项错误 □有2项错误
表达与交流		能从宣传内容和作品特点进行介绍，并对别人的疑惑或建议做出反馈	□基本符合 □部分符合 □没有符合	□基本符合 □部分符合 □没有符合
加分项	美观性	作品内容图文并茂、色彩和谐、画面感强	□有 □无	□有 □无
	环保性	能对该景点的保护和开发提出有针对性的建议或者倡议。	□有 □无	□有 □无
	迁移性	能列举与该景点地形地貌具有相似成因的景点	□有 □无	□有 □无

检测与练习

根据本节课的学习内容，我认为下列做法（　　）是正确的。（评价内容2）

A. 宣传作品没达标但不再改进

B. 能根据同学们的建议对宣传作品重新进行评价

C. 在介绍宣传作品时只介绍地形特征

D. 同学做得比我好，故意不给出客观评价

课后科学实践

根据他人的建议，课后尝试继续改进、完善你的广东地质景点宣传作品。

学后反思（评价内容3）

1. 通过本节课的学习，你认为有哪些方法可以帮助你改进、完善自己的宣

传作品？请在对应的□中进行勾选。

□①自我评价 □②小组评价 □③教师评价 □④经验总结 □⑤学习反思

2. 我还想这样改进我的宣传作品：_____

第9课 单元小结（1课时）

学习目标

1. 能正确地补充"制作地质景点作品"知识思维导图，养成梳理、强化知识之间的联系的习惯。

2. 通过"'地质'知识知多少"的习题，关注自己对本单元科学概念的掌握情况。

3. 通过单元学习评价表来客观地评价自己的整体表现，了解自己的问题解决能力的情况，客观地评价自己的整体表现。

4. 对本单元学习过程进行反思，总结解决问题的方法，养成良好的反思习惯。

学习过程

根据本单元所学的内容，请补充以下的思维导图。

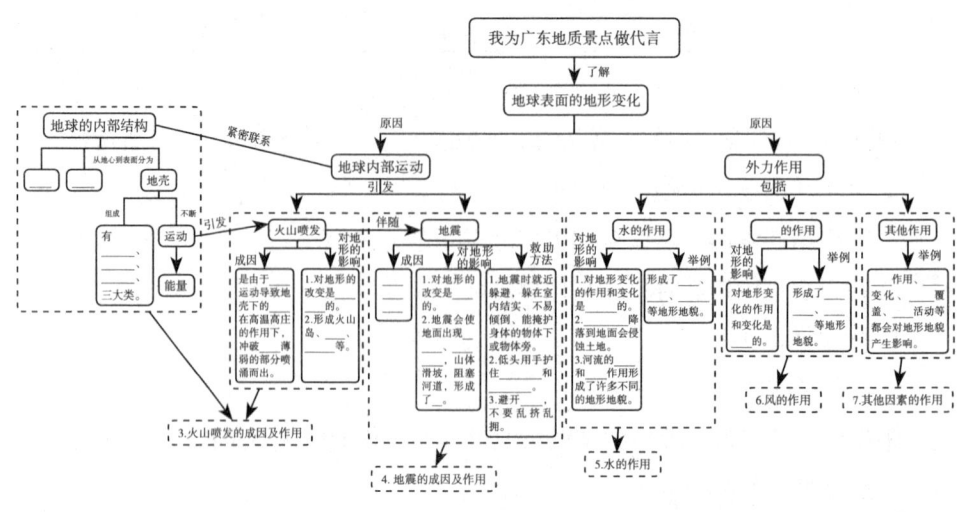

图4-5-16 "我为广东地质景点做代言"思维导图

对"地质"了解有多少

换个角度看地震

地震是深入地球内部的探针,也是人类了解地球内部构成的重要手段,地球像一个鸡蛋一样分为地核、地幔和地壳,这种划分的依据就是地震给我们反馈的地震波信息。当地震波遇到某个界面时,反射回的波谱会发生变化。

地震波目前已经被广泛地应用于寻找地下的油、气和其他矿产资源。地质人利用地下介质弹性和密度的差异,通过地震波在地下的传播规律,推断地下岩层的性质和形态。这是钻探前勘测油、气资源的重要手段,在煤田和工程地质勘查、地壳研究等方面,也得到广泛应用,比如,地震波在遇到地下流体、气体或特殊介质时,地震波的传播速度会发生剧烈变化,根据波谱提供的数据,判断是否有油、气资源,如果有,它埋藏的深度如何,都会一目了然。所以,地震学家迦里津曾说:"地震波是照亮地球内部的一盏明灯。"

地震虽然会带给人类深重的灾难,但是以科学的眼光来看,它只是地球内部能量释放的结果。在千百年伟大的抗震防灾和科学探索实践中,我们的科技工作者正在逐步掌握地震发生的规律,并将进一步利用地震探索自然、服务人类。

——摘自学习强国《中国地质博物馆》,有删减

1. 如果把地球比作鸡蛋,鸡蛋的蛋壳相当于地球的（　　）。

A. 地核　　　　B. 地壳　　　　C. 地幔　　　　D. 大气层

2. 下列关于地震的说法,不正确的是（　　）。

A. 现在科技已经可以控制地震的发生

B. 地下岩石的断裂、错动可能会引发地震

C. 科技工作者将进一步利用地震探索自然、服务人类

D. 地震对地表的改变是剧烈的

3. 地球的内部运动使地表形态不断地发生变化,下列现象中（　　）不是由于地球内部运动引起的。

A. 地震　　　　　　　　　　B. 喜马拉雅山年复一年地隆起

C. 风的作用使岩石发生改变　　D. 叙尔特塞火山岛的形成

4. 地震发生时,下列做法正确的是（　　）。

A. 打开手机看地震的影响

B. 跑到窗户附近，大声呼救

C. 马上乘坐电梯，以最快的速度跑到室外

D. 用手护住头部，迅速撤离到空旷处

5. 除了地震，外力作用也会改变地表形态。下列关于外力作用对地形地貌的影响说法错误的是（　　）。

A. 在一条河流中，最容易产生泥沙沉积的是河流下游

B. 黄河入海口的沙洲是流水侵蚀作用形成的

C. 水对土壤既有侵蚀又有沉积作用

D. 雨水会把地表的泥沙带走，使土地受到侵蚀

单元学习评价

请同学们根据自己的问题解决情况做出真实回答，填写自评分数。

表4-5-23 "我为广东地质景点做代言"单元问题解决能力评价表

一级维度	二级维度	0分	1分	2分	3分	自评
问题表征	发现问题	不能在情境中提出问题	能在情境中提出1个问题	能在情境中提出2个问题	能在情境中提出3个或3个以上的问题	
	澄清问题	不能提出地质宣传作品的评价标准	能写出1个地质宣传作品的评价标准	能写出2个地质宣传作品的评价标准	能写出3个或3个以上地质宣传作品的评价标准	
方案制订	拆解问题	不能写出地质宣传作品制作需要解决的具体问题	能写出1个地质宣传作品制作需要解决的具体问题	能写出2个地质宣传作品制作需要解决的具体问题	能提出3个或3个以上地质宣传作品制作需要解决的具体问题	
	方案制订	不能写出解决制作地质宣传作品的具体方法	能写出1个解决制作地质宣传作品的方法	能写出2个解决制作地质宣传作品的方法	能写出3个或3个以上的解决制作地质宣传作品的方法	
方案执行	方案试验	不能按照研究方法进行实验	能按照研究方法进行1~2个实验，并如实记录实验现象	能按照研究方法进行3~4个实验，并如实记录实验现象	能按照研究方法进行5个或5个以上实验，并如实记录实验现象	

续 表

一级维度	二级维度	0分	1分	2分	3分	自评
方案执行	优化方案	不能对地质景点宣传作品进行修改	能根据要求，粗略地改进自己的地质景点宣传作品	能根据要求和部分同学的反馈，改进自己的地质景点宣传作品	能根据要求和反馈，对地质景点宣传作品的具体问题提出更优的解决方案，乐于修改、完善作品	
评价反思	成果评价	不能完成作品自评和他评表格	只能完成作品部分自评或他评表格	能够完成作品的自评和他评表格	能够完成作品全部自评和他评表格并有针对性地提出修改意见	
	监督过程	不能填写解决问题思路图的内容	能填写解决问题思路图中1个框的内容	能填写解决问题思路图中2个框的内容	能填写解决问题思路图中3个或3个以上框的内容	

单元反思

1. 我对本单元的学习：□感兴趣　□比较感兴趣　□不感兴趣
2. 对比最初的方案和现在的方案，我修改的地方是_____。
3. 在本单元学习中，我最大的进步是_____。
4. 在本单元学习中，我有待提高的地方是_____。
5. 在制作宣传作品的过程中，我们是这样解决问题的：_____。

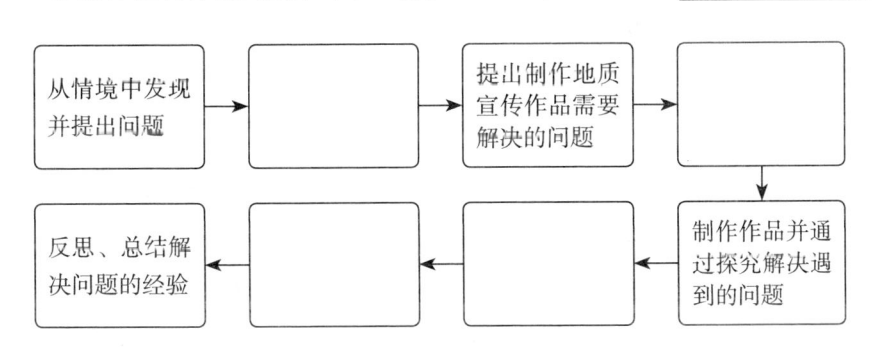

```
┌──────────┐      ┌──────┐      ┌──────────┐      ┌──────┐
│从情境中发现│  →   │      │  →   │提出制作地质│  →   │      │
│并提出问题 │      │      │      │宣传作品需要│      │      │
│          │      │      │      │解决的问题 │      │      │
└──────────┘      └──────┘      └──────────┘      └──────┘
                                                       ↓
┌──────────┐      ┌──────┐      ┌──────┐      ┌──────────┐
│反思、总结解│  ←   │      │  ←   │      │  ←   │制作作品并通│
│决问题的经验│      │      │      │      │      │过探究解决遇│
│          │      │      │      │      │      │到的问题   │
└──────────┘      └──────┘      └──────┘      └──────────┘
```

参考文献

[1] 伍远岳,谢伟琦.问题解决能力:内涵、结构及其培养[J].教育研究与实验,2013(4):48-51.

[2] 高富莹.STEM教学中提升小学生问题解决能力的学习支架设计研究[D].福州:福建师范大学,2021.

[3] 王薇.问题解决能力的课堂评价框架设计与实践范式[J].中国考试,2021(10):51-60.

[4] 崔允漷.指向深度学习的学历案[J].人民教育,2017(20):43-48.

[5] 林铮.大单元地理学历案的设计与应用研究——以"大气"大单元为例[D].福州:福建师范大学,2021.

[6] 卢明,崔允漷.教案的革命:基于课程标准的学历案[M].上海:华东师范大学出版社,2016.

[7] 夏雪梅.项目化学习设计:学习素养视角下的国际与本土实践[M].北京:教育科学出版社,2018.

[8] 雷浩,李雪.素养本位的大单元教学设计与实施[J].全球教育展望,2022(5):49-59.

[9] 尤小平.学历案与深度学习[M].上海:华东师范大学出版社,2017.

[10] 刘徽.大概念教学:素养导向的单元整体设计[M].北京:教育科学出版社,2022.

[11] 核心素养研究课题组.中国学生发展核心素养[J].中国教育学刊,2016(10):1-3.

［12］中华人民共和国教育部.义务教育科学课程标准［M］.北京：北京师范大学出版社，2022.

［13］教案的革命：基于课程标准的学历案［J］.全球教育展望，2017，46（4）：129.

［14］郭如松.新课标理念下物理"学历案"及其编制［J］.中学物理：高中版，2016（17）：1-3.

［15］崔允漷.让学生在课堂中的学习增值［J］.江苏教育，2018（9）：17-19.

［16］袁悦.基于学历案的小学科学教学设计研究——以教科版《各种各样的天气》为例［D］.武汉：华中科技大学，2019.

［17］卢明，蒋雅云.单元学历案：让学科核心素养落地的实践路径［J］.中小学管理，2021（7）：23-26.

［18］刘狄."问题教学"的心理机制［J］.湘潭师范学院学报，2006（28）：140-141.

［19］Mayer R E. Cognitive, metacognitive, and motivational aspects of problem solving［J］. Instructional Science, 1998, 26（1）：49-63.

［20］李桢.问题解决的心理机制及其教学意义［J］.教师教育研究，2005（5）：20-24.

［21］曹凤.低年级科学课问题解决学习的教学策略［J］.小学科学（教师版），2020（2）：32.

［22］孙逸凡.基于真实情境的小学高年级学生技术问题解决能力评价研究［D］.南京：南京师范大学，2020.

［23］李欣足.促进问题解决能力提升的真实性学习设计研究［D］.上海：华东师范大学，2020.

［24］刘婷.指向问题解决的科学教学"5E"模式探析［J］.基础教育课程，2021（1）：44-49，76.

［25］杨洁.浅析在小学科学课堂中应用创造性问题解决模型的策略［J］.天天爱科学（教学研究），2020（11）：22.

［26］杨菲菲.小学科学教学中解决问题能力培养探讨［J］.智力，2021

（7）：17-18.

[27] 汪杜娟. 以问题解决为向导的小学科学教学［J］. 家长，2020（29）：64-65.

[28] 约翰·杜威. 经验与教育［M］. 姜文闵，译. 北京：人民教育出版社，2005.

[29] 格兰特·威金斯，杰伊·麦克泰格. 追求理解的教学设计［M］. 上海：华东师范大学出版社，2017.